당신의 계급 사다리는 안전합니까?

당신의 계급 사다리는 안전합니까?
불평등이 만들어낸 우리 시대의 초상

2012년 5월 11일 1판 1쇄
2012년 6월 20일 1판 2쇄

지은이 | 뉴욕타임스
옮긴이 | 김종목·김재중·손제민

편집 | 조건형·진승우
디자인 | 백창훈
제작 | 박흥기
마케팅 | 이병규·최영미·양현범

출력 | 한국커뮤니케이션
인쇄 | 천일문화사
제책 | 창림P&B

펴낸이 | 강맑실
펴낸곳 | (주)사계절출판사
등록 | 제406-2003-034호
주소 | (413-756) 경기도 파주시 문발동 파주출판도시 513-3
전화 | 031) 955-8588, 8558
전송 | 마케팅부 031) 955-8595 편집부 031) 955-8596
홈페이지 | www.sakyejul.co.kr   전자우편 | skj@sakyejul.co.kr
독자카페 | 사계절 책 향기가 나는 집 cafe.naver.com/sakyejul
페이스북 | www.facebook.com/sakyejul
트위터 | twitter.com/sakyejul

ISBN 978-89-5828-616-5 03300

이 도서의 국립중앙도서관 출판시도서목록(CIP)은
e-CIP 홈페이지(http://www.nl.go.kr/ecip)와
국가자료공동목록시스템(http://www.nl.go.kr/kolisnet)에서 이용하실 수 있습니다.
(CIP제어번호: CIP2012002003)

불평등이
만들어낸
우리 시대의
초상

당신의
계급 사다리는
안전합니까?

뉴욕타임스 The New York Times 지음 | 김종목, 김재중, 손제민 옮김

사□계절

CLASS MATTERS
CORREPONDENTS OF THE NEW YORK TIMES INTRODUCTION BY BILL KELLER

당신의
계급 사다리는
안전합니까?

차례

서문

이제 와서 하는 말이지만 이 기획을 시작할 때, 또 진행하는 동안에도 때때로 이번 기획 자체가 어쩌면 어리석은 도전으로 보일 수도 있겠다는 생각이 들었다. 『뉴욕타임스』는 유능한 인력으로 특별취재팀을 구성해 많은 시간을 들여 무겁고 거대한 주제를 심층적으로 보도한 역사를 간직하고 있다. 2000년에 우리는 인종을 주제로 선택했다. 그때 우리는 인종을 정치적 구조물로 취급하거나 인구통계학적으로 접근하기보다는 사람들이 삶을 영위하는 방식에 좀 더 직접적으로 영향을 미치는 힘으로서 다루었다. 1993년에는 빈곤이 어린이들의 삶을 어떻게 비틀어버리는지를 보여주기 위해 엄청난 노력을 기울였다. 두 번의 기획은 모두 신문 연재 기사가 할 수 있는 영역을 새롭게 개척한 것으로 받아들여졌다. 그렇지만 2003년 늦여름 이 프로젝트가 처음 굴러가기 시작할 때부터 계급은 방대하고 형태가 확실치 않은 데다 정치적으로 비난받고 있으며 대부분의 사람들이 인정하지 않는 훨씬 어마어마한 주제라는 것이 명확해졌다. 여론조사에서 압도적 다수가 자신을 '중간계급middle class'이라고 답하는 나라이다 보니, 계급이 중요한지 아닌지는 고사하고 계급이 무엇을 뜻하는지에 대해 일치된 의견조차 없는 것처럼 보였다.

　이 아이디어가 출발선에서부터 폐기되지 않을 수 있었던 것은 소마 골든 베어Soma Golden Behr라는 탁월한 편집자 덕분이다. 그는 앞선 두 프로젝트 — '미국에서 인종은 삶에 어떤 영향을 미치는가?How Race Is Lived in America'와 '그늘 속의 어린이들Children of the Shadows' — 를 주도했다. 경제부 기자 출신인 소마는 홍수처럼 쏟아지는 자료와 사회적 통념이 보내는 조롱에 쉽게 겁을 먹거나 위축되지 않는다. 그녀는 집요한 열정의 소유자이지만 또 반대편의 주장도 탐욕스러울 정도로 청취한다. 깊이 생각하는 성격은 악명이 높았지만 회의가 한 시간 이상 넘어가거나 프로젝트의 기한이 한 달이나 지연되어 우리가 머리를 쥐어뜯으려는 순간 어김없이 결론을 내린다. 그녀가 낸 결론은 독창적이고 탁월하다.

　이 프로젝트는 소마가 오랜 친구인 펜실베이니아대학교의 사회학 교수 프랭크 퍼스텐버그Frank Furstenberg를 어느 무더운 주말 버크셔에서 만났을 때 태동했다. 정년퇴직을 앞두고 있던 소마는 또 하나의 큰 기획을 갈망하고 있었다. 빈곤이 도시 가족에 미치는 영향에 관한 전문가인 퍼스텐버그는 그녀에게 『뉴욕타임스』가 '계급으로 살기doing class'에 대해 탐구해야 한다고 말했다. 소마는 처음엔 움찔했다. 소득 격차, 서서히 붕괴하는 블루칼라 중간층, 최하층 계급의 투쟁 등은 분명히 심각한 주제였지만 우리 지면은 물론 다른 곳에서도 이미 충분히 다뤄진 것들 외에 우리가 계급에 대해 더 말할 수 있는 것이 무엇이 있을까? 막대한 취재 시간을 정당화하고 독자들의 관심을 끌 만큼 새로운 것이 있을까?

소마가 이 아이디어를 내게 처음 가져왔을 때는 호기심을 일으키는 개념 단계를 벗어나지 못한 상태였다. 우리 신문의 각 분야 기자와 편집자들을 불러모아 난상 토론을 긴 시간 격렬하게 했지만 쉽사리 결론에 이르지 못했다. 무엇보다 '계급'이란 무엇인가? 단지 돈에 관한 문제인가? 교육? 사회적 지위? 계급이 미국인의 삶을 지배하는 힘이라고 생각하는 그룹과 크게 상관없다고 여기는 그룹 사이에는 깊은 견해차가 있었다.(이 논쟁은 결코 완전하게 해소될 수 없을 것이다. 취재팀 팀원 가운데 한 명은 그해 내내 이것이 완전히 시간 낭비라고 주장했다. 그녀가 이번 연재 기획 가운데 가장 매력적인 기사를 하나 작성했는데도 말이다.) 소마는 민첩하고 비판적인 편집정신editing minds을 갖춘 기자 두 명을 차출했다. 톰 쿤츠Tom Kuntz는 이번 시리즈 내내 솔선수범하며 조언해주었고, 일찌감치 이 프로젝트에 믿음을 보냈던 존 랜드먼Jon Landman은 훈수대장kibitzer-in-chief 역할을 했다.

그리고 우리는 우리가 해야 하는 일, 즉 기사를 써서 보도를 했다. 추수감사절 직후 기자 둘을 배치해 탐사를 시작했다. 폭넓고 깊이 있는 문제의식을 지닌 경제 분야 기자 데이비드 레온하르트David

Leonhardt는 미국인들이 재산과 신분의 사다리를 오르내리는 사회이동mobility에 대해 갖고 있는 관념에 의문을 제기하는 새로운 연구에 매혹되었다. 복잡하기 그지없는 주제에 접근하는 방법을 찾아내는 데 비범한 능력을 지닌 재니 스콧Janny Scott은 계급이 건강과 이민, 거주지 분리, 자녀 양육 등에 미치는 영향에 대한 새로운 생각들을 파헤쳤다. 그들은 몇 달 동안 경제학자와 사회학자, 마케팅 전문가들을 닦달하고 논쟁적인 자료와 씨름했다. 취재는 대통령 선거운동을 비롯한 큰 뉴스와 데이비드의 득남 등으로 중단되곤 했지만, 이듬해 봄 그들은 계급에 관해 매우 새롭고도 놀라운 이야깃거리들이 있다고 보고했다.

재니는 다음과 같이 말했다.

"미국에서의 사회이동에 대해 경제학자들 대부분이 오랫동안 믿어왔고 미국인들 대부분이 당연하게 생각했던 것과 현실은 다르다는 것이 명확해지기 시작했습니다. 또 계급은 누가 4년제 명문대에 가는지를 예측할 수 있게 하는 변수로서 영향력이 더 커졌습니다. 건강과 수명에서 계급 간 격차는 좁아지기는커녕 오히려 더 넓어지고 있는 것으로 보입니다. 미국인이 살 곳을 선택하는 데 계급이 미치는 영향력도 늘어나고 있는 것으로 보입니다. 지난 세 차례의 인구조사 자료를 분석했더니 부자들은 점점 더 다른 사람들과 멀리 떨어진 곳에서 살고 있었습니다. 물론 다른 흐름도 있습니다. 그렇지만 미국인들은 과거에 비해 계급을 건너뛰어 결혼하려는 경우가 줄어들었고, 가족 구조와 자녀 양육에서 계급 간 격차는 점점 더 벌어지고 있습니다."

이와 동시에 다른 요인들을 보면 미국에서 계급의 영향력이 이전에 비해 약해진 것처럼 '보이기도' 한다. 전반적으로 풍족해지면서 전통적인 계급 표지가 모호해졌고, 계급에 기반한 과거의 정치적 지형은 뒤틀렸다. 인종이나 종교, 직업으로 어떤 사람이 사회에서 차지하는 위치를 짐작하는 것이 더 이상 쉬운 일이 아니다.

재니는 이렇게 회상했다. "나를 매료시킨 것은 모순이었습니다. 여러 기준으로 따져봤을 때 계급이 미국인의 삶에 미치는 영향력은 점점 더 약화되는 것처럼 보이며 이런 현상은 가장 중요한 영역들에서 더욱 두드러집니다."

이처럼 놀랍고 도발적인 사실들을 확인하면서 분명 프로젝트에 돌파구를 찾기는 했지만, 『뉴욕타임스』는 논문 장사를 하는 곳이 아니다. 그렇다. 우리는 아이디어에 대해 쓰기를 좋아한다. 그래서 재니와 데이비드에게 우리가 발견한 것을 에세이 형식으로 펼쳐 보이도록 한 다음 이번 시리즈의 첫 회에 게재했다. 한편 이것은 미국인이라면 대부분 말하기를 꺼리는 복잡한 주제에 대해 (말 그대로) 책한 권 분량으로 탐사를 하는 동안 계속 관심을 갖고 지켜봐달라고 호소하는 것이기도 했다.

독자에게 인물과 이야기를 전달하려면 기획 방향에 생기를 불어넣고 그것을 현실의 경험에 비추어 시험해봐야 한다. 일간지의 생리에 맞게 길러진 저널리스트들이지만 이것은 우여곡절이 많은 작업이다. 효과적인 어구를 수집하기는 쉽다. 그러나 기획 방향에 들어맞는 사람을 찾아내 마음의 문을 열게끔 하고, 통찰력이 떠오를 때까지 며칠 혹은 몇 주, 몇 달 동안 면밀하게 주의를 집중한다는 것은 인내가 필요한 노동이다.

2004년 4월 초에 프로젝트를 승인하면서 팀원으로 차출된 기자들이 일상적 업무에서 벗어날 수 있도록 했다. 우리는 이 시리즈가 연말까지는 마무리되고 기자들이 각자의 영역으로 돌아가기를 바란다고 말했지만, 불확실하다는 것을 경험으로 알고 있었다. 기자들은 자신이 세운 가설을 분명하고 날카롭게 밝혀주거나 반증하는 이야기들을 찾기 위해 흩어졌다.

재니 스콧은 상층중간계급 upper middle class이 중간계급보다 더 오래, 더 건강하게 살고, 마찬가지로 중간계급은 노동계급에 비해 사정이 낫다는 것을 보여주는 새로운 통계적 증거를 지침으로 삼았다. 단순히 의료 서비스에 대한 접근성의 문제가 아니었다. 그것은 노동조건, 스트레스, 식습관, 이웃, 가족 구조를 비롯해 다른 많은 사회적·경제적 요인들 속에 존재하는 계급 차이를 반영했다.

재니는 처음에 질병이 서로 다른 계급들에게 얼마나 다른 영향을 미치는지를 구체적으로 보여주는 소재로서 원인이 알려져 있고 급격하고 극적인 변화를 일으키는 사건인 심장마비를 선택했다. 훌륭한 아이디어였다. 그러나 누가 특정 계급을 더 많이 혹은 더 적게 대표하는지, 얼추 비슷한 기간에 누가 심장마비를 당했는지, 기자가 그들의 삶 속으로 들어오게끔 허락할 취재원을 어떻게 찾아낼지가 문제였다. 재니는 심장마비가 발생한 환자들을 진료하는 심장병 전문의들의 환심을 사기 위해 몇 달 동안 공을 들였다. 드디어 그녀는 한 병원의 임시직 신분증을 손에 넣었고, 심장병 전문의가 일주일에 세 차례 회진을 돌 때 병상을 따라다닐 수 있게 되었다. 마침내 그녀는 기자가 자신의 삶에 들어오는 것을 허용할 뜻이 있는 환자 10여 명을 찾아냈다. 그리고 심장마비 이전과 심장마비 발발 과정, 심장마비 이후에 계급이 문자 그대로 삶과 죽음의 문제라는 것을 강렬하게 경험한 세 명(건축가, 공기업 사무직원, 가사 도우미)을 골라냈다. 정도의 차이는 있지만 취재팀의 거의 모든 기자들이 통계적인 추세를 전형적으로 보여주는 인물을 찾기 위해 비슷한 조사를 지루하게 반복해야 했다.

워싱턴을 중심으로 취재해온 기업 및 비즈니스 분야 기자인 피터 킬본Peter Kilborn은 계급 때문에 지리적 분리가 심화되는 현상을 연구하기 시작했다. 주거지역의 구획들이 인종이나 종교, 민족보다는 소득에 의해 더 많이 나뉜다는 것이다. 그는 눈에 띄게 소득이 계층화된 장소를 찾기 위해 인구조사 자료를 세밀하게 살펴본 끝에 조지아에 있는 앨퍼레타Alpharetta라는 지역을 선정했다. 3만 7000여 명이 사는 이 마을에 대해 그는 어떤 선입견도 없었다. 과거에 이 지역에 대해 전혀 들어본 적이 없었기 때문이다. 그는 이곳에 집을 마련하고 바닥에서부터 공들여 익혀나가면서 경험을 이야기해줄 수 있는 가족을 찾아 나섰다. 제멋대로 뻗어 나가는 다른 많은 주거지역과 마찬가지로 앨퍼레타 역시 중심이 되는 집결지 같은 곳이 없었다. 피터는 다음과 같이 말했다. "사람들은 항상 승용차 안에 있거나, 직장 또는 학교에 있었습니다. 아니면 자신들이 사는 구역 안쪽에 깊숙이 들어가 있었습니다."

그래서 그는 오랫동안 머물면서 담소를 나눌 수 있는 이전 세일 moving sales(이사를 가는 사람이 필요 없는 물품을 이웃들에게 싼 값에 파는 것 – 옮긴이) 현장을 순회하기 시작했다. 차고 앞에서 열리는 이전 세일 모임에서 그는 귀에 익지 않은 '릴로relo'라는 단어를 자주 들을 수 있었다. '재배치relocation'의 약어인 이 용어는 글로벌 기업에 고용된 화이트칼라 가족들의 유목적인 삶을 묘사할 때 명사 또는 동사로 사용되었다. '릴로들'은 주기적으로 이곳에서 저곳으로 이사를 하지만 보통 그들이 떠나온 지역과 매우 비슷한 이웃들이 사는 곳에 정착한다. 그들이 사는 곳은 집값이 더 비싸거나 싼 구획과 인접해 있다. 네 가족을 깊이 파고든 피터는 짐 링크네 가족을 '릴로' 계급을 들여다볼 수 있는 창으로 선택했다. 그는 수영장 개장 행사에서 참석자들에게 맥주를 따라주고 있는 짐 링크를 발견했다. 짐은 금융 서비스 판매 관리자였다.

인종 시리즈에서 십대 소녀들의 세계에 직접 깊숙이 들어가 기억에 남는 기사를 썼던 타마 르윈Tamar Lewin은 처음부터 가족 내 계급 분할에 관심이 있었다. 학교 사서들을 위한 웹사이트에서 수소문하는 방식으로 그녀는 가족 모임 사례들을 찾아냈다. 그녀는 이곳에서 부유한 형제자매와 밑바닥 수렁에 빠진 친척들 사이의 흥미로운 마찰을 목격할 수 있을 것이라고 상상했다. 하지만 주말마다 다양한 세대의 여러 가족들과 함께 시간을 보내면서 그녀는 가족 모임이 "계급 차이를 관찰하기 가장 어려운 곳"이라는 것을 깨달았다. 헤어졌던 가족들이 다시 만나면 자신들을 갈라놓았던 이유를 숨기기 위해 극도로 노력했기 때문이다.

다음으로 그녀는 계급 간 결혼을 추적하기 시작했지만 이 역시 실망스럽기는 마찬가지였다. 부부들이 느낀 계급적 앙금을 드러내 놓고 말하게 하기가 어려웠기 때문이다. 타마는 이렇게 회고했다. "노동계급 출신 아내는 선물 교환, 휴가, 음식, 자녀 양육, 돈 문제 등을 바라보는 서로 다른 관점에 대해 자유롭게 말하는 경향이 있습니다. 하지만 상층중간계급 남편은 그런 차이가 개성이나 성별, 교육, 종교, 지리적 환경처럼 계급이 아닌 그 무엇의 문제라고 생각한다면서 이의를 제기했습니다." 마침내 그녀는 매사추세츠 서부에서 계급 간 관계에 있는 사람들을 위한 워크숍을 운영하는 단체를 통해 취재 대상인 댄 크로토와 케이트 울너 부부를 찾아냈다.

데이비드 레온하르트는 고등교육에서 계급이 차지하는 역할을 추적했다. 그는 상위권 대학 강의실이 눈에 띄게 다양한 학생으로 채워졌지만 저소득층 학생들은 믿기 어려울 정도로 높은 비율로 중퇴하고 있으며, 졸업반은 과거에 비해 훨씬 더 상층계급 쪽으로 기울어져 있다는 것을 알게 됐다. 그는 또 미국에서 성공으로 향하는 열쇠는 대학 입학이 아니라 4년제 대학 학위 취득이라는 사실을 확인했다. 평등을 크게 촉진하는 것으로 이상화되었던 시스템이 오히려 태어날 때의 기득권을 강화하는 역할을 하고 있다는 것이다.

데이비드는 오랫동안 노력한 끝에 버지니아대학교의 커피숍에서 이런 사실을 완벽하게 일반화해 보여줄 인물을 찾아냈다. 그가 그곳에서 인터뷰한 리안나 블레빈스는 버지니아 서남쪽 구석에 있는 몹시 가난한 지역 출신이다. 그녀는 전문대학 졸업장에서 출발해 박사 학위를 받았다. 고향 친구 중에 그녀와 다른 길을 걸은 친구가 있을까? 데이비드의 물음에 그녀는 이렇게 대답했다.

"아, 내 남동생을 만나보세요."

우리 취재팀 기자들은 모두 신선한 통찰력을 발휘했다. 국내외 특파원으로 활동한 베테랑 기자 앤서니 드팔마Anthony DePalma는 위대한 미국 신화에서 흐릿하게 존재를 드러내는 이민자들의 운명에서 중요한 뒤틀림 현상을 찾아냈다. 이민자 집단 가운데 멕시코인들의 성장이 두드러졌지만, 앞서 도착한 이민자들에 비해 바닥에서부터 올라오는 것은 그리 성공적이지 않았다는 것이었다. 그 원인은 꽤 복잡했다. 앤서니는 앞서 이민 와서 성공한 그리스인이 경영하는 레스토랑 주방에서 일하는 멕시코인 노동자들과 친구가 되어 이야기에 피와 살을 덧붙였다. 보수적인 이익 단체와 그들이 사는 선거구를 취재했던 종교 담당 기자 로리 굿스타인Laurie Goodstein과 데이비드 커크패트릭David Kirkpatrick은 복음주의 기독교인들이 사회 주변부에서 프로테스탄트 사회 주류로 진입하고 있다는 사실을 발견했다. 예전에는 잘 알려지지 않았던 이런 사실은 아이비리그 대학 캠퍼스에서 복음주의자들의 영향력이 커지고 있음을 알려준다.

이처럼 야심적인 프로젝트에서는 제아무리 훌륭한 기자라 하더라도 열심히 우물을 파고도 물이 나오지 않는 낭패를 종종 당하곤 한다. 우리는 소비재 회사들이 어떻게 계급을 착취하는지 탐사하려 했지만 기자에게 마케팅 부문 취재를 허락했던 거대 화장품 회사가 겁을 집어먹는 바람에 실패하고 말았다. 몇 달 동안의 노력을 거쳐 작성됐지만 너무 뻔해 보인다는 이유로 실리지 않거나 관련 기사 정도로 축소된 경우도 있었다. 이를테면 누가 전쟁에 나갈지를 결정하는 데 계급이 미치는 역할에 관한 기사가 그랬고, 블루칼라 제조업이 계급 상승에 이바지했던 역할이 요즘 들어 약화되고 있다는 내용의 기사도 그랬다. 좋은 기사였지만 너무 자주 들었던 이야기였다. 우리는 신기원을 이루고 싶었다.

우리가 연 새 지평 가운데 특히 자랑스러운 것은 데이비드 케이 존스턴David Cay Johnston이 과세 기록을 비롯한 정부의 통계를 강박적으로 파고든 결과물이다. 데이비드는 앞서 언급된 적이 없는 추세를 발견했다. 그가 '초부유층hyper-rich'이라고 이름 붙인 가장 부유한 미국인들이 자신들이 머물렀던 무리에서 떠나고 있었던 것이다. 국부에서 그들이 차지하는 비중은 다른 경제적 층위, 심지어 연봉이 수십만 달러에 이르는 가족들에 견주어도 빠르게 높아지고 있었다. 더구나 데이비드가 증명했듯이 부시 행정부의 감세는 '평범한 부자들merely rich'의 희생으로 초부유층에게 이득을 안겨줄 것이었다.

데이비드는 과거에 비즈니스 전문 기자였던 글렌 크라몬Glenn Kramon과 몇 달 동안 긴밀히 협조하면서 가장 부유한 미국인들의 금융에 관한 초상을 그려냈다. 그가 개발한 경제적 모델은 재무부의 전문가들과 좌우 진영의 두뇌 집단 '모두'에게 신뢰를 받을 만큼 성실한 작업이었다. 이번 시리즈의 어떤 기사도 그처럼 격렬한 논쟁을 불러일으키지는 않았다.

이사벨 윌커슨Isabel Wilkerson은 성격은 다르지만 똑같이 고된 노력 끝에 삶의 재구성이라는 위업을 이룩했다. 집요한 기자이자 감미로운 글을 쓰는 작가인 이사벨은 책을 쓰기 위해 떠나 있다가 이번 프로젝트로 현장에 복귀했다. 그녀는 1993년 '그늘 속의 어린이들' 시리즈에서 가장 강렬한 기사를 작성했다. 그때 그녀는 집안 형편 때문에 성인들의 세계로 떠밀려 온 열 살짜리 시카고 소년 니컬러스 휘티커의 이야기를 들려주었다. 우리가 계급 프로젝트와 관련해 문의하자 그녀는 휘티커 가족과 다시 접촉하기로 했다. 그녀는 그때 이래로 휘티커 가족이 경험한 삶이 밑바닥에 있는 사람이 중간계급으로 올라가려고 얼마나 허우적대는지를 말해줄 거라고 생각했다. 몇 달 동안 이사벨은 애틀랜타에 있는 자신의 집에서 시카고로 출퇴근하면서 극도로 인간적인 결론을 서서히 이끌어냈다. 그것은 단순한 해피엔딩이 아니라 희망과 영웅적 행위가 가미된 이야기였다.

이번 프로젝트에는 대략 50명이 크고 작은 기여를 했다. 최고의 사진작가 사라 웨이스먼Sarah Weissman의 지휘 아래 『뉴욕타임스』의 사진기자들이 처음부터 대부분의 기사에 동행해 이 프로젝트에 없어서는 안 될 초상들을 그려냈다. 마저리 코널리Marjorie Connelly와 리치 메이슬린Rich Meislin은 계급에 대한 미국인의 태도를 묻는 혁신적인 여론조사를 설계했다. 『뉴욕타임스 매거진The New York Times Magazine』의 조사원인 윌리엄 린William Lin은 사실 확인과 데이터 지도 작성을 위해 초기부터 합류했다. 그래픽팀의 아치 체Archie Tse와 매슈 에릭슨Matthew Ericson은 이 시리즈를 떠받치는 복잡한 자료들을 시각화하기 위해 매우 흥미로운 방식들을 고안했다.

아트디렉터 앤 리Anne Leigh는 호화로운 지면을 펼쳐 보였다. 마지막 달에 제작 담당으로 합류한 론 테터Lon Teter는 길고 복잡한 기사들을 효과적으로 점검하고 분류해서 시간 내에 지면에 실리게 했다. 이 시리즈에서 바보 같은 실수와 부적절한 문장을 마지막으로 걸러낸 교열 편집자는 조 로저스Joe Rogers였다. 뉴욕타임스닷컴의 찰스 행어Charles Hanger와 벤저민 워슈쿨Benjamin Werschkul, 제프 맥기Geoff McGhee는 이번 시리즈를 오디오 슬라이드 쇼와 인터랙티브 그래픽을 포함한 매력적인 웹 콘텐츠로 탈바꿈시켰다.

가장 훌륭한 기자들이 이 모든 것을 감독했다. 그들은 밀어붙이고, 질문하고, 선명하게 만들고, 개량했다. 소마와 톰 쿤츠는 물론이고 칩 맥그래스Chip McGrath는 미국 대중문화에 등장한 계급의 진화에 관해 깊이 있는 글을 썼다. 존 단턴John Darnton과 빌 맥도널드Bill McDonald도 빼놓을 수 없다.

나는 우리의 선견지명에 바치는 헌사로 이 글을 쓰고 있다. 우리의 작품이 한창 준비되고 있을 때 『월스트리트저널』과 『로스앤젤레스타임스』가 몇 달 동안 우리가 발굴 작업을 하고 있었던 지역과 거의 같은 곳에서 땅을 파기로 결정했다. 『월스트리트저널』은 사회경제적 사다리에서 위로 올라가는 것이 얼마나 어려운지에 대해, 『로스앤젤레스타임스』는 언제라도 그 사다리에서 떨어질 수 있는 위험성에 주목하고 있었다. 우리 계급 프로젝트 팀의 취재기자들과 편집기자들은 다른 신문의 동료들을 반겨야 할지, 경쟁을 한탄해야 할지 당혹스러웠다(특히 『월스트리트저널』은 우리가 시리즈의 시작을 알리기 불과 며칠 전에 사회이동에 관한 우리의 결론을 일부 건드리는 기사를 내보냈다). 시리즈가 모두 끝났을 때 적어도 경쟁에 대한 나의 불안감은 가라앉았다. 다른 신문들의 작업에 마땅히 존경을 보내면서도 나는 이 책에 실린 기사들이 미국의 계급에 관한 논의를 새로운 차원으로 끌어올렸다고 확신한다.

공교롭게도 이 기사를 준비하는 동안 나는 여러 차례에 걸쳐 뉴스 매체의 신뢰도 하락에 대해 연설을 하거나 인터뷰를 해야 했다. 나는 우리의 입지가 점점 좁아지는 것이 뉴스 매체가 스스로 보여준 치명적인 추문들과 갈수록 이념적으로 양극화되는 유권자들의 냉소주의, 그리고 목청 큰 좌파와 우파 지지자들이 협공을 퍼부은 결과라고 주장했다. 그럼에도 나는 대중의 신뢰가 흔들리는 숨은 이유는 저널리즘의 고된 노동이 끊임없이 이어지는 상업적 압력을 받아 후퇴한 데에서 찾아야 한다고 믿는다. 지속적인 인원 감축과 지나친 단순화, 팬더링pandering(외설적 장면을 강조하는 상업광고-옮긴이), 허풍선이들의 결투와 유명 인사들의 가십이 정작 중요한 보도를 대체한 현상 역시 원인으로 작용했다. 누군가 처방을 물었을 때 나는 최고의 기자들에게 가장 어려운 주제를 맡겨 그들의 기사와 생각을 가장 높은 수준까지 지지해주는 야심적인 저널리즘을 제시했다. 언론에 대한 대중의 냉소주의를 불식하는 최고의 해독제는 저널리즘다운 걸작을 생산하는 데 투입된 노동과 심사숙고, 세심한 주의를 보여주는 것이다. 여러분은 이 책에서 그것들을 보게 될 것이다.

—『뉴욕타임스』 편집국장 빌 켈러Bill Keller

1

계급으로 갈라진 사람들

오늘날 미국 사회 계급의 네 얼굴.
위는 에르마 굴라트Erma Goulart(왼쪽), 모리스 미첼Maurice Mitchell(오른쪽),
아래는 스티브 스코넥Steve Schoeneck(왼쪽)과 바버라 프리본Barbara Freeborn(오른쪽).

에르마 굴라트, 하층계급을 말하다

올해 예순일곱 살인 굴라트는 고등학교에서 일하다 은퇴한 미망인이다. 그녀는 보석 제조업체에서 목걸이에 구슬 꿰는 일을 했다. 오물 처리장과 석탄회사에서도 일했다. 굴라트는 지금 식당을 하나 갖고 있다. 그녀는 이렇게 말한다. "지금 갖고 있는 것을 위해 정말 열심히 일했습니다." 굴라트는 지금도 불공평을 목도하고 있다. "부자들은 더 많은 이득을 가져가고 세금도 우대받습니다. 가난한 이들은 그렇지 못하죠." 그녀는 과거를 떠올리며 말했다. "가난하게 자란다는 건 힘든 일이에요." 굴라트는 자녀를 11명이나 길러냈다. 지금은 장애인 여동생의 아이를 키우고 있다. 굴라트는 말한다. "아메리칸드림은 사람들을 돕는 것이라고 생각해요."

모리스 미첼, 노동계급을 말하다

서른일곱 살인 미첼은 가족이 소유한 오수 정화조 회사를 운영한다. 한 해에 7만 5000달러까지 번다. 그는 이렇게 말했다. "집이 담보로 저당 잡혀 있어요. 그래도 갖고 싶은 차를 갖고 있죠." 고교 졸업이 학력의 전부인 그는 자녀 둘을 두고 있다. 결혼은 하지 않았다. 미첼은 말한다. "아이들이 학교에서 괴롭힘이나 비웃음을 당하지 않을 정도로 키울 능력은 됩니다. 나는 맨손으로 시작해도 열심히 일하면 성공할 수 있다고 믿어요. 하지만 빈부 격차는 결코 좁혀지지 않을 거예요. 부유한 집안에서 태어나지 않았다면, 부자가 되기는 정말 힘들 겁니다."

스티브 스코넥, 중간계급을 말하다

서른아홉 살인 스코넥은 전력회사의 경리부장이다. 스코넥과 유치원 교사인 아내는 둘 다 대학을 졸업했다. 둘이 합해 한 해에 8만 5000달러를 번다. 두 딸은 학교에 다닌다. 아들은 MIT 2학년에 재학 중이다. 스코넥은 말한다. "사람들에게는 열심히 일할 기회와 경제적으로 나아질 기회가 있습니다. 내게 아메리칸드림은 합당한 삶을 누릴 만큼 버는 것이죠. 가족, 친구들과 함께 공동체 안에서 괜찮은 시간을 보내는 거예요. 서로 돌봐주면서 말이죠. 대략 아메리칸드림을 이뤘다고 생각합니다. 그래서 나는 행복해요."

바버라 프리본, 상층계급을 말하다

마흔일곱 살인 프리본은 마케팅 이사다. 남편은 사업체를 갖고 있다. 부부의 한 해 소득은 15만 달러가 넘는다. 프리본에게 부자란 "굳이 돈을 내지 않고도 완벽한 대접을 받는 사람"이다. 지금 그녀에게는 "기술이나 건강 관리, 금융 부문에서" 돈을 벌 기회가 많이 보인다. 그녀는 부모 세대 때부터 미국이 바뀌어왔다고 말한다. "사람들이 정말 꿈꾸는 삶이 지붕 딸린 현관이 있는 집에 돌아와 저녁 식사를 하는 것뿐이라고는 생각하지 않아요. 요즘은 누구나 더 많은 것을 원하죠."

미국인들은 한때 계급을 이해한다고 생각했다. 상층계급은 유럽에서 휴가를 보냈고, 영국 성공회의 하나님Episcopal God을 경배했다. 중간계급은 포드 페어레인Ford Fairlane (포드사가 1955~1970년에 생산한 자동차 — 옮긴이)을 타고 다녔다. 이들은 샌퍼르난도 밸리San Fernando Valley(미국 캘리포니아 주 남부에 있는 산업 지역. 제2차 세계대전 이후 영화 산업과 자동차 산업, 비행기 산업이 발달했다. 1960년 이후 100만 명이 넘는 인구가 거주한다. — 옮긴이)에 정착해 회사원이 되었다. 미국 산별노조총연맹AFL-CIO에 속한 노동계급은 민주당에 투표했다. 이들이 카리브 해로 유람선 여행을 가는 일 따위는 없었다.

오랜 시간이 지나면서 미국은 계급 없는 사회의 외양을 띠게 되었다. 지금 미국인들은 선조들이 본다면 눈이 휘둥그레질 정도로 화려한 사치품에 파묻혀 있다. 사회적 다양성은 오래된 (계급의) 표지를 상당히 지워냈다. 이제 입고 있는 옷, 몰고 다니는 차, 투표 성향, 경배하는 신, 피부 색깔로 사람들의 지위를 알아내기는 힘들어졌다. 계급의 외형은 모호해졌다. 어떤 사람들은 그 외형마저도 사라졌다고 말한다.

그러나 계급은 미국인의 일상에서 여전히 강력한 힘으로 작용하고 있다. 지난 30년 동안 계급은 여러 중요한 영역에서 더 큰 영향력을 행사하고 있다. 교육 문제가 어느 때보다 중요한 요즘 학교에서의 성공은 계급과 더 단단하게 연결되어 있다. 조금씩 인종 통합을 이루었지만, 부자들은 점점 더 자신을 다른 사람들과 차별화하고 있다. 의학은 놀랍도록 발전했지만 건강과 수명에서 계급 간 격차는 오히려 더 커지고 있다.

경제 사다리를 타고 오르내리는 가족의 이동, 즉 사회이동에 관한 새로운 연구를 보면, 지금 사회이동은 한때 경제학자들이 생각했고 모든 이들이 믿었던 것보다 줄어들었다. 많은 연구자들은 제2차 세계대전 이후 수십 년 동안 미국인 노동자들의 삶을 떠받쳐준 사회이동이 최근 작동을 멈추었거나 적어도 예전보다는 훨씬 약해졌을 것이라고 말한다.

사회이동은 '아메리칸드림'의 핵심과도 같은 약속이다. 사회이동은 더 가진 자와 못 가진 자 사이의 큰 격차를 완화하는 역할을 하도록 되어 있다. 미국에서 부자와 빈자 간의 논쟁은 여전히 현재 진행형이다. 하지만 가난한 사람이 부자가 될 수 있고, 기회가 거의 평등하게 주어질 수 있게 하는 것이 존재한다면 부자와 빈자 사이의 차이가 계급 장벽을 더 높이는 일은 없을 것이다.

2005년 봄 『뉴욕타임스』는 미국의 계급에 관한 시리즈를 보도했다. 계급은 전 국민이 경험하는 문제였으나 거의 조사되지 않고 있었다. 계급은 그 어느 때보다 알기 어려운 개념이 된 것으로 보인다. 이 시리즈는 계급이 개인의 삶에 끼친 영향을 자세히 조사해 보도했다. 기사에는 가난한 켄터키 분지 출신의 변호사, 대학에 가지 않은 것을 후회하는 워싱턴 주 스포캔의 실직 금속 노동자, 60미터짜리 대형 요트의 특징을 두고 곰곰이 따져보는 매사추세츠 주 낸터컷에 사는 대부호 등이 등장한다.

이 시리즈가 계급에 관한 것을 모두 담지는 못했다. 계급에 관한 결정판도 아니다. 사람들을 분류하거나 사회적 관행이나 관습을 해석하는 데 실용적인 공식을 제공하지도 않는다. 대신 미국인이 직면한 계급에 대한 탐구를 보여준다. 어렴풋하고 모호해 보이는 계급은, 면밀히 보면 어떤 이들에게는 힘을 북돋는 반면 어떤 이들은 억압한다.

폭넓게 나타나는 이 경향은 얼핏 보면 모순처럼 보인다. 계급을 나타내주는 풍경은 흐릿해졌지만 또 한편으로는 어떤 계급들 사이의 경계는 굳어져 있다. 사람들 대부분이 자신들의 상대적 위치에 묶여 있는 동안 일반적인 생활 수준은 높아졌다.

사회이동이 정체된 것처럼 보이는 순간마저, 엘리트 계급의 지위를 획득할 기회는 열려 있다. 오늘날에는 누구나 미연방대법원 판사나 CEO가 될 수 있고, 자수성가한 억만장자도 점점 많아지고 있다. 2004년 『포브스』가 발표한 미국 400대 부자 가운데 부를 물려받은 이는 37명뿐이다. 1980년대 중반에는 무려 200여 명이었다.

그래서 성공한 사람들은 부의 정상에 쉽게 오른 것처럼 보인다. 하지만 그렇지 못한 대부분의 사람들에게 자신이 위치한 경제적 계급에서 다음 계급으로 올라가는 것은 점점 힘들어지고 있다. 태어나자마자 정해지는 계급에서 벗어나지 못하는 미국인들은 확실히 30년 전보다 더 늘어난 것 같다.

미국의 새로운 능력주의meritocracy(출신이나 가문이 아니라 능력이나 실적에 따라 지위나 보수가 결정되는 사회체제—옮긴이)의 핵심에는 역설이 있다. '능력'은 유복하게 태어난 부모들이 자녀들에게 장원莊園을 물려주는 낡은 부의 세습 시스템을 대체해왔다. 그러나 능력도 결국은 계급에 기반한 것이다. 재산과 교육, 연줄을 가진 부모들은 자녀들에게 능력주의 사회에서 보상을 받을 수 있는 습성을 길러준다. 그래서 그들의 자녀들이 성공했을 때, 그 성공은 거저 얻은 것처럼 보인다.

다른 이들에게 크나큰 패배감을 안겨주며 승승장구하고 있는 유복한 고학력 그룹도 서로 간에 소리 없는 경쟁을 벌인다. 이 경쟁은 이를테면 최고 학군에 집을 얻거나 아이를 제대로 된 취학 전 프로그램에 집어넣거나, 최고의 전문의를 차지하려는 쟁탈전이다.

러셀 세이지 재단 회장인 에릭 워너Eric Wanner는 이렇게 말했다. "낡은 부의 세습 시스템이나 배타적인 진입 장벽은 많이 사라졌습니다." 뉴욕의 사회과학 연구 집단인 이 재단은 경제 불평등의 사회 효과에 관한 연구 결과를 계속 내고 있다. 워너 회장은 이렇게 덧붙였다. "낡은 시스템을 대신해 (계급의) 이점을 전달하는 새로운 방식들이 떠오르고 있어요. 이 방식들이 제 목소리를 내기 시작한 것이죠."

아메리칸드림에 대한 믿음

미국인은 대부분 여전히 성공을 낙관적으로 전망하고 있다. 최근 실시한 『뉴욕타임스』의 여론조사에서 응답자 중 40퍼센트는 지난 30년간 미국에서 더 높은 계급으로 올라갈 기회가 있었다고 믿는 것으로 나타났다. 최근의 다른 조사 결과를 보면 이 기간에 계급 상승 기회가 없었는데도 말이다. 응답자의 35퍼센트는 계급 상승의 기회가 변하지 않았다고 답했다. 23퍼센트만이 그 기회가 줄어들었다고 말했다.

여론조사 결과

『뉴욕타임스』는 2005년 3월 미국인들이 계급을 어떻게 생각하는지, 자신을 어떤 계급으로 자리 매김하는지를 알아보기 위해 전국 범위로 여론조사를 했다. 여론조사에서 사회이동에 대한 낙관주의의 실체가 드러났다. 또한 특정 지역에서 부자와 가난한 사람들의 시각 차이가 밝혀졌다. 예를 들어, 이들은 아메리칸드림을 성취할 가능성을 달리 잡고 있다. 여론조사를 한 뒤에는 응답자와 인터뷰를 했는데, 이 장의 서두(22쪽)에 사진이 실린 네 사람도 그때 인터뷰한 사람들이다. 이들은 각각 다른 경제 집단을 대표한다.

기회의 땅

미국인들은 그 어느 때보다 부자가 될 수 있다는 믿음을 소중히 여긴다. 미국인의 4분의 3은 계급 상승 기회가 30년 전과 같거나 그보다 많아졌다고 생각한다. 하지만 자신이 부자가 되지는 못할 거라고 생각하는 미국인도 절반이 넘는다. 대다수는 가난한 이들의 성공을 돕는 프로그램에 찬성한다.

▼ 가난한 환경에서 출발해도 열심히 일하면
  부자가 될 수 있다고 보십니까?

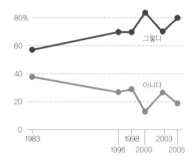

▼ 어린 시절의 계급과 비교했을 때 지금의
  계급은 어떻습니까?

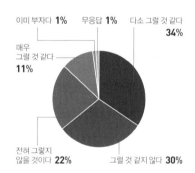

▼ 앞으로 부자가 될 것 같습니까?

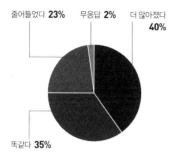

▼ 30년 전과 비교해 낮은 계급에서 한 단계
높은 계급으로 상승할 기회가 있다고 보십니까?

줄어들었다 **23%** 무응답 **2%** 더 많아졌다
40%

똑같다 **35%**

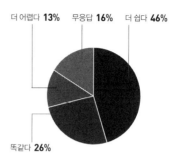

▼ 유럽 국가와 비교해 미국에서 계급 상승의
기회는 어떻다고 보십니까?

더 어렵다 **13%** 무응답 **16%** 더 쉽다 **46%**

똑같다 **26%**

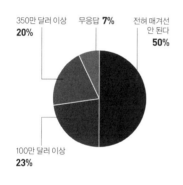

▼ 연방세는 얼마 이상의 유산에 부과해야
한다고 생각하십니까?

350만 달러 이상 무응답 **7%** 전혀 매겨선
20% 안 된다
50%

100만 달러 이상
23%

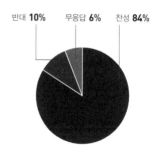

▼ 인종이나 성별에 관계없이 저소득층 출신의
성공을 돕는 특별 프로그램에 찬성하십니까,
반대하십니까?

반대 **10%** 무응답 **6%** 찬성 **84%**

출처―「뉴욕타임스」

가난하게 시작해도 열심히 일하면 부자가 될 거라고 믿는 미국
인들은 20년 전보다 더 많아졌다. 이들은 연줄이나 부유한 배경보다
근면 성실과 양질의 교육이 성공에 중요한 요소라고 말한다.

올해 예순다섯 살인 휴스턴의 부동산업자 어니 프레이저Ernie
Frazier는 여론조사가 끝나고 진행한 인터뷰에서 이렇게 말했다. "이

시스템은 모두가 성취할 수 있기 때문에 공정하다고 생각합니다. 삶이 늘 공정한 건 아닙니다. 하지만 참고 버티다 보면 역경을 극복할 수 있습니다. 열심히 일하려는 의지만 있다면 말이죠. 삶이란 건 항상 그래왔다고 생각합니다."

응답자들은 대부분 자신의 생활수준이 부모의 생활수준보다 낮다고 답했다. 자녀들은 자신보다 더 나아질 것이라고 생각했다. 연소득이 3만 달러를 밑도는 가구도 아메리칸드림에 동의한다. 그중 절반은 이미 성취했거나 앞으로 성공할 수 있을 거라고 말한다.

그러나 이들은 대부분 공정한 경쟁의 기회를 누리지 못하고 있다. 이들은 부자들이 너무 많은 권력을 가졌다고 말한다. 그리고 가장 밑바닥에 있는 사람들을 돕는, 즉 계급에 기반한 소수자 우대 정책affirmative action에 찬성한다. 그렇지만 죽을 때 내야 하는 상속세에는 반대한다.

"사람들은 미국을 기회의 나라라고 부릅니다. 나도 많이 바뀌었다고 생각하진 않습니다." 올해로 예순 살이 된 다이애나 래키Diana Lackey의 말이다. 은퇴한 도급업자를 남편으로 둔 그녀는 뉴욕의 시러큐스 부근 풀턴에 사는 주부다. "온갖 구조조정 때문에 살기가 정말이지 너무나 힘들어졌어요. 그래도 우리는 여전히 멋진 나라에 살고 있습니다."

계급의 속성

계급을 이야기할 때 한 가지 어려운 점은 이 단어를 쓰는 사람들이

저마다 다른 뜻으로 쓴다는 것이다. 계급은 지위이고 집단이며, 문화이고 취향이다. 사고방식이자 가설이고, 정체성의 근원이자 배제 구조다. 어떤 이들에게는 그저 돈일 뿐이다. 인생의 결과에 영향을 끼치는 타고난 팔자이기도 하다. 어떤 미국인들은 계급을 거의 느끼지 못하지만, 어떤 미국인들은 삶을 좌우하는 강력한 방식으로서 계급의 무게를 느끼고 있다.

기본적으로 계급은 한 집단이 자신을 구분해내는 방법이다. (하물며) 계급을 타파하기 위해 만들어진 집단조차 서열이 있다. 계급은 비슷한 경제적·사회적 지위를 가진 사람들의 그룹이다. 그들은 정치적 견해, 생활방식, 소비 패턴, 문화적 관심, 출세의 기회를 공유한다. 열 사람을 한 방에 넣어보라. 곧 출세 서열이 매겨질 것이다.

사회가 지금보다 단순했을 때는 계급의 풍경을 읽어내기가 쉬웠다. 마르크스는 19세기 사회를 단지 두 계급으로 나눴고, 막스 베버가 거기에 몇 개를 추가했다. 사회가 점점 복잡해지면서 오래된 계급들은 종류가 다양해졌다. 일부 사회학자들과 마케팅 컨설턴트들은 일반적으로 받아들여지는 상층계급, 중간계급, 노동계급이라는 3개의 거시 계급이 직업이나 생활방식으로 규정되는 수십 개의 미시 계급으로 나뉘어 있다는 것을 발견했다.

몇몇 사회학자들은 사회의 복잡성 때문에 계급 개념이 무의미해졌다고까지 말한다. 버지니아대학교 사회학과 폴 킹스턴Paul W. Kingston 교수는 이렇게 말했다. "전통적인 거시 계급들은 소득과 생활방식, 정치적 시각 면에서 상당히 다양해져서 계급이라고 부르기도 힘들게 됐습니다." 그에게 미국 사회는 "수많은 단계로 이루어진 사다리"다.

킹스턴은 또 이렇게 말했다. "사다리의 같은 단계에 있는 사람들이 모두 같은 경험을 할 것이라고 말할 수 있는 결정적 단서가 하나도 없습니다. 사다리 한 칸 한 칸은 크기가 같아요. 물론 사다리에서 높이 올라간 사람들의 자녀들은 더 나은 교육을 받고 더 나은 건강보험에 가입하겠죠. 그렇다고 해서 계급이 존재한다는 걸 뜻하지는 않습니다."

많은 연구자들이 킹스턴의 말에 동의하지 않는다. UC버클리 사회학과 마이클 하우트Michael Hout 교수는 이렇게 말했다. "계급이 미국 사회를 재편성하는 그 순간에도 계급의식과 계급언어는 퇴조하고 있습니다. '계급의 종말'을 논하는 사람들의 이야기는 순진하고 역설적입니다. 우리는 불평등이 급증하는 시대에 살고 있기 때문이죠. 또 우리가 어디에 사는지, 어떻게 느끼는지를 두고 거대한 재편성이 이루어지고 있어요. 정치 역학에서조차 말이죠. 그런데도 사람들은 '뭐 어때, 계급의 시대는 끝났잖아'라고 말합니다."

누군가의 사회적 지위를 맞힐 수 있는 한 가지 방법은 손에 쥔 카드 패를 떠올려보는 것이다. 모두가 카드 네 장을 쥐고 있다. 각각의 패는 교육, 소득, 직업, 부富다. 이 페이스 카드face card(카드 게임에서 잭, 퀸, 킹처럼 사람의 얼굴이 그려져 있는 카드를 가리킨다. 여기서는 교육, 소득, 직업, 부를 비유하는 뜻으로 쓰였다. ─옮긴이) 네 장은 흔히 계급을 판단하는 기준으로 쓰인다. 게임 참가자들은 몇몇 범주 안에서 이 카드 네 장을 갖고 상층중간계급에 안착할 수 있다. 처음에 한 개인의 계급은 부모의 계급과 같다. 그 후 그는 자신만의 카드 패를 새로 고를 수도 있다. 부모의 패와 닮을 가능성이 높지만 항상 그런 것은 아니다.

빌 클린턴은 자신이 쥐고 있던 낮은 패를 대학 교육과 로즈 장학금의 도움으로 교환해 수십 년 뒤 (교육, 소득, 직업, 부가 그려진) 페이스 카드 네 장을 들고 나타났다. 빌 게이츠는 상층중간계급에서 바로 시작했는데, 비장의 카드 세 장으로 대학 졸업장 없이도 성공할 수 있었다.

많은 미국인들이 자신들이 계급 사다리 위 칸으로 올라섰다고 말한다. 『뉴욕타임스』 여론조사에서 응답자의 45퍼센트는 어린 시절의 계급보다 더 높은 계급으로 올라섰다고 답했다. 16퍼센트는 낮은 계급으로 떨어졌다고 답했다. 1퍼센트는 상층계급, 15퍼센트는 상층중간계급, 42퍼센트는 중간계급, 35퍼센트는 노동계급, 7퍼센트는 하층계급이라고 답했다.

"나는 매우 가난하게 자랐어요. 남편도 마찬가지고요." 워싱턴 터코마 근처 퓨알럽에 사는 완다 브라운Wanda Brown의 말이다. 올해 쉰여덟 살인 그녀는 워싱턴 주 퓨젓 사운드의 해군 조선소에서 은퇴한 선박 설계자의 아내다. "우리는 부자가 아닙니다. 하지만 안락한 삶을 살고 있어요. 중간계급이죠. 아들의 삶은 우리보다 나을 겁니다."

'성공'이라는 미국의 이상

미국에서 사회 계급 이동social Mobility의 원조이자 전형은 벤저민 프랭클린Benjamin Franklin이다. 그는 양초 제조업자의 일곱 자녀 중 한 명으로 태어났다. 20년 전 연구자들이 엄격한 방식으로 사회이동을 연구하기 시작할 때만 해도, 프랭클린은 유동적 사회의 진정한 대표처럼 보였다. 가난뱅이에서 부자가 되는 성공담은 미국 건국 이념에서 약속한 것처럼 누구나 쉽게 성취할 수 있는 이상이었다.

훗날 노벨상을 받은 시카고대학교의 경제학자 게리 베커Gary S. Becker는 1987년 어느 연설에서 연구 결과를 요약하면서, "미국의 사회이동은 매우 높아 한 세대가 다음 세대에 물려줄 특권은 거의 없다"고 말했다. 사실상 당시 연구자들은 특권을 물려받은 손자와 가난을 대물림한 손자가 거의 대등한 관계가 될 것이라는 데 동의하는 것처럼 보였다.

베커 교수의 말이 맞았다면, 1970년대 중반 시작된 소득 불평등 심화 현상은 걱정거리가 되지 말았어야 했다. 부자들이 앞서 나가는 것처럼 보일지는 모르지만, 만약 각 가정이 항상 부와 가난 사이를 오간다면 최상층과 바닥층 간의 격차가 무슨 문제가 되었겠는가.

지금 경제학자들은 사회이동에 관한 초기 연구에 결함이 있었다고 말한다. 어떤 연구들은 부모의 소득을 분석하면서 자녀들의 분명치 않은 기억에 의존했다. 다른 연구들은 꽤나 변동 폭이 컸던 한 해의 소득만 비교했다. 또 어떤 이들은 젊은 변호사가 로펌의 대표 변호사가 되는 경우처럼, 보통 사람들이 직장에서 이루어내는 발전을 사회이동으로 잘못 해석한다.

수십 년에 걸친 소득을 질서 정연하게 추적 정리한 사회이동에 관한 새로운 연구들을 보면, 이동은 예전에 비해 훨씬 적어졌다. 한때는 경제적 이익이 두세 세대 정도만 이어질 것으로 여겨졌지만, 지금 그 기간은 거의 다섯 세대에 근접하고 있다. 사회이동은 한때 생각했던 것처럼 급진적으로 일어나지 않고 있다.

사회이동 연구자들을 이끌고 있는 미시간내학교의 경제학자 게리 솔론Gary Solon은 이렇게 말했다. "우리는 모두 다음 세대에 훨씬 더 잘살게 된 가난한 가족들의 이야기를 잘 알고 있어요. 가난한 가족들에게 기회가 없는 건 아닙니다."

그러나 솔론은 또 이렇게 말했다. "사람들은 '불평등을 걱정하지 마. 가난한 자손들도 부유한 자손 못지않게 기회를 얻게 될 거야'라고 말하곤 했죠. 하지만 그건 진실이 아닙니다. 요즘 학계에서 이런 주장을 하면 더 이상 존중받지 못합니다."

보스턴 연방준비은행의 한 연구 결과를 보면, 전체 소득수준을 다섯 단계로 나눴을 때 1980년대에 한 단계에서 다른 단계로 올라가는 가족은 1970년대에 비해 점점 줄었고, 1990년대에는 더 줄었다. 노동통계국의 연구 결과도 사회이동이 1980년대에서 1990년대로 넘어오면서 약해졌다는 걸 보여준다.

시카고 연방준비은행과 UC버클리의 연구 결과를 보면, 1960년대에 태어난 형제들의 소득은 1940년대 후반에 태어난 형제들보다 더 비슷하다. 습성, 기술, 유전자, 연줄, 돈 등 아이들이 부모에게서 무엇을 물려받았든지 간에 그 대물림이 오늘날 더 중요해진 듯하다.

세대에 걸친 사회이동 연구는 어렵기로 악명이 높다. 부모들의

사회이동이 둔화되고 있다

미국에서 소득 그룹 간 이동은 과거와 비슷하거나, 변화가 있다고 해도 속도가 느려졌다. 지난 30년 간의 실태를 조사한 연구 결과를 보면, 소득 분위 20퍼센트(여기서 단계는 소득 구간을 다섯 단계로 나눴을 때 의 한 단계—옮긴이)의 가족 중 위로도 아래로도 이동하지 않은 가족의 비중은 커진 것으로 드러났다.

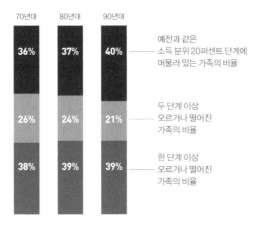

70년대 / 80년대 / 90년대

36% / 37% / 40% ── 예전과 같은 소득 분위 20퍼센트 단계에 머물러 있는 가족의 비율

26% / 24% / 21% ── 두 단계 이상 오르거나 떨어진 가족의 비율

38% / 39% / 39% ── 한 단계 이상 오르거나 떨어진 가족의 비율

출처― 보스턴 연방준비은행

소득 기록과 자녀들의 소득 기록을 맞춰봐야 하기 때문이다. 몇몇 경제학자들은 새 연구 결과물들이 분명치 않다고 여긴다. 이 조사는 지난 세대에서 사회이동이 줄어들었다는 것을 분명히 제시하지 못 한 채, 단지 늘어나지는 않았다는 것만 보여줄 뿐이라고 말한다. 아 마도 수년 동안 이 데이터에 관한 결론은 나오지 않을 것이다.

그렇다고 사람들이 이런 함의에 동의하는 것은 아니다. 자유주 의자들은 (사회이동이 줄어들었다는) 연구 결과를 두고 기회 불균등을 바로잡기 위한 빈곤 퇴치 계획이나 더 나은 조기 교육 필요성을 보여 주는 증거물이라고 말한다. 반면 보수주의자들은 사회이동이 감소했 는데도 불구하고 그 비율이 여전히 높다고 주장하는 경향이 있다.

그러나 사회이동의 최적 범위에 대한 공감대는 광범위하게 존재한다. 좌우 양쪽의 경제학자들은 그 범위로 경제 계급 간의 유동성은 보장하되 성공이 성과가 아니라 무작위로 결정된다는 인상을 주지 않는 정도가 적절하다고 입을 모은다.

미국기업연구소의 상근 연구원인 필립 스웨이글Phillip Swagel은 이렇게 말했다. "우리는 사람들이 원하는 기회를 다 주고 싶습니다. (계급) 상승을 가로막는 장벽도 다 없애주고 싶고요."

그래도 부모들에게는 자녀 계발의 동기가 여전히 남아 있다. UC 버클리의 경제학자이자 사회이동 연구자인 데이비드 레빈David I. Levine은 이렇게 말했다. "사람들은 대부분 자녀들에게 특권을 물려주기 위해 매우 열심히 일합니다. 아주 다행스러운 일이기도 하죠."

미국의 사회이동이 영국이나 프랑스보다 활발하지 않다는 점은 놀라운 발견이다. 미국은 캐나다나 몇몇 스칸디나비아 국가보다 사회이동이 저조하다. 하지만 가난에서 벗어나기가 무척 어려워 하층 계급이 현재의 지위에서 얼어붙은 것처럼 옴짝달싹할 수 없는 브라질처럼 저조한 것은 아니다.

이런 국가 간 비교는 믿기 어려워 보인다. 영국과 프랑스에는 세습 귀족이 있기 때문이다. 영국은 여전히 여왕을 둔 국가다. 미국 헌법은 모든 인간이 동등하게 태어났다고 선언한다. 미국 경제는 수십 년 동안 유럽보다 빨리 성장했는데, 이 성장은 기회가 무한하다는 인상도 함께 남겼다.

그러나 미국은 유럽과 달리 사회이동 기제를 망칠 수도 있다.

미국의 소득 불평등은 유럽보다 심하기 때문에 부자 부모와 가난한 부모들이 아이들에게 투자할 수 있는 것에도 큰 차이가 있다. 이 때문에 경제적 배경이 덴마크, 네덜란드, 프랑스 아이들보다 미국 아이들에게 더 정확한 학업 수행 예측 변수로 작용한다는 연구 결과도 나와 있다.

레빈은 이렇게 말했다. "미국에서 엘리트로 태어난다는 것은 세상에서 극소수의 사람들만이 경험할 수 있는 특권 뭉치를 갖는다는 것을 의미합니다. 하지만 미국에서 가난하게 태어난다는 것은 유럽이나 일본, 캐나다에서와는 달리 심각한 불이익을 받는다는 것을 의미합니다."

흐릿해지는 계급 지형

미국인의 삶에서 계급의 힘이 쇠퇴하는 것으로 보이는 이유는 무엇일까? 우선 소유물로 개인의 지위를 알기 힘들어졌다는 점을 꼽을 수 있다. 중국 등지의 공장에서는 카메라가 내장된 휴대전화를 비롯한 고급 제품들을 대량으로 생산하고 있다. 이 물건들은 누구나 쉽게 구입할 수 있다. 연방의 규제 철폐는 비행기표나 장거리 전화에도 똑같이 적용된다. 위험 예측 능력에 자신이 있는 은행들은 신용 대출을 저소득층에게까지 확대하고 있다. 멋진 집이나 신차를 갖고 있다는 것이 이제 중간계급임을 보여주는 증거가 아니다.

경제적 변화로 고급품이나 사치품을 더 싸게 만들 수 있게 되자 기업들은 한때 시장에서 무시했던 소비자들을 대상으로 새로운 판로를 개척했다. 여러 해 전만 해도 상류 생활의 상징이었던 유람선 여행은 이제 해양판 저지 쇼어Jersey Shore(뉴욕과 펜실베이니아에 가까운 해안의 인기 휴양지. 여기에서는 '아무나 가는 곳'을 비유했다. — 옮긴이)가 되었다. BMW는 같은 휘장을 단 더 싼 모델을 만들어내고 있다. 마사 스튜어트Martha Stewart(1941~ , 가정생활 관련 서적 출판에서 시작해 억만장자의 대열에 오른 여성 기업인 — 옮긴이)는 고급 코트나 드레스의 재료로 쓰이는 셔닐과 자카드 문양으로 직조한 의류와 부채꼴이나 물결 모양의 스캘럽 문양을 새긴 세라믹 식기류를 K마트(미국의 종합 소매 기업 — 옮긴이)에서 팔고 있다.

제너럴모터스에서 시장과 산업 분석을 맡고 있는 폴 벨루Paul Bellew 이사는 이렇게 말한다. "이런 물질적 위안이 (계급) 감각을 마비시키는 것이죠. 이렇게 말할 수도 있습니다. 지금 상위 50퍼센트의 생활수준은 50년 전의 상위 5퍼센트의 생활수준과 같다고요."

정치 부문의 계급 배열도 소비 패턴처럼 뒤죽박죽이다. 1950년대에 전문직에 있는 사람들은 틀림없이 공화당원이었지만, 지금 전문직은 민주당 쪽에 사상적·이념적으로 쏠리는 경향을 보인다. 반면 숙련 노동자들은 열혈 민주당원에서 빠져나와 (여러 정당으로) 고르게 퍼져 있다.

사회 쟁점에서도 공화, 민주 양당 지지자들 사이에 변화가 나타났다. 예를 들어 총기 규제와 동성 결혼 쟁점에서는 많은 노동계급 투표자들이 오른쪽으로, 많은 고소득 투표자들이 왼쪽으로 기울었다. 부의 증가 역시 중요한 역할을 한다. 모든 냄비에 그냥 닭이 아니

누가 부자인가?

미국의 한 가족은 한 해 얼마 정도 벌어야 부자로 여겨질까요?

| 무응답자 | 10만 달러 미만 | **10만 ~ 20만 달러 미만** | 20만 ~ 30만 달러 미만
30만 ~ 40만 달러 미만
40만 ~ 50만 달러 미만
50만 ~ 100만 달러 미만 | 100만 달러 이상 |

응답자의 **29%**

그리고 부는 무엇을 바꾸나?

어떤 조사에서는, 소득 그룹 사이에 큰 차이가 있는 것으로 드러났다. 저소득층 응답자들은 신앙의 중요성을 강조했다. 그들은 부자들이 너무 많은 권력을 가졌으며, 부자와 빈자 사이에 매우 많은 갈등이 있다고 생각했다.

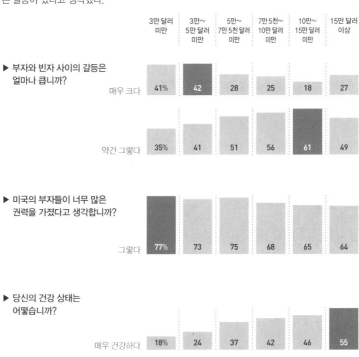

	3만 달러 미만	3만~ 5만 달러 미만	5만~ 7만 5천 달러 미만	7만 5천~ 10만 달러 미만	10만~ 15만 달러 미만	15만 달러 이상
▶ 부자와 빈자 사이의 갈등은 얼마나 큽니까? 매우 크다	41%	42	28	25	18	27
약간 그렇다	35%	41	51	56	61	49
▶ 미국의 부자들이 너무 많은 권력을 가졌다고 생각합니까? 그렇다	77%	73	75	68	65	64
▶ 당신의 건강 상태는 어떻습니까? 매우 건강하다	18%	24	37	42	46	55

당신의 계급 사다리는 안전합니까?

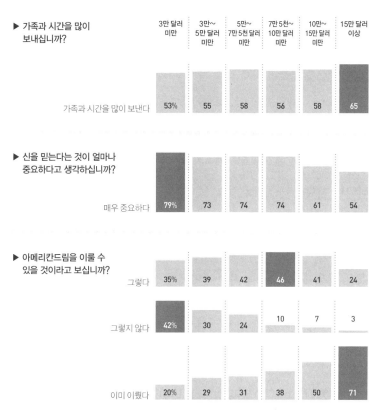

▶ 가족과 시간을 많이 보내십니까?	3만 달러 미만	3만~ 5만 달러 미만	5만~ 7만 5천 달러 미만	7만 5천~ 10만 달러 미만	10만~ 15만 달러 미만	15만 달러 이상
가족과 시간을 많이 보낸다	53%	55	58	56	58	65

▶ 신을 믿는다는 것이 얼마나 중요하다고 생각하십니까?						
매우 중요하다	79%	73	74	74	61	54

▶ 아메리칸드림을 이룰 수 있을 것이라고 보십니까?						
그렇다	35%	39	42	46	41	24
그렇지 않다	42%	30	24	10	7	3
이미 이뤘다	20%	29	31	38	50	71

출처―「뉴욕타임스」

라 놓아 기른 유기농 닭이 있을 때(허버트 후버가 1928년 대선에서 내건 구호인 "모든 냄비에 닭고기를, 모든 차고에 자동차를 약속합니다! I will promise you a chicken in every pot and a car in every garage"를 비유한 말이다. ― 옮긴이), 노동계급에게 전통적 방식으로 경제적 호소를 하면 허튼소리로 들릴 수도 있다.

마찬가지로 종교도 더 이상 믿을 만한 계급 표지가 아니다. 남부의 경제성장은 로마 가톨릭이 20세기 중반에 부상했던 것처럼 복음주의 신도들을 중간계급, 상층계급으로 올리는 데 도움을 주었다.

이제 더 이상 자리를 잡았다는 것을 보이기 위해 성공회나 장로교 교인이 될 필요는 없다.

애리조나대학교의 사회학자 마크 샤베스Mark A. Chaves는 이렇게 말했다. "노스캐롤라이나의 샬럿에서는 침례교인들이 기득권층입니다. 장로교인이 기득권층이기 때문에 존경을 받고, 그래서 노스캐롤라이나 사람들이 침례교인보다는 장로교인이 되고 싶어 할 거라는 생각은 더 이상 유효하지 않습니다."

한때 인종과 계급을 단단하게 연결했던 고리도 흑인들이 중간계급, 상층계급으로 이동하면서 약해졌다. 인종과 민족, 젠더gender 등 모든 종류의 다양성은 계급의 그림을 복잡하게 만들고 있다. 높은 이민 비율과 이민자들의 성공 스토리는 이런 주장에 힘을 실어주고 있다. 입신출세의 규칙은 변했다.

미국 엘리트도 더 다양해졌다. 아이비리그 출신 기업 중역 비율은 지난 15년 동안 계속 낮아졌다. 상원에는 한두 세대 전보다 많은 가톨릭교도, 유대인, 몰몬교도들이 있다. 아직 그 수는 많지 않지만, 지난 수십 년 동안 경제적 변동 덕분에 정상까지 오른 사람의 수는 계속해서 늘고 있다.

하버드대학교 사회정책학과 크리스토퍼 젱크스Christopher S. Jencks 교수는 이렇게 말했다. "사회적·정치적 격변은 그것이 무엇이든 간에 부자가 될 기회를 만들어줍니다. 그렇다고 그런 격변이 기업가가 아닌 99퍼센트의 보통 사람들에게까지 꼭 큰 영향을 미치는 건 아닙니다."

이런 성공 스토리들은 〈아메리칸 아이돌America Idol〉(미국 폭스 텔레비전의 연예인 오디션 프로그램 ─ 옮긴이)이나 〈어프렌티스Apprentice〉(미국 부동산 거물 도널드 트럼프와 리얼리티 쇼 제작자 마크 버넷이 제작한 리얼리티 쇼. '최강의 면접'이라는 부제가 달려 있다. 연봉 25만 달러의 인턴 자리를 쟁취하기 위해 경쟁하는 과정을 그린다. ─ 옮긴이) 같은 텔레비전 프로그램의 문화적 신화 만들기가 그렇듯 사회이동에 관한 인식을 강화한다.

그러나 이 모든 흐릿한 변화의 흐름 밑에는 숨겨진 계급 구분을 심화하는 보이지 않는 어떤 힘들이 있다. 세계화한 데다 기술이 발전하면서 공장 문을 닫게 하고, 한때 중간계급의 버팀목이었던 일자리가 사라져가고 있다. 숙련 기술과 교육은 그 어느 때보다 중요해졌지만, 단순 육체노동은 일당 2달러만 주면 개발도상국에서 시킬 수 있다.

이런 변화는 소득 불평등을 엄청나게 키웠다. 의회 예산국 자료를 보면, 1971년과 2001년 사이에 미국 상위 1퍼센트 가정의 세후 소득은 139퍼센트 올랐다. 70만 달러 이상 오른 것이다. 이것은 인플레이션을 감안한 수치다. 소득 단계 상위 40~60퍼센트는 4만 3700달러로, 17퍼센트가량 올랐다. 최하위 20퍼센트는 9퍼센트만 상승했다.

노동자 대부분의 시간당 임금 인상이 인플레이션 비율보다 높았던 때는 지난 30년 동안 1990년대의 거품 시절이 유일하다. 연금이 줄어들면서 은퇴 후의 안정성은 크게 위협받고 있다.

4년제 대학 학위는 예전보다 더 확실한 차이를 만들어낸다. 지금은 한 세대 전보다 더 많은 사람들이 학위를 따고 있다. 계급은 여전

성공하려면 어떤 조건이 필요한가?

미국인들은 교육이나 타고난 재능 또는 적절한 연줄보다 근면이 인생에서 성공하는 데 핵심적인 조건이라고 여겼다. 다른 요소들도 개인의 성공에 한몫을 하기는 하겠지만, 대부분의 미국인들은 소득수준에 상관없이 개인의 노력이 가장 결정적인 요소라고 생각했다.

▶ 소득 그룹별 성공을 위한
  필수 요소에 대한 답변

	3만 달러 미만	3만~ 5만 달러 미만	5만~ 7만 5천 달러 미만	7만 5천~ 10만 달러 미만	10만~ 15만 달러 미만	15만 달러 이상
부유한 집안 출생	14%	13	9	5	10	5
적절한 인맥	17%	18	15	15	16	12
타고난 능력	22%	25	23	15	19	27
좋은 교육	38%	37	42	39	38	42
근면	35%	49	55	47	55	51

▶ 성공하려면 어느 정도의
  교육을 받아야 합니까?

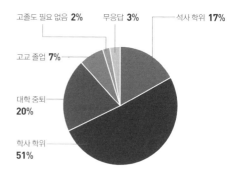

고졸도 필요 없음 **2%**   무응답 **3%**   석사 학위 **17%**
고교 졸업 **7%**
대학 중퇴 **20%**
학사 학위 **51%**

… 그렇다면, 성공할 수 있을까?

▼ 부모가 당신 나이였을 때와 비교해
  지금 당신의 형편은 나아졌습니까?

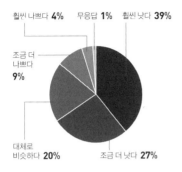

훨씬 나쁘다 **4%** 무응답 **1%** 훨씬 낫다 **39%**

조금 더
나쁘다
9%

대체로
비슷하다 **20%**   조금 더 낫다 **27%**

▼ 만약 당신이 부모라면, 자녀들이 지금 당신
  나이가 되었을 때 형편이 어떨 것이라고 생각
  합니까?

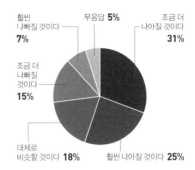

훨씬
나빠질 것이다
7%   무응답 **5%**   조금 더
                           나아질 것이다
                           31%

조금 더
나빠질
것이다
15%

대체로
비슷할 것이다 **18%**   훨씬 나아질 것이다 **25%**

이 책에 나온 「뉴욕타임스」 여론조사는 2005년 3월 9~14일 미국 전역의 성인 1764명을 상대로 이루어진 전화 인터뷰를 바탕으로 했다. 가구 소득이 낮거나 높은 사람을 표본으로 많이 추출했고, 전체 표본에서 그들의 본래 비율로 가중치를 주었다. 이론적으로는 20개 중 19개 사례에서 전체 미국 성인을 대상으로 한 조사 결과와 어느 방향으로든 3퍼센트 이상 오차가 생기지 않을 것이다. 크기가 작은 하위 집단일수록 표본 오차는 더 크다. 표본 오차 외에도 대중적 의견을 묻는 여론조사에서는 현실적인 어려움 때문에 또 다른 오류가 생길 수 있다. 여론조사 방식과 질문, 결과는 이 책 뒤에 실린 부록(328쪽)과 www.nytimes.com/class에서 확인할 수 있다.

히 누가 학위를 딸 수 있는지를 크게 좌우한다. 미국 250개 최상위 대학에서 고소득 가정 출신 학생 비율은 줄지 않고 오히려 늘고 있다.

이런 추세를 걱정한 몇몇 대학은 더 많은 저소득 가정 학생들이 등록할 수 있는 프로그램을 도입하고 있다. 애머스트칼리지가 바로 그런 곳이다. 앤서니 마르크스Anthony W. Marx 총장은 이렇게 설명했다. "만약 경제적 이동이 멈추면, 우리가 필요로 하는 자질과 리더십을 잃어버릴 뿐만 아니라 소외와 불행한 사회라는 위험에 직면하게 될 겁니다. 최상위 특권층도 아메리칸드림이 사라진 사회에서는 고통스러울 겁니다."

최근의 연구 결과를 보면 건강 문제에서도 계급 격차가 커지고 있다. 기대 수명은 대체로 길어져왔다. 미국에서 상층중간계급은 중간계급보다 더 오래 살고, 더 건강하다. 중간계급은 최하층보다 더 오래 살고, 더 건강하다.

계급은 또한 어디에서 누구와 살지를 결정하는 데에서도 큰 역할을 하고 있다. 준교외 지역의 샤토château('성'이란 뜻의 프랑스어. 대주택을 뜻한다.—옮긴이)에서 다른 사람들과 떨어져 안락하게 사는 경향은 예전보다 더욱 뚜렷해졌다. 1980년, 1990년, 2000년의 자료를 연구한 인구통계 조사원들은 부자 동네의 분리 정도가 높아지고 있다고 말한다.

가족 구조도 계급에 따라 변했다. 부자들과 고학력층은 결혼을 하고 아이를 낳으려고 한다. 이들은 적은 수의 아이를 늦게, 즉 경제력이 정점에 이르렀을 때 낳는다. 한 연구에 따르면 대졸 여성은 보통 첫 아이를 서른 살에 출산한다. 1970년대에는 스물다섯 살이었다. 하지만 대학에 가지 않은 여성들의 임신 시기는 지금도 대략 스물두 살에 머물러 있다.

이런 차이가 커지면서 부자와 고학력층은 특히 자녀 교육 투자에서 유리한 위치에 서게 됐다. UC버클리의 경제학자이자 사회이동 연구자인 데이비드 레빈은 이렇게 말했다. "당신이 할 수 있는 가장 중요한 선택은 부모를 고르는 것이라는 오래된 속담은 의심할 여지가 없습니다. 부모는 항상 중요했습니다. 지금은 아마도 더 중요해졌겠죠."

새로운 능력주의 사회에는 그만한 대가도 따른다. 한때 사람들은 편히 쉬기 위해 열심히 일하고 부자가 되려는 것처럼 보였다. 그러나 고소득 가족의 새로운 계급 표지는 부모 중 한 명은 극도로 장시간 일해야 한다는 점이다(그리고 흔히 그것을 뽐낸다). 1973년의 한 연구를 보면 가장 높은 소득을 올리는 상위 10퍼센트는 하위 10퍼센트보다 덜 일했다. 오늘날은 그것이 역전되어 상위 10퍼센트가 더 오래 일한다.

맨해튼 중심부의 골드만삭스 본사 건물 주위에는 평일 밤 9시쯤이면 검은색 리무진들이 진을 친다. 밤 늦도록 야근하는 직원들은 공짜로 이 차를 타고 집에 간다. 수많은 사람들이 이 차를 이용한다. 1976년까지 리무진은 오후 4시 30분까지 대기했다가 배를 타고 퇴근하려는 회사 임원들을 그랜드센트럴 터미널까지 데려다주었다. 그러나 새로운 골드만삭스 관리팀은 늦은 오후의 리무진을 없애버렸다. 이 조치에는 '오후 4시 30분은 퇴근 시간이 아니라 한창 일할 시간이다'라는 메시지가 담겨 있었다.

개천에서 용이 나올까?

한편에서는 계급적 차이를 가리고 또 다른 한편에서는 계급 경계를 강화하는 이런 추세는 지속될까?

일자리를 저임금 국가로 옮겨가게 하는 경제적 요인은 여전히 유효하다. 급여, 교육, 건강에서의 격차는 주요한 정치적 쟁점이 되

당신은 어디에 어울리는 사람인가?

아래 그림은 계급의 핵심 요소인 소득과 교육을 미국 인구에 맞춰 시각화한 것이다. 이 표는 실제로 누가 정점에 있고 누가 바닥에 있는지, 그리고 누가 중간에 있는지를 보여준다. 다음 쪽의 그림은 여론조사 응답자들이 같은 소득-교육 스펙트럼에서 자신들이 속해 있다고 생각하는 계급이 무엇인지를 보여주고 있다. 주어진 다섯 개의 계급 중에서 부유한 응답자들은 정점(상층계급)을 선택하기를 꺼렸고, 가난한 응답자들은 바닥(하층계급)을 선택하기를 꺼렸다. 응답자들 대부분이 노동계급, 중간계급, 상층중간계급, 이 세 계급에 자신들을 자리매김했다.

사람들이 속한 계급은?

직사각형은 소득과 교육 수준에 따라 25가지로 구분했을 때,
각각에 속한 미국인들의 비율을 보여준다.

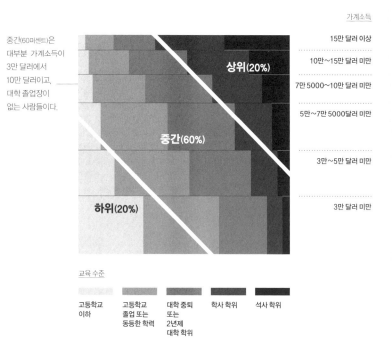

당신의 계급 사다리는 안전합니까?

사람들은 자신이 어떤 계급에 속해 있다고 생각하는가?

소득과 교육 스펙트럼에 분포한 여론조사 응답자들은 보통 자신들이
어떤 계급에 속해 있다고 답했을까?

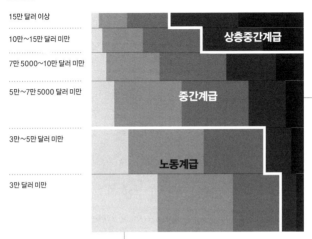

가계소득

15만 달러 이상

10만~15만 달러 미만

7만 5000~10만 달러 미만

5만~7만 5000 달러 미만

3만~5만 달러 미만

3만 달러 미만

상층중간계급

중간계급

노동계급

4년제 대학 학위를
가진 사람들은 소득이
적어도 흔히 자신을
중간계급이라고
생각한다.
대학 학위는 없지만
5만 달러 이상
버는 사람들도
흔히 자신을
중간계급이라고
생각한다.

극소수의 응답자들만 자신들을 하층계급이나 상층계급이라고 답했다.
각각 7퍼센트와 1퍼센트다.

출처—『뉴욕타임스』

지 못하고 있다. 사회의 파이 조각 분배는 훨씬 불평등해졌다. 그러
나 미국인 대부분이 그들이나 부모 세대가 가졌던 것보다 더 큰 파
이 조각을 갖고 있다. 이들은 상쇄 효과를 받아들인 것처럼 보인다.

사회이동에 관한 믿음은 결국 의식적으로 국가적 자아상에 새겨
졌다. 허레이쇼 앨저Horatio Alger(1832~1899, 미국 아동문학가. 『골든 보이 딕 헌터
의 모험』을 비롯해 120여 편의 소년 취향의 성공담 소설을 발표했다. 특징은 가난한 소년
이 근면·절약·정직의 미덕으로 성공한다는 것이다. ─옮긴이)는 자신의 작품 때문
에 개천에서 용이 된 사람과 동의어가 되었다. 하지만 정작 그의 인생

은 달랐다. 아버지를 이어 하버드를 졸업한 허레이쇼는 성적 탈선 문제에 연루되어 유니테리언교(그리스도교의 정통 교의인 삼위일체론 교리에 반하여, 그리스도의 신성을 부정하고 하나님의 신성만을 인정하는 교파 — 옮긴이) 목사직을 잃은 뒤에 작가가 되었다. 벤저민 프랭클린의 자서전은 낮은 신분에서 시작한 그의 성공을 강조하려고 사후에 책으로 묶은 것이다.

고정된 계급이라는 생각은 다른 한편으로 많은 이들의 기분을 상하게 한다. 미국인들은 재능과 근면 성실이 아닌 다른 무언가에 기반한 서열 개념을 편하게 생각한 적이 없다. 계급은 아메리칸드림과 공평한 기회라는, 성공과 실패의 원인에 대한 미국인들의 전제와 맞지 않다. 타고난 천성이 낙관적인 미국인들은 곤경에 빠져 있는 자신들을 상상하는 것을 내켜하지 않는다.

맹목적 낙관주의는 함정을 갖고 있다. 기회가 당연하게 여겨진다면, 노력하지 않아도 (공평하게) 주어지는 것이라고 생각한다면, 국가는 기회를 만들어내기 위해 더 이상 노력하지 않을 것이다. 도전적인 낙관주의는 강점을 갖고 있다. 신분 상승 가능성에 대한 확신이 없다면, 성공 스토리는 훨씬 드물어질 것이다.

—재니 스콧 Janny Scott · 데이비드 레온하르트 David Leonhardt

내 보모는
끔찍한 속물이었다!

내가 처음으로 계급을 의식하게 된 것은 언제였을까? 와, 엄청난 질문이다. 내 보모가 엄청난 속물이었다는 이야기에서부터 시작해야겠다.

나는 보모를 끔찍이 사랑했지만 그녀는 19세기 후반에 태어난 캐나다인으로, 영국의 계급의식에 매우 깊이 젖어 있었다. 그녀는 딤퀴스 가의 자작 부인 마거릿이 렌프루 공작 부인과 차를 마시러 갈 때 무슨 옷과 보석을 몸에 걸치는가라는 식의 얘기를 신학적인 문체로 논하는 잡지를 읽었다(지금이라면 『헬로우Hello』 같은 잡지를 읽었을 것이다).

그 시절 내게는 절친한 친구가 둘 있었다. 한 친구는 코네티컷 주 육지에서 포장도로로 이어져 있는 개인 소유의 섬에 사는 친구였다. 그의 어머니는 존 D. 록펠러 시니어의 손녀였다. 아버지는 귀한 집 자제이긴 했지만 '빙고'라는 별명을 들으며 바에서 칵테일을 흔들어댈 때 가장 행복해 보이는, 어쩐지 별로 인생의 목적이 없어 보이는 사람이었다. 그의 아버지는 어머니를 '머핀'이라 불렀다. 그 두 사람은 서스턴과 러비라고 보면 된다(서스턴과 러비는 〈길리건의 섬Gilligan's Island〉이라는 60년대 미국 연속극에 나오는 부부의 이름이다.─옮긴이).

더할 나위 없이 친한 또 한 친구는─우연히도 두 친구의 성이 똑같으니, 여기서는 그냥 두 친구를 토미라고 부르기로 하자─제대군인지원법으로 만든 숲 반대편의 유쾌한 노동계급 동네에서 살았다. 토미의 아버지는 명랑하고 맥주를 많이 마셔 술배가 나왔다. 일본 오키나와의 이오지마 전투에 참전했던 분으로 당시에는 맥Mack 트럭을 파는 일을 했다.

1번 토미가 근사한 장난감(진짜 같은 총, 칼, 트랙터)을 갖고 나와서 놀 때 내 보모는 깍듯이 예의를 차려 말했다. "초콜릿 우유를 줄까? 부모님은 잘 지내시니? 누나가 올 가을에 콜로니 클럽에서 사교계에 정식으로 데뷔한다며? 얼마나 기대될까?"

2번 토미가 역시 근사한 장난감(체리 폭탄, 최신판 『플레이보이』)을 갖고 나와 놀 때, 내 보모는 경멸감을 감추지 않았다. "아, 너구나, 토미. 크리스토퍼가 오늘은 너랑 오랫동안 놀 수 없단다. 피아노 연습도 해야 하고, 프랑스어 수업도 들어야 해."

하루는 보모가 2번 토미를 유난히 무례하게 대했을 때 나는 그녀에게 왜 그렇게 2번 토미를 좋아하지 않느냐고 물었다. 보모의 눈가 얇은 피부에 주름이 생겼고, 시선은 뭔가를 생각하는 듯 방 안을 배회했다. 자신의 대답이 내 어린 마음에 아로새겨질 것임을 알고 말을 고르고 있는 눈치였다. 결국 그녀는 손을 들어 올리며 어쩔 수 없다는 듯 말했다. "오, 나도 잘 모르겠구나. 그 애는 너무 저속하단다."

'인간의 권리'와 '고귀한 야만인'에 대해 열띤 논쟁이 이어졌지만 그녀를 납득시킬 수는 없었다. 그리고 그날 밤 보모는 텔레비전도 못 보게 하고 나를 바로 잠자리로 보냈다.

나중에 그 일을 어머니에게 말했다. 어머니 역시 캐나다에서 나고 자란 분이다. 어머니는 토미 1, 2번을 모두 똑같이 좋아했다. 어머니는 미소를 지으며 말했다. "얘야, 하인들은 모든 사람들 중에서도 최악의 속물들이란다." 이로써 내가 이 문제를 보는 관점이 깨끗이 정리됐다. 하지만 나는 그리 오래지 않아 우리가 대화에서 사용하는 'PLO'가 팔레스타인해방기구의 준말이 아니라 '우리 같은 사람들People Like Ourselves'의 준말이란 사실을 깨달았다는 걸 고백해야겠다.

크리스토퍼 버클리 Christopher Buckley
크리스토퍼 버클리는 『포브스 FYI』의 편집장이다. 그의 최근작 『아라비아의 플로렌스Florence of Arabia』는 중동을 배경으로 한 코믹 소설이다.

2

병은 평등하게,
회복은 불평등하게'

진 밀이 심장마비를 겪은 후 회복된 것은 가족과 친구들의 도움 덕분이었다.

진 밀Jean G. Miele은 2004년 5월 맨해튼의 미드타운을 걷다 심장마비를 일으켰다. 동료 둘과 수백 달러짜리 생선초밥을 점심으로 먹고 맨해튼 3번 대로를 따라 일터로 걸어오는 길이었다. 심장이 고통을 호소하는 불길한 소리가 들려오며 땀이 비 오듯 쏟아졌다. 건축가인 밀은 식은땀을 흘리며 콘크리트 화분대로 쓰러졌다.

이보다 나흘 앞서 윌 윌슨Will L. Wilson은 브루클린의 베드스타이에 있는, 적갈색 사암을 건축재로 쓴 자기 집 침실에서 심장마비를 일으켰다. 약혼자와 뷔페에서 폭식한 것을 막 후회하던 참이었다. '콘솔리데이티드 에디슨'(뉴욕 시에 전력과 가스를 공급하는 공기업으로 콘 에드 Con Ed라 불린다. ― 옮긴이)에서 사무직으로 일하는 윌슨은 배가 터질 것 같자 침대 위로 털썩 누웠다. 가슴 한복판 깊숙한 곳에서 뜨거운 다리미로 지지는 듯한 느낌을 받았다.

이와 린크작 고라Ewa Rynczak Gora는 브루클린-퀸스 간 도시고속화도로의 시끄러운 소음이 들려오는 셋방에서 통증 징후를 처음 느꼈다. 미국 독립기념일인 7월 4일에 벌어진 일이었다. 폴란드 출신 가정부인 고라는 브리지 게임을 하고 있었다. 갑자기 땀이 나더니 토할 것 같은 거북함이 몰려들었다. 그녀는 구급차를 부르려는 남편을 말렸다. 너무 비쌌기 때문이다. 대신 민간요법으로, 소금물과 2회 복용량의 고혈압 약, 보드카 한 잔을 마셨다.

건축가, 공기업 사무직원, 가사 도우미에게 심장마비는 평등하게 찾아온다. 공통점이 별로 없는 뉴요커 셋은 공포스러운 첫 순간에 한 가지 공통적인 위협에 직면했다. 하지만 그 후 몇 달간 이들의 경험은 갈라졌다. 소득과 교육, 직업, 재산으로 조합된, 쉽게 파악하기 힘든 사회 계급은 밀과 윌슨, 고라의 투병기에서 큰 역할을 했다.

이들이 심장마비를 겪게 된 정황에서부터 각자가 받은 응급 조치, 돌아갈 가정, 다시 시작하고 싶어 하는 일까지, 이 모든 것들이 그들이 속한 계급을 알려준다. 자신의 질병을 얼마나 이해하고 있는지, 가족들에게 어떤 도움을 받을 수 있는지, 그리고 의사와 어떤 관계를 맺고 있는지를 보면 그가 속한 계급을 알 수 있다. 계급을 보면 그에게 삶을 바꿀 능력이 있는지를 알 수 있다. 결국, 회복 과정에서 계급의 영향은 평등하게 작용하지 않는다.

미국에서 계급은 건강과 수명을 규정하는 강력한 힘이다. 더 많은 교육을 받고 더 많이 벌수록 심장마비와 뇌졸중, 당뇨, 그리고 각종 암으로 죽을 가능성은 그만큼 낮아진다. 상층중간계급의 미국인들은 중간계급보다 더 오래, 더 건강하게 산다. 중간계급은 하층계급보다 더 오래, 더 건강하게 산다. 건강과 사회적 요인을 연구하는 이들은 그 차이가 점점 더 벌어지고 있다고 말한다.

의학이 발전하고 많은 질병을 예방할 수 있게 되면서 그만큼 미국인의 기대 수명도 높아졌다. 발전의 이익은 불평등하게도 좋은 교육을 받고 재산이 많고 좋은 직업과 배경을 가진 사람들에게로 갔다. 이들은 하나같이 새로운 정보를 빨리 얻고, 행동을 빨리 수정하며, 최신 치료 방법을 활용할 수 있는 위치에 있다. 게다가 비용은 보험으로 처리한다.

만성질환을 일으키는 위험 요인은 고학력층보다 저학력층에게 더 흔하게 노출된다. 고학력층의 흡연율은 가파르게 떨어졌지만 저학력층의 흡연율은 떨어지지 않았다. 고교 중퇴자들의 신체 활동은 대학 졸업자들의 절반밖에 되지 않는다. 남성들에게서는 정반대의 패턴이 나올 수도 있지만, 저임금 여성들은 과체중일 가능성도 높다.

미묘한 차이도 있다. 어떤 연구자들은 요구 사항이 많고 업무 지배력이 낮은 직업, 즉 더 낮은 등급의 직업에서 받는 스트레스가 자율적이고 업무 지배력이 높은 전문직이 받는 스트레스보다 해롭다고 믿는다. 다른 연구자들은 직업 불안정성이 건강에 미치는 충격, 직업에서의 지원 부족, 일과 가족 사이에서 균형을 유지하기 힘들게 하는 고용에 관한 연구를 하고 있다.

소셜 네트워크와 지원에 관한 문제도 있다. 즉 지식과 시간, 가족과 친구들이 표현할 수 있는 관심의 차이 문제다. 사회적으로 소외되면 어떤 결과를 가져오는가? 이웃 주민들에 따라 어떤 차이가 나타나는지를 연구한 결과도 있다. 이웃이 얼마나 스트레스를 주는가? 안전하게 운동할 수 있는 장소가 있는가? 차별을 받으면 건강에 어떤 결과를 가져오는가?

심장마비는 건강 문제에서 계급 효과를 바라보는 창이다. 흡연, 빈약한 식사, 신체 활동 부족, 비만, 고혈압, 콜레스테롤 함량이 많은 음식, 스트레스 같은 위험 요인은 저학력, 저소득층에서 더 흔하다. 이들은 심폐소생술이나 응급 조치를 받을 가능성도 낮다. 또 심장마비를 겪고 난 뒤에야 생활방식을 바꾸려고 한다.

하버드 공중보건연구소의 사회역학과社會疫學科 이치로 가와치Ichiro

Kawachi 교수는 이렇게 말했다. "지난 20년 동안 심장마비 환자를 구할 수 있는 의학이 놀랍도록 발전했습니다. 또 심장마비를 예방할 수 있는 지식도 늘어났고요. 혁신의 확산 같은 것이죠. 혁신이 오면, 부유한 이들이 훨씬 빨리 받아들입니다. 아래쪽으로는, 그러니까 가난한 이들에게는 다양한 불이익이 쌓여갑니다. 영양 섭취는 점점 더 형편없어지죠. 직장에서는 더 많은 스트레스를 받습니다. 가난하면 시간도 별로 없어요. 두 개의 직업을 쟁반 돌리기 곡예를 하듯 '투잡'을 뛴다면 건강을 위해 운동할 시간은 거의 낼 수가 없죠. 가난한 사람들의 사망률이 점점 낮아지고 있긴 해요. 하지만 부자들의 사망률이 낮아지는 속도와는 비교도 할 수 없습니다. 간격이 점점 벌어지고 있어요."

컬럼비아대학교 사회의료/역학과의 브루스 링크[Bruce G. Link] 교수는 발전이 불러온 양날의 결과에 대해 이렇게 말했다. "우리는 불균형을 만들고 있습니다. 말하자면 운명의 문제였던 건강을 상품으로 전환하는 것이죠. BMW나 염소젖 치즈를 파는 것처럼요."

심장마비에도 계급이 있다

진 밀의 (계급적) 특권은 5월 6일 같이 있던 두 동료들에서부터 시작됐다. 밀의 오른쪽 심장 관상동맥의 내벽이 파열되어 예순여섯 살된 심장에서 나오는 피의 흐름이 막혔다. 두 동료는 택시를 불러달라는 밀의 말을 듣지 않고 구급차를 불러야 한다는 것쯤은 알고 있었다.

맨해튼 미드타운에 있던 덕도 보았다. 미드타운 인근에는 이미 검증된 최신 응급 처치를 해줄 대형 병원들이 있었다. 구급차의 응급 구조대원들은 밀에게 어느 병원으로 갈지를 물었다. 그는 뉴욕에서 가장 응급실이 바쁜 뉴욕 시 직영 벨뷰 병원을 포기하고 뉴욕대 메디컬센터의 티시 병원을 골랐다. 이 병원은 비교적 부유한 환자들이 가는 병원이었다.

밀은 채 몇 분도 지나지 않아 심장 카테터 삽입(심장 내에 나일론제의 가는 관인 카테터를 넣어 심장의 기능이나 혈액 상태를 알아보는 검사법 — 옮긴이) 수술실의 수술대에 올라 동맥 장애를 없애줄 혈관성형술(첨단 영상 장비를 이용한 혈관 검사 및 치료. 체외에서 카테터를 환자의 혈관 안에 넣고 조영제를 주사하여 엑스선에서 혈관의 좁아진 부위를 찾고 이를 넓혀주는 시술이다. — 옮긴이)을 기다렸다. 많은 심장병 전문의들이 심장마비 치료에서 금본위제와도 같은 기준 치료법이라고 말하는 절차였다. 심장박동수 이상은 단 몇 분만에 돌이킬 수 없는 사태를 가져올 수도 있다. 밀에게 심실세동(심장박동에서 심실의 각 부분이 무질서하게 불규칙적으로 수축하는 상태 — 옮긴이)이 생겼지만 문제는 곧바로 해결됐다.

올해 쉰네 살인 심장병 전문의 제임스 슬레이터James N. Slater 박사는 2만 5000회의 심장도관술을 집도한 풍부한 경험과 지식을 가진 자신만만한 의사다. 슬레이터는 실에 펜 카테터를 밀의 오른쪽 넓적다리 위쪽에 낸 틈으로 집어넣어 심장 쪽으로 가져갔다. 밀은 수술대 위에서 죽음을 생각했다. 오후 3시 52분, 밀이 첫 증상을 보인 후 채 2시간도 지나지 않아 정맥이 다시 열렸다. 슬레이터는 정맥의 넓혀진 상태를 지속시키기 위해 스텐트(혈관을 넓히는 의료용 인공 관 ─ 옮긴이)를 주입했다.

심장병 전문의들이 하는 말이 있다. "시간은 근육이다."(심장마비가 왔을 때 바로 치료하지 않고 오래 방치할수록 심장근육을 더 잃는다는 뜻이다. ─ 옮긴이) 밀의 심장에 미친 손상은 미미했다. 밀은 병원에서 단 이틀만 보냈다. 외과 의사인 밀의 처남이 몇몇 전문가를 추천했다. 형 조엘은 다른 병원 이사회 이사장이었는데, 그 병원 원장에게 뉴욕대학교에 전화해줄 것을 부탁했다. 조엘은 나중에 이렇게 말했다. "직업적 예의였죠. 요컨대 핵심은 관리 부서 쪽에서 온 누군가가 환자의 치료를 요청하면서 이렇게 말해주는 겁니다. '이것 봐요, 모든 게 잘되고 있는 게 확실하죠?'"

콘 에드에서 교통기획 조정을 담당하고 있는 쉰세 살의 윌 윌슨에게 벌어진 일은 그리 순조롭지 않았다. 그는 이미 심장마비를 일으킨 적이 있는데도 성급하게 그저 심하게 체한 거라고 생각했다. 약혼녀는 구급차를 부르자고 고집했다. 응급 구조대원들은 근처에 있는 병원 두 곳 중에서 어디로 갈지 고르라고 했다. 두 병원 모두 밀이 받았던 혈관성형술에 대한 주 정부의 허가증을 받은 곳이 아니었다.

윌슨은 우드헐 의학정신건강센터 대신 브루클린 병원을 선택했다. 우드헐은 브루클린의 가장 가난한 주민들이 모여 사는 3개 지역을 대상으로 운영하는 시립 병원이었다. 브루클린 병원에서 윌슨은 심장 정맥의 피가 응고하는 걸 막아주는 약을 받았다. 심장외과 과장인 내린더 발라Narinder P. Bhalla는 약이 처음에는 효과가 있었다고

당신의 계급 사다리는 안전합니까?

62

말했다. 하지만 피가 다시 응고됐다.

그래서 발라는 다음 날 아침 윌슨을 맨해튼의 장로교 병원인 와일코넬 메디컬센터로 옮겼다. 발라는 이 병원에서 혈관성형술을 하고, 스텐트를 주입했다. 발라는 나중에야 윌슨에게 예전에 심장마비를 일으킨 적이 있는지, 상태는 좋아졌는지를 물었다. 발라는 심장마비 치료에서 가장 중요한 문제는 환자를 병원에 최대한 빨리 이송하는 것이라고 했다. 그리고 이렇게 덧붙였다. "맞습니다. 윌슨의 경우에도 병원에 왔을 때 바로 혈관성형술을 했다면 더 나아졌을 겁니다."

윌슨은 밀이 복용했던 고가의 약을 먹으며 병원에서 닷새를 보내고 나서야 집으로 돌아왔다. 윌슨 역시 밀처럼 식습관을 바꾸고 운동을 꾸준히 하라는 조언을 들었다. 2000년 첫 심장마비가 오고 나서 윌슨은 담배를 끊었다. 그러나 상태가 좀 나아지자 몇몇 약을 끊고 붉은색 육류와 튀긴 음식을 다시 먹기 시작했다. 운동도 슬그머니 그만두었다.

그는 이번에는 다를 거라고 맹세했다. "다음에 또 발작을 일으키면 그때는 이겨내지 못할 거예요."

이와 고라의 경험은 가장 냉혹했다. 우선, 구급차를 부르려는 남편을 만류했다. 증상이 곧 사라지길 바란 것이다. 하지만 남편이 끝까지 우겼다. 구급차가 도착하자 고라는 병원에 가지 않겠다고 또다시 고집을 부렸다. 응급 구조대원은 계속 병원으로 가야 한다고 설득했다. 달리 선택의 여지가 없었다. 게다가 갈 곳도 우드헐 의학 정신건강센터뿐이었다. 바로 윌슨이 거부했던 시립 병원이다.

고라가 병원에 도착한 10시 30분쯤 우드헐 병원은 바쁘게 돌아갔다. 환자의 치료 순서를 정하는 간호사는 고라가 안정적인 상태인 것을 파악하고는 그녀를 '최우선 순위'로 분류했다. 2시간 뒤에 의료 보조원과 담당 의사가 그녀를 다시 검진했다. 그녀는 흉통과 숨가쁨, 심장떨림을 호소했다. 몇 시간 뒤 나온 검사 결과에서 심장마비 진단이 내려졌다.

고라는 혈액 응고를 멈추게 하고 혈압을 조절해주는 약을 먹었다. 우드헐 병원 관계자는 고라 같은 심장마비 환자에 대한 표준 조치라고 말했다. 심장마비는 사라졌다. 다음 날 고라는 심장마비 재발 위험을 판단하는 혈관 촬영을 하러 벨뷰 병원으로 옮겨졌다. 바로 진 밀이 사양했던 병원이다.

하지만 벨뷰에 왔을 때 고열을 앓고 있던 쉰아홉 살 고라의 혈관 촬영은 취소됐다. 그녀는 감염 치료를 위해 벨뷰 병원에서 2주를 보내고, 결국 집으로 돌아갔다. 그 뒤로도 혈관 촬영은 이루어지지 않았다.

안락과 위험, 상층중간계급 밀의 이야기

진 밀은 뉴욕 상층중간계급의 일원이었다. 건축가와 예술가 부모 밑에서 태어난 밀은 학비를 스스로 벌며 대학을 다녔다. 아이스크림 트럭을 몰았고, 극장 좌석의 시트를 갈았다. 군대에서 2년을 보낸 뒤 아버지 회사에 들어갔다. 그곳에서 건축가 경험을 쌓았을 뿐 아니라 부동산을 개발하면서 중개인과 감정인 경험도 쌓았다.

밀은 성취하는 부류였다. 그는 브루클린 파크슬로프 지역에 2만 1000달러짜리 집을 사서 15년 뒤에 28만 5000달러에 팔았다. 그 돈으로 바로 옆에다 지금 사는 집을 지었다. 시가로 200만 달러쯤 한다. 롱아일랜드 브룩헤이븐의 4000제곱미터에 폐가를 얻고 몇몇 인접 부지를 합쳐 지금은 1만 6000제곱미터에 세 채로 된 집을 지었다. 물결처럼 출렁거리는 잔디밭과 구형 재규어(영국제 고급 승용차 — 옮긴이)를 수집하려고 만든 1만 5000제곱미터 넓이의 온실이 딸린 집이다.

밀의 건축가 친구들은 농담으로 그가 돈을 벌기 위해 사업을 하는 게 아니라고 말하곤 했다. 어느 정도는 사실이다. 밀은 백만장자가 되기 전부터 어떻게 하면 백만장자처럼 살 수 있는지를 이해했다고 말하길 좋아한다. 그는 20년 동안 일주일에 나흘씩만 일했다. 금요일부터 시작되는 사흘 간의 긴 주말은 가족과 벨포트 만에서 보트와 아이스요트를 타거나 차를 개조하며 보냈다.

밀의 부모는 심장 질환으로 죽었다. 형은 동맥경화증으로 고생했고, 그 자신도 고혈압 약을 복용하고 있었다. 콜레스테롤 수치도 높았고, 주치의는 오래전부터 살을 빼라고 충고했다. 하지만 밀은 단 한 번도 심장마비가 올 것이라고 생각한 적이 없었다.

밀은 요리광이었다. 텃밭에서 키운 채소와 파크슬로프의 청과물 가게에서 사들인 신선한 요리 재료를 잔뜩 쌓아두기도 했다. 아침 식사는 심장병 전문의가 봤다면 악몽이라고 했을 것이다. 그는 계란, 소시지, 베이컨과 수란을 곁들인 작은 파스타를 먹었다. 그리고 마늘, 기름, 토마토, 소금, 후추로 만든 마리나라(이탈리아 소스 — 옮긴이)가 완전식품이라 여겼다.

밀은 자신에게는 좋은 일만 생길 거라고 믿었고, 행복했다. 스물세 살 연하의 두 번째 부인 로리와 여섯 살배기 딸 엠마를 사랑했다. 두 여동생과 첫 결혼에서 낳은 자식 셋도 몇 구역 근처에서 살았다. 밀의 집은 날마다 손님들로 넘쳐났다. 전 부인과 그 남편도 방문하곤 했다. 파크슬로프 지역 주민 중 절반은 알고 지내는 것 같았다.

반짝이는 파란 눈에 닳아빠진 티셔츠와 청바지를 즐겨 입는 밀은 사교적인 사람이다. 그는 이웃에 대해 이렇게 말한다. "날마다 길거리를 걷다 보면 기분이 좋아져요. 맞아요, 이웃들 덕분에 행복합니다."

밀은 건강에도 실용적으로 접근했다. 어느 신체 부위가 고장나면, 좋아하는 일을 계속할 수 있게끔 다친 곳을 고쳤다. 그는 허리 디스크와 회선근, 손목골 수술을 받았다. 그러나 가끔은 건강을 챙기는데 게으름을 피우기도 했다. 2004년 3월, 밀이 숨가쁨을 호소하자 의사는 스트레스 테스트(스트레스 상황에서의 심장 기능 검사 — 옮긴이)를 권했다. 5월 6일자 의사의 처방전은 여전히 부엌 찬장 문에 붙어 있었다.

밀을 붙잡고 있는 안전망의 중요한 연결 고리는 아내 로리였다. 스웨터 제조회사 경영진이었던 로리는 엠마를 기르기 위해 일을 그만뒀지만, 밀이 소유한 부동산 관리는 계속했다. 밀이 병원에 있는 동안, 그녀는 인터넷으로 스텐트를 검색했다.

로리는 밀의 진료 약속도 대신 잡았다. 밀의 처방전도 갖고 있었다. 어느 날 오후 그녀는 집을 나서면서 남편이 앉아 있는 소파에 심장 전문의의 명함을 테이프로 붙였다. 그리고는 남편의 어깨에 손가락을 대고 말했다. "헤이스 선생님한테 전화해서, 기침을 한다고 말해요." 30분 뒤 그녀는 확인차 남편에게 전화를 걸었다.

로리는 밀에게 일주일에 먹는 달걀을 7개에서 2개로 줄이라고 완곡하게 권했다. 통밀 파스타를 찾아내 칠면조 소시지와 브로콜리와 함께 요리했다. 그녀는 식품 영양 표시에 훤했다.

로리는 병원과 보험회사를 상대하는 일도 떠맡았다. 남편의 통원 치료에도 따라다녔고, 언제 얼마나 약을 먹어야 하는지도 늘 염두에 두고 있었다.

"전 그냥 가도 돼요. 집사람이 어떤 질문에든 답을 해줄 겁니다." 어느 날 밀이 리처드 헤이스 박사에게 말했다.

"좋습니다. 그냥 떠나지 그래요? 부인께서 당신을 검진할 수 있나요?" 헤이스 박사가 되받아쳤다.

아내의 성원에 힘입어 밀은 15킬로그램 감량을 시작했다. 파스타는 하루 두 접시에서 일주일에 한 접시로 줄였다. 밀의 부엌에서 건강하게 먹는 것은 그리 어렵지 않았다. 파크슬로프의 집에 있는 '잡동사니 서랍junk drawer'은 바나나칩과 아몬드 설탕 절임으로 가득 채워져 있었다. 향미료를 친 토마토, 가지, 옥수수, 애호박 튀김 등 브룩헤이븐의 점심 식단은 정원에서 테이블로 바로 옮긴 것들이었다.

의사의 조언에 따라 밀은 심장병 환자를 위한 석 달짜리 운동 프로그램에 등록했다. '심장 재활'이라 불리는 이 프로그램은 심장병 환자의 사망률을 20퍼센트로 줄여주었다. 비용은 보험으로 처리했다. 더구나 집에서 10분 거리의 운동 교실을 찾아냈기 때문에 다니기에도 좋았다.

밀은 여유가 있었기 때문에 서둘러 일터로 복귀할 필요가 없었다. 6월 초에는 여름 휴가를 내기로 작정했고, 아마도 회사로 돌아가더라도 일하는 날을 줄일 것이다.

밀은 말한다. "생각해볼수록 일터로 돌아간다는 게 영 내키지 않아요. 어떤 이점도 보이지 않습니다. 내 말은, 물론 일을 하면 돈이야 생기겠지만 건강을 돈과 같이 놓고 볼 일은 아니란 것이죠."

그래서 밀은 1964년형 코베어Corvair(시보레에서 1964년에 생산한 자동차 — 옮긴이)에 새 지붕을 올렸다. 온 가족이 모이는 가족 모임을 갖고, 보트의 열교환기도 교체했다. 쓰러질 듯한 온실도 정교한 작업장으로 개조했다. 체중은 96킬로그램에서 86킬로그램으로 줄였다. 운동 강도를 두 배로 높였다. 혈압은 어느 때보다 낮아졌다.

밀은 반년 동안 딱 두 번 헤이스 박사를 만났다. 의례적인 정기 검진이었다. 20분 안에 의사가 오지 않으면 가려 했지만, 헤이스 박사는 그를 기다리게 하지 않았다. 밀 가족은 진료 예약 시간에 진료실에 들어갔다. 병세가 호전됐다는 이야기에 들떠 가족끼리 맨해튼 시내로 점심을 먹으러 가곤 했다. 이런 날은 점심 식사가 마치 생각지도 않았던 데이트처럼 느껴졌다.

어느 날 오후 차가운 치킨을 자르고 신선한 토마토를 토스트에 올리며 밀은 골똘히 생각에 잠긴 채 혼잣말을 했다. "아내는 내가 하루에 14시간씩 일한다고 말합니다. 그리고 '10년 전보다 더 잘하고 있어요'라고 말하죠. 난 '일주일 동안 섹스 한 번 안 했는데' 하고 말했죠. 그랬더니 그녀가 말하더군요. '그래서요?'"

딱 한 번 찜찜한 일이 있었다. 동업자가 밀에게 6월 말까지 일에서 손을 떼면 좋겠다고 알려온 것이다. 밀은 너무 놀라고 가슴이 아팠다. 그는 장애 판정을 받았다는 점을 들어 동업자에게 맞섰고, 덕분에 의료 휴가를 받기 시작하면서 한 해 급여를 모두 받을 수 있게 되었다.

나중에 밀이 말했다. "내 말은요, 나는 심장마비를 앓고 있는 사람이었단 말입니다. 힘이 빠지고 병들면 잡아먹어야 하는 건가요?"

미지근한 개선 노력, 중간계급 윌슨의 이야기

월 윌슨은 중간계급에 딱 들어맞는 사람이다. 소작인이었던 윌슨의 부모는 북부로 옮겨가 기계공과 간호사가 됐다. 윌슨은 뉴욕 브루클린의 베드스타이에서 자랐고, 지난 34년간 콘 에드에서 일했다. 연봉은 7만 3000달러였으며, 1년에 5주간 휴가를 보냈고, 건강보험 혜택을 받았다. 그가 사는 집은 45만 달러가량 나간다. 쉰다섯 살에 은퇴하면 노스캐롤라이나로 갈 계획을 세워두고 있다.

윌슨은 건축가가 되고 싶었다. 그러나 대학에 갈 돈이 없어 노동자로 살았다. 스물두 살에 아이 둘을 두었다. 회사의 지원을 받아 학교로 돌아가 엔지니어링을 배울 생각을 하기도 했다. 하지만 교대 근무와 어린 자식들 때문에 시간을 내지 못했다.

윌슨은 몇 년 동안 고전압 케이블을 잇는 일을 했다. 야외에서 많은 자유를 누리며 일할 수 있는 데다 초과 근무 수당도 받았기 때문에 그 일을 좋아했다. 하지만 1980년대 초의 어느 눈 내리는 밤 자동차가 미끄러지면서 난간을 들이받는 바람에 등을 다쳤다. 의사는 진 밀이 받았던 디스크 수술보다는 고통을 안고 사는 법을 배우라고 말했다.

그래서 윌슨은 연구소 기술자가 되었고, 뒤이어 운송 조정관 일도 했다. 퀸스 아스토리아에 있는 단층 건물의 방 한 칸에서 회사 차량의 연료 공급을 감독하는 일이었다. 윌슨은 이렇게 말했다.

"어떤 사람들은 지루한 일이라고 할지도 모르겠습니다만, 그래도 그 일 덕분에 바쁘게 살았어요. 누구나 때때로 지나온 삶을 되돌아보게 되죠. 그리고 뭔가 다른 일을 했더라면, 지금쯤 다른 곳에 있게 되었을 거라는 걸 깨닫게 됩니다. 나는 그다지 나쁜 자리에 있지는 않았으니 이런 걸 깊이 생각하지는 못했죠. 그래도 당신은 이렇게 말하겠죠. '아, 그래도 그때 이렇게 저렇게 했어야 하는데'라고요."

윌슨은 그럭저럭 건강했지만, 결코 완벽하지도 않았다. 술 담배를 끊어야 했다. 콜레스테롤, 혈압, 당뇨 수치가 높았다. 윌슨은 키 175센티미터에 몸무게 77킬로그램으로, 호리호리했다. 그는 첫 심장발작의 원인을 담배와 즐겨 먹는 음식, 지독했던 이혼 스트레스에서 찾았다.

윌슨은 처음에는 식습관을 고쳐보려 노력했지만 성의가 없었고, 좀 나았다는 느낌이 들자 콜레스테롤 약과 고혈압 약을 끊었다. 윌슨의 심장병 주치의가 자리를 옮기면서 다른 병원의 의사를 소개했다. 윌슨은 무례했던 병원 직원들을 떠올리며 화를 냈다. 하지만 특별 대우를 요구하거나 다른 전문가를 찾지 않고 단지 그 병원에 발길을 끊었다.

그때 브루클린의 한 병원에서 발라 박사와 만났다. 발라는 윌슨의 콜레스테롤 수치를 낮추고, 혈액 응고를 막아주었다. 혈압 수치를 조절하기 위해 여섯 알의 약을 처방했다. 발라는 이렇게 말했다. "윌슨 씨는 (처방에) 잘 따라야 했어요. 약에 좀 더 고분고분할 필요가 있었다는 말이죠. 붉은색 육류나 지방, 특히 지방은 절대 피하고 곡물 위주로 식이요법을 계속해야 했죠."

윌슨은 어머니가 요리한 프라이드치킨, 돼지갈비, 마카로니, 치즈를 먹고 자랐다. 축제나 대규모 행사에서도 그런 음식들과 마주쳤다. 도넛 가게와 프라이드치킨 가게는 이웃에 널려 있었다. 윌슨의 약혼녀, 멜비나 뮤렐 그린은 그의 주위에서 신선한 음식과 좋은 생선을 찾기가 힘들다는 것을 알게 됐다.

윌슨이 말했다. "내 주변 사람들은 지방이 많이 들어간 음식을 신경 쓰지 않아요. 그런 것들이 바뀌진 않을 것 같습니다. 관습이니까요."

두 번째 심장 발작 이후 레드랍스터 식당에서 그린은 치킨을 주문했고, 윌슨은 연어 요리에 새우튀김을 추가해 먹었다. "윌슨은 해산물 튀김을 먹었는데, 여전히 힘들어했어요." 윌슨을 안쓰러워하며 그린이 알려주었다.

잡곡류를 먹는 것은 여전히 어렵다. 그녀는 이렇게 말했다. "우리는 계속 노력해야 했어요. 최근에는 곡물 한 자루 정도를 샀죠. 익숙지는 않았지만, 우리는 곡물을 시리얼에 넣어 먹으려고 노력했어요. 나름대로 괜찮았습니다."

2004년 여름 그린의 혈압 수치가 급격히 올라갔다. 그린과 윌슨은 혈압을 올린 범인이 터키 칠리 요리법이란 걸 알아냈다. 칠면조를 빼곤 모든 요리 재료가 통조림에서 나왔다. 의사가 소금 함량을 지적했을 때 그녀는 충격을 받았다. 콘 에드의 구내식당이 미심쩍었다. 그래서 샐러드바에서 점심을 해결하기 위해 아스토리아의 '베스트 옛 마켓Best yet market'(뉴욕의 슈퍼마켓 체인 ─ 옮긴이)으로 날마다 차를 몰고 가기 시작했다.

발라는 윌슨에게 운동 삼아 걸을 것을 제안했다. 마침 가까운 곳에 작은 공터가 있었는데, 윌슨과 그린은 차를 몰고 나가 산책을 하곤 했다. 2004년 가을 윌슨은 밀이 그랬던 것처럼 심장 재활 프로그램에 등록했다. 불편했다. 일주일에 3일씩 일을 마치고 차가 막히는 오후 시간에 맨해튼으로 차를 몰고 들어가야 했다. 길 한복판에서 주차할 곳을 찾기 위해 애를 먹어야 했다. 아니면 비싼 주차료를 물어야 했다. 어느 날은 무료 주차 공간을 두고 승강이가 벌어졌는데, 차를 긁어버리겠다는 협박을 받기도 했다. 윌슨은 교통 수단을 지하철로 바꿀 수밖에 없었다.

한동안 윌슨은 영구 장애인 등록을 신청할까 고민했다. 콘 에드는 제한적으로 일터로 복귀하는 것을 허용했다. 윌슨은 1년 반쯤 있다 은퇴할 계획으로 회사로 돌아가기로 결심했다. 회사로 복귀하기 일주일 전에 윌슨과 그린은 나소로 7일짜리 유람선 여행을 떠났다. 전혀 뜻밖의 일이었다.

윌슨은 이렇게 말했다. "인생엔 할 일이 더 많다는 걸 알게 되니 힘이 났습니다. 많은 사람들이 나중에는 결코 오지 않을 것들을 두고 '나중에 하면 되지' 하고 미루는 것 같아요."

위험이 방치되는 생활, 하층계급 고라의 이야기

이와 고라는 노동계급이다. 크라쿠프(폴란드 마우폴스키에 주의 주도 — 옮긴이)에서 버스 기사의 딸로 태어난 그녀는 1995년 초반 다 자란 아들을 두고 뉴욕으로 왔다. 그녀는 맨해튼의 노인 주택에서 침대를 정리하고 화장실을 청소하는 가사 도우미로 일했다. 1년 소득은 2만 1000~2만 3000달러 정도였다. 노조를 통해 건강보험 혜택을 받았다.

그녀는 알루미늄 벽면에 성조기가 걸린 연립주택이 늘어선 거리의 친구 아파트에서 월세 365달러를 주고 살았다. 고라와 친구는 화장실과 부엌을 함께 썼다. 그녀는 윌리엄스버그 인근의 침실 하나짜리 아파트에 들어가려고 보조금 신청자 명단에 등록하고 7년째 기다리고 있다. 그사이에 룸메이트를 얻었다. 석면 제거 일을 하는 룸메이트 에드워드 고라는 폴란드에서 아들과 함께 온 지 얼마 되지 않았다. 이들은 2003년 결혼했다.

진 밀이 그러했듯, 이와 고라도 자신에게 심장마비가 닥칠 거라고는 상상조차 하지 못했다. 과체중과 고혈압인 데다 30년 동안 담배를 피웠고, 아버지와 여동생이 심장마비로 죽었는데도 말이다. 건강에 갖가지 문제가 있었지만 그녀는 선별적으로 대응해왔다. 허리 통증, 종기 등등을 치료할 때는 이미 치료비가 너무 비싸졌거나 불편해졌고, 보험료 지급도 거부당한 뒤였다.

고라는 말했다. "의사가 콜레스테롤을 조심하라고 했어요." 미국에 오기 전부터 몸에 밴 오래된 예의범절 때문에 고라는 벨뷰를 찾을 때마다 힐을 신고 화장을 했다. "의사가 조심하라고 말했을 때는 아무 생각도 없었어요. 신경도 안 썼죠. 그게 날 힘들게 할 거라고는 믿지 않았거든요. 의사니까 그렇게 말하는 거라고 생각했어요. 이를테면 담배도 그래요. 의사니까 항상 그만 피우라고 말했겠죠. 병원 진료실을 나오자마자 다시 담뱃불을 붙였답니다."

고라는 '푸드 피라미드'의 정점에 있는 음식에 사족을 못 썼다. 어릴 때 어머니가 튀겨 주던 돼지고기와 갈비, 고기완자는 모두 돼지기름으로 요리한 것이다. 미국에 와서는 피자와 햄버거, 프렌치프라이를 신나게 먹었다. 이 음식들은 맛있을 뿐 아니라 값도 싼 편이었다. 벨뷰의 병상에서 그녀는 기분 좋게 말했다. "끔찍하게 먹은 거죠. 기름기 많은 음식과 패스트푸드를 좋아해요. 담배도요."

고라는 손가락 사이의 담배의 감촉과 입술에서 담배가 아래위로 오가는 리듬을 좋아했다. 컴퓨터로 온라인에 접속해 말보로 한 갑을 2달러 49센트에 살 수 있는 방법을 알아내기도 했다. 남편도 담배를 피웠고, 친구들도 모두 담배를 피웠다. 그녀가 아는 모든 이들이 담배와 스테이크를 사랑하는 것처럼 보였다.

고라의 삶은 육체적으로 고달팠다. 전철역으로 가는 버스를 타려면 새벽 6시에 일어나야 했다. 전철을 세 번 갈아탄 뒤에야 8시까지 직장에 도착할 수 있었다. 25~30개의 방을 청소하고 쓰레기를 카트로 실어냈다. 그래도 그녀는 삶을 사랑한다고 말한다. "나는 미국이 엘도라도라고 생각해요. 폴란드는 끔찍해요. 돈도 거의 없었죠. 여기서도 돈이 많진 않지만, 그래도 평범하게는 살아요. 부자가 아니더라도 평균적인 삶을 살기엔 충분해요."

벨뷰에서 2주가 지났지만 고라의 병세에 대해 정확한 진단은 나오지 않았다. 발병 첫 주 집에 있을 때는 심장마비인지 확실치 않았다. 외래 진료를 위해 벨뷰의 심장병 클리닉에 처음 왔을 때 그녀는 상상에 빠졌다. 앞서 취소되었던 조치들이 어떻게든 다 이루어지고, 막혀 있던 것들도 다 뚫리고, 일터로 다시 복귀하는 상상이었다.

심장병 전문의 과정을 수료한 의사 제드 스윙글 Jad Swingle 박사는, 사람들로 붐비는 대기실을 지나 고라를 진료실로 들여보냈다. 고라는 종이 한 장을 쥐고는 소형 사전에 의지해 폴란드어를 번역하기 시작했다. '어지럽다.' '땀이 난다.' '사타구니.' 스윙글 박사가 또박또박 고라에게 물었다. "가슴이 불편한 적이 있었나요? 걸을 때 숨이 찬 적은요?"

고라는 스윙글 박사의 말이 채 끝나기도 전에 되물었다. "선생님, 제가 왜 병원에 있는지, 무슨 병에 걸렸는지 모르겠어요. 이 심장마비란 게 뭔가요? 제가 왜 이런 병에 걸렸는지 모르겠어요. 재발하지 않게 하려면 어떻게 해야 하나요?"

고라는 누구도 이런 물음에 설명을 해주지 않았다고 믿었다. 아니면 그녀가 이해하지 못한 것일까? 덩치 크고 고분고분한 아이처럼 고라는 발목을 꼬고 진찰대에 걸터앉았다. 진찰이 끝난 뒤 스윙글 박사는 "당신이 이해하기 쉬운 방식으로" 질문에 답하겠다고 했다. 그는 동맥의 혈관 벽이 좁아지고 막히면서 일부 근육이 궤사하는 심장마비에 대해 설명했다.

고라는 놀란 표정으로 물었다.

"내 근육이 죽었다고요?"

의사는 고개를 끄덕였다.

그때 취소되고 이루어지지 않았던 조치들은 어떻게 된 걸까?

"혈관 촬영을 했더라도 도움이 되었을지는 잘 모르겠군요." 의사가 대답했다. 담배를 끊고, 약을 복용하고, 운동을 하고 한 달 뒤에 다시 오라고 했다.

"근육이 죽었다고요?" 고라가 쉽사리 믿기지 않는다는 듯 다시 물었다.

"한번 죽은 건 죽은 겁니다. 소생시킬 수는 없어요."

밖으로 나온 고라는 비틀거리며 전철역으로 걸어갔다. 기온 32도의 무더운 날 열네 구역이나 되는 먼 길을 하이힐을 신고 걸었다. 그녀는 평소답지 않게 우울하게 말했다. "머릿속이 하얘졌어요. 이제 걱정이 돼요. 당신은 손이 있죠? 지금 난 손가락이 없는 기분이에요."

진 밀이 심장마비 후 한 달 동안 의료 전문가들을 이따끔 보았는데도 효과적이었다면, 이와 고라의 경우는 정반대다. 밀이 단지 두 번 심장병 전문의를 본 반면, 고라는 복잡한 사정으로 심장병 전문의를 여섯 차례나 봐야 했다. 그사이에 심장마비는 다른 문제들을 파생했다.

벨뷰에서 CT 촬영을 해보니, 부신(좌우 신장 위에 한 쌍 있는 내분비기관으로 생명 유지에 중요하다. ─ 옮긴이)이 비대해져 있었다. 서둘러 내분비계 의사를 만나야 했다. 오래된 관절염도 재발했다. 정형외과 의사는 수술을 권했다. 다리에 난 자줏빛 뾰루지도 악화되어 피부과 의사를 만나러 먼 길을 가야 했다. 심장마비 때문에 호르몬 대체 요법은 포기해야 했다. 그녀는 항상 땀이 났다. 다리 수술을 위해 발가락에 구멍을 내야 했고, 다시 꿰매야 했다.

돈이나 연줄이 없다면, 평범한 일로도 보통은 하루를 온전히 날리게 마련이다. 심장외과 예약 시간은 도시를 마비시킨 집중호우와 겹쳤다. 고라는 피를 뽑기 위해 아침 8시에 병원 임상검사실에 갔다가 오후 1시까지 클리닉으로 돌아와야 했다. 고라는 그사이에 장애인 보조금 문제로 상사와 만날 생각이었다. 오후 4시에는 브루클린에 무릎 관련 예약이 잡혀 있었다.

고라는 아침 7시에 벨뷰로 가기 위해 빗속을 절뚝거리며 버스를 타러 갔다. 지하철과 버스를 번갈아 갈아타고 병원으로 가 검사실 밖에서 문이 열릴 때까지 기다렸다. 검사가 끝난 뒤에는 다시 교통이 혼잡한 도심으로 가는 버스를 탔다. 또다시 버스를 갈아탔고, 타임스퀘어로 가려고 그랜드센트럴 역으로 내려갔는데, 물이 넘쳐 지하철 운행이 중단됐다. 다시 43번가로 올라와 버스를 타기 위해 군사 작전하듯 성난 군중을 뚫어야만 했다. 그리고 다른 지하철 노선을 찾았다.

고라는 벨뷰를 떠난 지 1시간 30분 만에 직장에 도착했다. 만약 돈이 있었다면 택시를 타고 20분 만에 일정을 끝냈을 것이다. 상사는 자리에 없었다. 다시 벨뷰로 돌아와 오후 1시로 예약한 진료를 위해 오후 2시 35분까지 기다렸다. 그녀는 여느 때와 마찬가지로, 스윙글 박사에게 직장으로 돌아가게 해달라고 부탁했다. 스윙글은 스트레스 테스트를 먼저 받아야 한다고 강조했다. 접수 창구 직원이 가장 이른 시간으로 다음 약속을 잡아주었는데, 7주 뒤였다.

그동안 고라는 담배를 끊으려고 애를 썼다. 병원에서는 담배를 피우지 않았지만, 담배를 피우는 남편과 이웃들이 있는 집으로 돌아와야 했다. 다행히도 남편은 옆집의 공용 부엌에서 담배를 피웠다. 남편은 2교대 근무를 하느라 하루 종일 밖에 나가 있었다. 고라는 혼자였고 지루했다. 다시 담배를 피우기 시작했다. 그러고는 다시 벨뷰의 무료 금연 프로그램에 전화를 걸어 등록했다.

고라는 그 뒤 몇 달 동안 정기적으로 금연 치료를 받으러 갔다. 상담사는 니코틴 패치를 주면서 충고했는데, 항상 따르기 쉬운 것만은 아니었다. 이를테면 집 밖으로 나오고, 바쁘게 살고, 스트레스를 피하고, 캔디 같은 것으로 입을 즐겁게 하라는 식이었다. 상담사는 금연 교실을 제안했지만 고라는 영어에 자신이 없어 내키지가 않았다. 그렇게 시간이 지나는 사이에 흡연 욕구도 사그라졌다.

딱 하나 문제가 생겼는데, 몸무게가 늘기 시작한 것이다. 담배를 피우지 않으려고 대신 이것저것 먹어댔기 때문이다. 직업인 청소일을 하면 운동이 되겠지만 지금은 그나마 일도 할 수 없었다. 심장 재활을 제안한 스윙글 박사는 구체적인 프로그램을 물색하고 계획을 짜는 일을 그녀에게 일임했다. 고라는 그 일에 소홀했다. 닭과 칠면조, 상추와 토마토, 저지방 낙농 치즈를 충실히 먹으며 음식 조절을 하기로 했지만, 아무도 없거나 누구도 보지 않을 때는 쿠키를 몰래 먹기 시작했다.

고라는 식습관을 바꿀 생각이 없는 남편을 위해 음식을 따로 차려야 했다. 돼지갈비로 만든 수프와 간 요리, 소스로 맛을 낸 미트볼을 만들어주었다. 그러던 어느 날 남편이 먹던 돼지고기 튀김 한 조각을 집어 먹었는데, 어느새 남편과 같은 음식을 먹고 있었다. 텔레비전을 보면서 먹는 간식은 케이크에서 피스타치오 열매로 바꿨다. 한 끼에 454그램씩 먹었다.

고라는 크림소스가 듬뿍 들어간 '버짓 구어메이 리가토니Budget Gourment Rigatoni' 같은 제품이 냉장고에 가득 들어찬 윌리엄스버그의 '99센트 숍'을 돌아다니다가 작은 피스타치오 패키지를 매대에서 꺼냈다. 한 봉지에 2.5인분이 든 꾸러미였는데, 1인분에 13그램의 지방이 들어 있었다. 고라는 영양 표시는 무시했다고 털어놓았다. "다섯개 정도는 먹을 수 있죠." 다섯 개는 5인분이 아니라 다섯 봉지다.

고라는 오랫동안 갖고 싶었지만 영원히 가질 수 없을 것 같은 윌리엄스버그의 아파트 단지에서 힘겨운 오후를 보내고 집으로 가면서 심장 발작 이후 처음으로 빵집에 들러 도넛을 샀다. 그리고 책을 읽고 담배를 피우곤 했던 공원 벤치를 찾았다. 도넛을 먹다가 가슴에 설탕이 묻었다. 그녀가 슬픈 듯 내뱉었다. "담배가 그리워요."

그녀는 일터로 돌아가고 싶었다. 남편의 돈에 의지한다는 것이 영 편치 않았다. 나태해지고 영어 실력도 줄어들 것이 걱정스러웠다. 매달 의사 소견서를 제출해야 받을 수 있는 장애 수당은 주급 331달러의 절반에 불과했다. 한번은 벨뷰에서 소견서를 써줄 적당한 사람을 찾느라 몇 시간을 헤맸지만 결국 이틀 뒤에 다시 오라는 말만 들었다.

처방전의 약값에서 회사 측이 부담하는 건강보험료는 80달러였다. 약국에서 끔찍한 인쇄물이 날아오기 시작했다. "보험금 한도 도달." 남편의 건강보험으로 갈아탔다. 벨뷰는 두 번이나 그녀의 보험 한도로는 지불할 수 없는 거액의 계산서를 보냈다. 왜 이렇게 많은 돈이 나왔는지 병원 원무과에 문의하려고 두 번이나 맨해튼 여행길에 올랐다. 두 번 모두 고라의 말을 들은 직원이 어디론가 전화를 걸었다. 그리고 계산서는 실수였으니 무시하라고 말했다.

스트레스 테스트가 끝났을 때, 스윙글 박사는 전일제 일자리로 돌아가기에는 완전히 회복되지 않았다는 결과를 보여주었다. 대신 고라에게 시간제 일은 괜찮다고 허락했다. 하지만 그녀의 상사는 시간제로 전환하는 것은 불가능하다고 말했다. 심장마비 발생 넉 달째인 11월에 몸무게는 89킬로그램으로까지 늘었다. 7월에는 84킬로그램이었다. 약을 먹었지만 그녀의 콜레스테롤 수치는 다루기 어려울 정도로 높았고, 혈압도 마찬가지였다.

자포자기한 고라는 폴란드어 신문에서 스크랩해둔, 별나고도 심장에 나쁜 다이어트 식단에 돌입했다. 첫날: 삶은 달걀 두 알, 스테이크 하나, 토마토 하나, 시금치, 레몬과 올리브유를 버무린 양상치. 둘째 날: 커피, 강판에 간 당근, 코티지 치즈, 요구르트 세 그릇. 또 다른 날: 그냥 스테이크 한 조각.

고라는 의사에게 이 식단을 말하지 않기로 했다. "그렇게 먹지 못하게 할까봐 걱정되었죠. 그럼 체중을 뺄 수 없을 거예요."

평등한 병, 불평등한 회복

심장마비 이후 1년 동안 진 밀은 놀랍도록 호전됐다. 그는 15킬로그램을 감량했다. 일주일에 다섯 차례 운동했고, 지하철 계단은 한 번에 두 계단씩 올랐다. 회사는 원하는 조건으로 퇴직했다. 대신 집에서 일하면서 한 시간에 225달러 정도를 번다. 더 적은 시간에 더 많은 돈을 번다고 밀은 말했다. 혈압과 콜레스테롤 수치는 떨어졌다. 헤이스 박사가 밀에게 말했다. "정말 잘하고 있습니다. 내가 본 환자들 중 99퍼센트보다 잘하고 있어요."

윌 윌슨의 심장 발작은 회복이 더뎠다. 조금 나아지기는 했지만 심장 기능은 손상된 그대로였다. 2005년 봄에 한 검사에서는 오히려 혈압과 체중이 조금 높아졌다. 그는 여전히 가끔씩 새우튀김을 즐기지만 약도 열심히 먹고 있다. 심장 재활 프로그램도 마쳤다. 수영장이 있는 헬스클럽에 다닐 계획도 세워두었다. 그리고 은퇴하기를 고대하고 있다.

이와 고라의 삶과 건강은 점점 더 복잡해졌다. 스윙글 박사가 마지못해 승인하면서 2004년 11월 직장으로 돌아왔다. 그리고 보조금이 나오는 윌리엄스버그의 아파트로 이사했다. 그 아파트에는 부엌과 욕실이 딸려 있는데, 이런 아파트에 사는 건 7년 만에 처음이다. 그러나 미수금 처리 대행사가 고라에게 협박성 전화를 하기 시작했다. 그녀의 건강보험이 감당하지 못한 오래된 청구서 때문이다. 양측 폐렴을 앓고 있는 고라의 남편은 몇 주 동안 일을 하지 못했다.

고라는 2005년 1월에 오랫동안 기다렸던 무릎 수술을 받았다. 이 수술 때문에 잠깐 동안 걷지 못했다. 체중은 91킬로그램으로 늘어났다. 다이어트가 실패로 돌아가자 허브 분말을 끼얹은 과일과 야채로 이루어진 또 다른 식단을 고려했다. 혈압과 콜레스테롤 수치는 불길할 정도로 높았다. 고라는 당뇨병에 걸릴 수도 있다는 경고를 들었다.

스윙글 박사가 한마디했다. "이대로 가다가는 몸에 성한 곳이 없겠어요. 안 그래요?"

—재니 스콧Janny Scott

3

다른 계급과의 결혼이라는
모험

케이트 울너(오른쪽 아래)와 아들은 남편 댄 크로토와 함께
매사추세츠 주 노스필드에서 6년간 살고 있다.

1998년 케이트 울너Cate Woolner를 처음 만났을 때 댄 크로토Dan Croteau
는 뉴햄프셔 주 킨에 있는 미쓰비시 대리점에서 차를 팔고 있었다.
울너는 고장난 차를 수리하는 동안 열한 살짜리 아들 조나와 함께
고객인 척하며 블랙 몬테로(미쓰비시에서 생산한 SUV 차량 — 옮긴이)를 시운
전했다.

시운전은 1시간 30분가량 걸렸다. 아들 조나는 블랙 몬테로가
비포장 진흙 구덩이에서 잘 작동하는지 지켜보기 위해 따라갔다. 시
운전을 하는 동안 크로토와 울너는 뜻이 너무 잘 맞았다. 그래서 울
너는 나중에 크로토에게 누군가 사귀는 사람이 없으면, 그리고 공화
당원이나 외계인이 아니라면 커피나 한 잔 마시자고 메모를 적어 보
냈다. 크로토는 고객과 데이트를 해도 괜찮을지, 어쩔 줄 몰라 했다.
결국 크로토는 메모에 답을 보냈다. 그들은 밤 10시부터 이튿날 새
벽 5시까지 통화했다.

둘 사이엔 공유할 것이 많았다. 둘 다 결혼에 두 번 실패했다. 자녀
도 둘이었다. 둘 다 춤, 모터사이클, 밥 딜런, 동음이의어 따위로 하는
시원찮은 말장난, 진보 정치, NPR(미국공영라디오 — 옮긴이)을 좋아했다.

그러나 데이트를 시작하자 하나둘 차이점도 보였다. 크로토는
로마 가톨릭 신자였고, 울너는 유대인이었다. 종교는 별 문제가 아
니었다. 둘은 "정말 중요한 간극은 더 미묘했다"고 말했다. 바로 크
로토는 노동계급 출신이고 울너는 '있는 집' 출신이라는 것이었다.

크로토는 2005년 쉰 살이 되었는데, 뉴햄프셔 주 남쪽의 오래된
제분 도시인 킨에서 자랐다. 아버지는 8학년만 마친 공장 노동자였

고, 어머니도 공장에서 일했다. 크로토는 어린 시절을 어렵게 보냈다. 열여섯 살에 학교를 그만두고, 집을 떠나 해군에 입대했다. 천직을 찾으려 애쓰기보다는 이런저런 직업을 떠돌았다. 그리고 임신한 열아홉 살짜리 여자친구와 결혼했다. 스물네 살에는 라엘과 메기, 두 딸을 두었다.

크로토는 이렇게 말했다. "어렸을 때 바로 옆집에 할머니가 살았습니다. 삼촌들 집은 건너편 도로 쪽에 있었는데 두 분은 바로 이웃에 사셨죠. 사촌들과 자주 어울려 놀았습니다. 인생에 대한 생각이라곤 공장에서 좋은 일자리를 구해야 한다는 것밖에 없었어요. 어머니는 늘 '댄이 똑똑해. 댄에게 물어봐' 하고 말씀하셨죠. 하지만 제가 대학에 가고 싶다고 말했다면 아가미를 길러 물속에서 숨 쉬고 싶단 말과 같은 뜻으로 받아들이셨을 겁니다."

크로토는 항상 마을 부자들의 존재감을 느꼈다. 그가 말한 "빌딩에 자기 이름을 새긴 사람들"은 다른 세상에 살았다.

올해 쉰네 살인 울너는 바로 그 다른 세상에서 왔다. 의사와 무용가의 딸로 태어난 그녀는 뉴욕 하츠데일의 안락한 집에서 자랐다. 여름 캠프와 휴가, 대학 교육 등 웨스트체스터카운티 출신의 부유한 가족에게는 당연한 것들을 함께 누렸다. 하지만 울너는 항상 많은 돈에 마음이 불편했다. 스물한 살에 얼마간의 유산을 물려받았는데, 그 후 몇 년 동안 울너는 은행이 매달 보내는 고객 보고서를 무시했다. 나중에야 돈의 불편함을 자선 활동이라는 사회적 명분으로 바꿔 생각하는 법을 배웠다. 그녀는 30대 중반에 심리치료사와 결혼했다.

아이작과 조나가 태어났을 때다.

울너는 이렇게 말했다. "외할아버지는 롤스로이스와 집사가 있었고 플로리다에 별장도 가지고 있었어요. 저는 항상 남보다 더 많이 가졌다는 걸 의식했어요. 남보다 많이 가졌다는 게 정당하지 않다고 느껴져 마음이 편치 않았던 거예요. 어릴 적에 병적으로 집착했던 게 다른 친구들보다 파자마를 얼마나 더 많이 가졌나 하는 것이었죠. 친구 집에 밤샘 생일파티를 하러 갈 때면 항상 친구들에게 선물로 줄 파자마를 가져갔습니다."

계급 간 결혼은 인종 간 결혼 또는 국제결혼만큼이나 눈에 띄는 모험처럼 보이지는 않을지도 모른다. 그러나 교육적 배경이나 살아온 환경이 다르기 때문에 예절과 음식 취향, 자녀 양육, 선물, 휴가를 보내는 방식까지 모두 다른 배우자와 사는 것이 쉬운 일은 아니다. 계급 간 결혼에서 한쪽은 보통 더 많은 돈과 선택권을 쥔다. 또 불가피하게 더 큰 권력을 가지게 마련이다.

계급 간 결혼이 얼마나 흔한지 말하기는 어렵다. 그러나 교육이 계급을 대변한다는 측면에서 보면, 계급 간 결혼은 줄어드는 것으로 보인다. 특히 다른 조건이 비슷할 때 종교나 인종의 경계를 뛰어넘는 결혼은 늘어나고 있지만, 교육 수준이 다른 이들 간의 결합은 줄어들고 있다. 계급 간 결혼에서는 대부분 남성보다 여성의 교육 수준이 낮았지만 최근에는 양상이 역전됐다. 2000년 즈음 이루어진 조사에서는 조사 대상 대부분이 케이트 울너처럼 자기보다 학력이 낮은 남성과 결혼했다. 이런 조합은 이혼으로 끝나기가 쉬웠다.

카운슬링 석사 학위를 받은 울너는 사려 깊게 말했다. "우리가 자라난 문화적 배경을 감안하면 그건 분명 좀 더 복잡할 거예요. 우리는 더 많은 돈과 권력을 가지고 더 높은 지위에 있는 사람이 남자여야 한다는 가르침을 받아왔습니다."

계급 차이에서 생기는 편견

댄 크로토가 울너를 처음 만났을 때는 술을 끊고 인생을 바꿔보려던 참이었다. 그러나 데이트를 한 지 얼마 지나지 않아 울너가 자신에게 돈이 좀 있다고 말했을 때는 좋게 받아들이지 못했다.

크로토는 이렇게 말했다. "그녀가 좀 더 기다렸으면 했습니다. 그 말을 들었을 때 내 머릿속에 떠오른 생각은 '어, 이건 곤란한 문제인데'라는 것이었죠. 그 순간부터 내 동기에 회의를 품을 수밖에 없었어요. 금광을 찾은 사람의 기분을 원한 건 아니었으니까요. 스스로를 타일러야 했습니다. 그녀는 내가 사랑하는 사람이고, 돈이 많다는 건 그녀의 일부일 뿐이라고 말이죠. 케이트는 관대하고, 무엇이 공정한지를 곰곰이 따지는 여자입니다. 나랑 수준을 맞추려고 애도 많이 썼고요. 하지만 케이트는 그 돈 때문에 짐도 많이 지고 있었죠. 내게는 없는 선택의 여지가 그녀에게는 많았습니다. 무엇이 중요한지를 결정하는 것도 대부분 그녀의 일이죠."

크로토는 울너를 가족에게 소개하기 전에 그녀의 배경을 두고 미리 당부하듯 이야기했다. "'어머니, 케이트와 그녀의 가족이 부자라는 걸 알아두세요'라고 말했어요. 어머니는 내게 '그것 때문에 그

녀를 너무 나쁘게 보지는 마라. 어쨌든 꽤 괜찮은 아이인 것 같구나'
라고 하셨죠. 어머니가 그렇게 말씀하시다니 놀라웠습니다."

또 다른 편견도 있었다. 지난여름 크로토가 마서스비니어드
Martha's Vineyard(미국 매사추세츠 주 케이프코드 연안의 섬. 고급 휴양지 — 옮긴이)에
있는 울너의 어머니 댁에 갔을 때였다. 장모는 처음에 사위가 자동
차 영업사원이라서 당황했다고 크로토에게 고백했다. 또 딸이 그저
좋은 일을 하려고 크로토를 선택한 건 아닐까, 걱정했다고 말했다.

그래도 둘 사이는 급진전됐다. 두 사람은 1998년 가을에 만나
이듬해 봄에 매사추세츠 주 노스필드에 있는 울너의 안락한 집으로
이사했다. 울너는 크로토가 가진 총기를 팔아야 한다는 조건을 내걸
었고, 크로토는 받아들였다.

크로토가 집으로 들어가기 전에 울너는 새 차를 사고 빚을 갚으
라며 돈을 주었다. 울너는 이렇게 말했다. "돈을 주고 싶었어요. 나
는 돈을 버느라 땀 흘려 일한 적이 없습니다. 크로토에게 이 돈은 내
가 그저 어떤 특정 계급에서 태어났기 때문에 생긴 것이고, 크로토
는 다른 계급에서 태어났을 뿐이라고 말했죠." 그리고 얼마 지나지
않아 크로토가 실직을 하자 울너는 매달 생활비를 주기 시작했다.
크로토는 종종 그것을 용돈에 빗대곤 했다. 울너는 오랫동안 다녔던
지역 빈곤 퇴치 기관을 그만둘 때까지 작으나마 계속 생활비를 댔
다. 또 남편이 체셔 메디컬센터에서 컴퓨터 소프트웨어 분석가로 일
할 수 있게끔 1만 달러 상당의 컴퓨터 교육 과정에 비용을 대기도 했
다. 크로토는 지금 그곳에서 일하고 있다. 처음부터 부부 관계에서

힘의 균형을 잡는 것은 분명 골치 아픈 문제였고 울너에게는 다급한 일이었다. 결혼식을 치른 2001년 가을 몇 달 전에 그들은 몇몇 계급 간 인간관계 워크숍에 참석했다.

크로토는 무뚝뚝하면서도 지적으로 매력적인 사람이다. 그는 이렇게 말했다. "(워크숍에 가자는) 이야기에 두려운 마음이 들었습니다. 자신의 고통을 누군가에게 토로하는 데 돈을 쓴다는 건 분명 상층계급의 사치입니다. 세상의 많은 문제를 뒤로하고 모여 앉아 부부 관계처럼 사소한 문제를 이야기하는 것도 어색했습니다. 그러나 분명 도움이 되기는 했습니다. 우리가 당면한 문제를 고민하는 사람들을 만나 부부 관계에서 누가 권력을 가지고, 어떻게 이용할지를 이야기하는 걸 듣다 보면 안도감이 들었죠. 내 생각에는 우리가 어떻게든 그 문제를 해결하기는 했겠지만 워크숍이 없었다면 불안정한 시간을 좀 더 오래 보냈을 거예요."

울너가 사회적 지위 때문에 부부 관계에서 우월한 지위를 갖는다는 것은 이 집안에서는 기정사실이다. 어느 날 저녁 식사를 할 때 울너의 아들 아이작이 "엄마가 항상 권력을 쥐고 있다고 생각해요" 하고 대놓고 말했을 때, 크로토는 움찔하지 않았다. 크로토는 이 결혼으로 인생이 뒤바뀐 사람이 바로 자기 자신이라는 걸 잘 알고 있다.

일상에서 드러나는 계급 차이

노스필드마운트 허몬 사립고등학교의 잘 정돈된 운동장이 내려다보이는 언덕 위에 자리 잡은 그들의 집은 댄 크로토에게 끊임없이 울너의 아들과 자신의 딸이 받아온 교육의 차이를 일깨운다. 조나는 이 학교 4학년이다. 역시 이 학교를 다녔던 아이작은 두 학기 동안 인도에 가 있었고 마사지 학교를 다녔다. 그러고는 이제 오리건의 루이스앤클라크대학교로 돌아와 학교를 다니며 집 근처의 빵집에서 아르바이트를 하고 있다.

그에 반해 크로토의 다 큰 딸들은 킨 공립학교를 겨우 다녔다. 이들은 출가해서 크로토 부부와 한 번도 같이 살아본 적이 없다.

"가끔은 조나와 아이작에게는 현실감각이 조금은 필요하다고 생각해요. 공립학교를 두어 해라도 다녔다면 뭔가 다른 걸 봤을 겁니다. 다른 한편으로는 매기와 라엘에게도 조나와 아이작이 가졌던 기회를 줄 수 있었다면 좋았겠단 생각이 들기도 해요. 우리 애들은 그런 특권을 누린 적도, 그런 학교를 다닌 적도 없습니다. 우리 아이들에게는 청소년기의 예민한 감수성을 염려해줄 선생님도 없었죠. 아이들은 그냥 닥치는 대로 부딪히며 컸을 뿐입니다."

크로토는 노스필드마운트 허몬 사립고등학교에서 또 다른 일을 겪기도 했다. 그는 그곳에서 잠시 통신 관리자 일을 했는데, 학교 문화에 적응하지 못했다.

"그곳에는 아이비리그 출신들뿐이었어요. 친구 하나 사귈 수가 없었습니다. 그들의 뉘앙스를 이해할 수 없었죠. 노동계급 사람들은 직설적으로 말합니다. 모호하게 말하지 않죠. 처음 이 학교에 왔을 때는 그들이 일하는 방식을 몰랐어요. 이를테면 거래처에서 기한을 못 맞추면 난 이렇게 말합니다. '일을 왜 그렇게 합니까?' 그러면 이 사람들은 이렇게 대답합니다. '죄송합니다. 다음 주에는 물건이 들어옵니다.' 그러면 내가 말하죠. '다음 주라니, 도대체 무슨 말입니까? 마감 시간이 있잖아요. 그렇게 사업하시면 안 됩니다.' 내 상관에게 이 얘기가 들어가면 누군가 와서 내게 말하죠. '우리는 거래처에 고함치지 않아요.' 그 세상에는 기한이라는 건 없고 단지 지침만 있는 것 같았어요."

크로토는 병원에 있을 때가 더 편했다고 말했다. "주로 간호사들이나 다른 컴퓨터광들만 상대했죠. 그들은 내가 속해 있던 곳과 같은 세상에서 온 사람들이었습니다. 우리는 서로에게 어떻게 말해야 하는지 알고 있었죠."

그러나 울너의 가족들과 상대할 때, 특히 해마다 가족 행사 때문에 마서스비니어드 섬을 방문할 때면 크로토는 계급적인 당혹감을 느낀다고 말했다. 크로토는 매번 그들의 뉘앙스를 알아채지 못한다고 느낀다. "울너네 가족은 놀라울 정도로 내게 호의적입니다. 너무 예의 바르고 친절해서 정말로 날 좋아하는지, 그러니까 진심에서 우러나서 그러는 건지 판단하기가 힘들 정도였어요."

크로토는 아내의 가족들, 그리고 "빌딩에 자신들의 이름이 붙어 있는" 삶 자체가 여전히 인상적인 모양이다. 방문객이 오면 크로토는 일리노이 주 피오리아 시에 있는 울너 가의 오래된 증류주 공장이 찍혀 있는 액자를 보여주고, 벽에 붙은 사진들을 가리키며 이 사람이 예일대 출신이며 제럴드 포드(1974~1977년 재임한 미국의 제38대 대통령 — 옮긴이)와 아는 사이라고 이야기해주곤 했다.

가족 내부의 경계선

크로토와 울너만이 계급이 가족을 나눈다는 것을 알고 있는 것은 아니다. 둘이 결혼하기 전에 낳은 아이들도 마찬가지다.

라엘 크로토는 계속 돈에 쪼들린다. 그는 버몬트대학교 대학원에서 교육행정을 전공하고 있다. 아메리칸대학교 로스쿨 2년차인 매기는 세 가지 일을 하고 있다. 매기와 라엘은 레스토랑에 가서 음식이 남으면 집에 갖고 가게 싸달라고 한다.

그들은 (울너의 아들) 아이작이 그랬던 것처럼 마사지 학교에 다니기 위해 한 학기를 쉬는 일은 상상조차 할 수 없었다. 그들은 사회적 활동과 미래 계획, 복장을 신중하게 생각했다. 매기가 말했다. "머릿속으로는 항상 누가 돈이 많은지, 없는지를 생각했어요. 나는 늘 방어막을 두르고 있습니다. 그래서 가방도 사고 셔츠도 샀죠. 사람들이 내 겉모양만 보고는 배경을 알 수 없게 하고 싶었거든요."

크로토의 딸들은 열두 명의 사촌 중에서 유일하게 대학에 갔다. 사촌들은 모두 고등학교를 졸업하자마자 결혼하고 아이를 가졌다.

"그들은 우리를 다른 사람으로 봐요. 때로는 그래서 마음이 아파요." 매기가 말했다.

딸들은 줄타기를 하듯 살았다. 홀로 자신들을 키워준 어머니를 매우 따랐다. 그러나 한편으로는 울너의 세계와 그 가능성에 대해서도 애착을 보였다. 국경일이나 포도밭으로 휴가를 떠날 때면 이복형제들뿐만 아니라 케이트 울너 쪽 사촌들에게도 친밀감을 느꼈다. 버몬트의 라엘 집에는 그 사촌들의 사진이 걸려 있을 정도다. 그리고 그들은 자신들이 받은 가정교육과 그들이 받은 가정교육이 얼마나 달랐는지를 매우 가까이에서 확인한다.

라엘은 말했다. "조나와 아이작은 어떤 옷을 입을지, 대학을 마칠 돈이 있을지 없을지, 그 어떤 것도 걱정할 게 없어요. 그게 진짜 호사죠. 그리고 그 아이들 중 한 명이 어머니에게 '사람들은 왜 재채기를 해요?'라고 물으면 어머니는 이렇게 말했을 거예요. '잘 모르겠네. 그런데 정말 중요한 질문이니까 박물관에 가서 한번 확인해보자꾸나.' 우리 어머니는 매우 현명했고, 분명 여러 층위에서 우리와 대화를 나누었어요. 그러나 우리가 어려운 질문을 하면 이렇게 말했죠. '왜냐하면, 내가 그렇게 말했으니까.'"

딸들의 삶은 울너의 따뜻함과 안정적인 태도뿐만 아니라 스노 타이어나 책을 사라고 준 용돈, 그녀가 경비를 댄 가족 여행, 그리고 그녀의 인맥 때문에 바뀌었다. 워싱턴에서 변호사를 하는 울너의 사촌은 매기를 사무실과 집을 봐주는 사람으로 채용했다.

울너의 두 아들은 댄 크로토의 등장으로 어떤 것도 바뀌지 않았다. 이들은 확대된 크로토 가족은 안중에도 없는 듯했다. 근처에 사는 또래의 크로토 집안 사촌들도 만나지 않았다. 그저 조용한 삶을 이어갔다. 한번은 이런 일도 있었다. 아이작 울너가 대학 생활에 다시 적응해가고 있던 2월 초에 아이작과 이름이 같은 크로토의 조카는 고등학교를 졸업하고 스무 살이 되어 해병대에 지원했는데, 이라크 팔루자에서 얼굴에 총상을 입고 메릴랜드 주의 베데스다 메디컬 센터로 후송됐다. 아이작과 조나는 태평스러운 젊은이들이었다. 둘

다 삶에서 이루고 싶은 것이 무엇인지를 구체적으로 생각해보지 않았다. 조나가 말했다. "한동안은 열정을 찾으려고 했죠. 하지만 내가 열정을 쏟고 싶은 일을 열정적으로 찾으려 하지는 않았어요."

아이작은 공연장이 딸린 맥주 공장을 여는 꿈을 꾸었다. 남미 일주 여행을 하거나 카리브 해에서 '일몰 마사지 여객선'을 조종하고 싶기도 했다. 그는 그 환상을 이루어줄 든든한 배경이 있다는 걸 알았다. 그가 말했다. "나는 누구나 갖고 싶어 하는 대단한 안전망을 갖고 있어요. 믿기지 않을 만큼 훌륭하고 사랑스럽고 가까운 부자 부모를요."

아주 가끔 다 함께 모이면 어색한 기운이 감돌기도 했지만 크로토의 딸들은 쉽게 울너의 아들들에게 안부를 물었다. 매기는 인권 단체의 여름 인턴 과정에 뽑히기를 진심으로 원했다. 그러나 돈이 되는 일도 필요했다. 졸업할 때 이미 10만 달러가 넘는 빚이 쌓였다. 비영리 단체가 아니라 로펌 일을 해야 했다. 아이작이 돈에 팔려나간 사람이라고 놀렸을 때 매기는 그에게 이상을 실현하기 위해 돈을 벌 필요가 없다면 그 이상에 따라 살기가 훨씬 쉬울 거라고 말했다.

가족 내부의 불평등을 고통스러울 만치 명확하게 깨닫게 되는 순간이 있다. 케이트 울너는 댄의 딸들에 대해 이렇게 말했다. "걔들한테는 자동차를 살 때 돈을 보태주지 않았는데 아이작에게 도움을 줄 때는 좀 거북했죠. 우리는 그 문제에 대해서도 얘기했어요. 하지만 나는 도를 넘지 않을까 조심스럽기도 했습니다. 한번은 아이들 친엄마의 집이 다 타버린 일이 있었는데, 그녀와 아이들에게 끔찍한 일이었죠. 정말 돕고 싶었어요. 수표책을 꺼냈는데 어느 정도가 적절한지 모르겠더라고요. 결국 1만 5000달러짜리 수표를 써서 주었습니다. 에밀리 포스트Emily Post(1872~1960, 에티켓에 관한 글을 쓴 여성 작가 — 옮긴이)는 이럴 때 어떻게 해야 하는지 다루지 않았더군요."

울너와 크로토는 그들 사이의 계급 차가 그들 삶의 다른 경험들로 이루어졌다는 점을 의식하고 있다.

울너는 겨울에 어머니가 사는 뉴욕을 방문했다. 여행길에 그녀는 직불카드를 잃어버렸는데, (아주 잠시라도) 수중에 돈이 없다는 사실에 안절부절못했다.

크로토에게는 이상한 순간이었다. "그녀는 잠시나마 진짜 불안감을 느꼈죠. 어머니 집이 바로 모퉁이를 돌아가면 있었는데도 말이죠. 그녀는 계획하지 않았던 새 차나 다이아몬드 반지를 갑자기 사는 게 아니라면 우리가 하고 싶은 건 무엇이든 할 정도로 충분한 돈이 있었습니다. 그러니 그 문제를 이해할 수가 없었죠. 나는 안전망이 없이도 돌아다니는 법을 압니다. 평생 해온 일이거든요."

크로토와 아내는 이런 특별한 문제와 스트레스를 잘 버텨낸 자신들의 결혼 생활에 자부심을 느꼈다.

울너가 말했다. "우리가 이룬 일에 대해 늘 놀라곤 해요." 그러나 그들은 처음부터 자신들의 관계에 접근하는 한 가지 원칙에 동의했다. 그 원칙은 결혼반지 안에 새겨져 있다. "개의치 말고 꿋꿋이 잘 살자."

—타마 르윈Tamar Lewin

4

계급 상승,
그러나 불안은 계속된다'

델라 메이 저스티스는 로스쿨을 마치고 고향인 애팔래치아로 돌아왔다.

델라 메이 저스티스Della Mae Justice는 파이크카운티 법원에서 배심원 앞에 서 있었다. 그녀는 의뢰인의 이웃들이 그리시 크리크 홀로에 있는 의뢰인의 집 뒤편 공동묘지를 확장하면서 불법적으로 땅을 강탈했다고 주장했다.

저스티스의 부드러운 애팔래치아 억양을 듣고 있으면 그녀가 오래된 가족묘가 흩뿌려진 이곳 이스트켄터키의 문화에서 자라난 지역 사람임을 확신할 수 있다. 그녀는 배심원들에게 땅 경계 분쟁을 설명하면서 말했다. "나는 산골짜기에서 자랐습니다. 정말이에요."

저스티스는 실제로 푸른 시냇물 양옆으로 우거진 산이 솟은 애팔래치아 탄광 지역 출신이다. 분지는 무척 가파르게 솟아올라 샛강 어느 쪽에도 집을 지을 공간이 거의 없었다. 그녀의 가족은 가난했다. 실내 화장실도 없이 몇 년을 살았다. 아버지는 없었다. 이복 오빠는 먹을거리를 마련하기 위해 다람쥐를 사냥해야만 했다. 어머니는 델라가 아홉 살 때 재혼했다. 트럭 운전기사인 양아버지는 거의 언제나 밖에 있었다. 델라는 정신 질환을 앓고 있던 어머니를 돌보아야 했다.

저스티스는 항상 산 너머의 세계를 갈망했다. 그녀는 고등학교를 마치고 파이크카운티를 떠나 대학과 로스쿨을 다녔다. 프랑스, 스코틀랜드, 아일랜드에서 시간을 보냈고 유능한 법조인으로 경력을 쌓아갔다. 그녀는 몇 년 만에 시골의 빈곤층에서 성공한 중간계급 집단으로 올라갔다.

이제 서른네 살이 된 저스티스는 고향에 돌아왔다. 그간의 인생

역정은 이제 고향과는 어울리지 않을 정도로 그의 모습을 통째로 바꿔놓았다. 사회적 신분이 변하면서 저스티스의 균형도 조금씩 무너졌다. 그녀는 두 가지 관점에서 동시에 세상을 바라보게 됐다. 과거 그녀가 자랄 때의 관점과 현재 성공한 시점의 관점이다.

태어날 때 속했던 계급의 사람들보다는 비슷한 지위를 가진 이들에게 둘러싸여 있기 때문에 저스티스는 어떤 차를 몰고, 파티에서 어떤 음식을 대접하는지, 휴가를 어디로 가는지 같은 문화적 의미에 민감했다. 이런 작은 단서들은 사회적 지위를 가리켰다. 관습에 따르면 저스티스는 이제 견고한 중간계급이다. 그러나 여전히 중간계급이 어떻게 느낄지를 배우고 있다. 거의 언제나 아이디어를 내고 스스로를 해명하고 또 자기 말을 제대로 이해하는지 체크한다. "이게 말이 되죠?"라고 물으면서 말이다.

그녀는 최근 이렇게 말했다. "정말 계급이 전부라고 생각해요. 당신이 가난하고 낮은 사회경제적 집단 출신일 때 인생에서 선택할 수 있는 거라곤 별로 없어요. 내게는 상층계급 출신이란 곧 자신감을 의미해요. 내가 선택하고 내가 기준을 만든다는 것, 그리고 인맥이 있다는 것에 대한 확신 말입니다."

과거와의 단절, 새로운 출발

햇필드 가와 매코이 가의 대결(19세기 서부 버지니아의 햇필드 집안과 켄터키 일대의 매코이 집안이 벌인 싸움. 저스티스는 햇필드 집안 출신이다. ─ 옮긴이) 장소인 켄터키 파이크빌에서의 기억은 뿌리 깊었고 집안 내력은 많은 의미를 담고 있었다. 저스티스는 성공했지만 사람들이 자신을 어떻게 기억하고 있을지 걱정스러웠다. 특히 열다섯 살에 어머니와 양아버지가 폭력 문제로 갈라서면서 위탁 가정에 맡겨져 보낸 비참했던 아홉 달이 걱정거리였다.

"나는 언제나 제일 낮은 사회경제적 집단에 있었습니다. 그러나 위탁 가정에서는 그나마의 지위도 점점 더 낮아졌어요. 내 인생에서 가족 없는 아이로 보내야 했던 아홉 달을 증오합니다."

위탁 가정에 있는 동안 저스티스는 트레일러를 개조한 집의 한쪽 끝에 살았다. 반대쪽에 양육 가족이 살았다. 저스티스는 매일 밤 침대에 오줌을 지리는 다른 위탁 아동 옆에서 자야 했다. 아침이면 헌 옷 상자에서 옷을 꺼내 입었다. 아버지가 저스티스의 상황을 전해 듣고 조카인 조 저스티스를 부르고 나서야 그녀는 마침내 구조됐다.

델라 메이 저스티스보다 서른다섯 살 많은 성공한 변호사인 조 저스티스는 파이크빌 반대편 산등성이의 부유한 동네에 살았다. 조 저스티스와 아내 버지니아는 세다갭리지에 수영장과 침실이 넷 딸린 초현대식 집을 막 지었다.

트레일러에서 사촌을 처음 만난 조 저스티스는 훗날 아내에게 가까운 친척이 위탁 가정에 있다는 게 '끔찍했다'고 말했다. 파이크빌 지역이 전반적으로 가난했던 시절 위탁 가정은 가난보다 훨씬 나쁜 것이었는데, 가족의 끈이 끊어진다는 것은 매우 중요한 문제였기 때문이다. 조와 버지니아는 델라를 집에 데리고 왔다. 버지니아는 델라를 전학시키고 주소도 옮겼다. 사실상 델라의 세상을 바꾼 것이다. 두 살짜리 아들의 방 계단 아래 8각형의 침실에 델라의 방을 마련해주었다.

델라는 이렇게 말했다. "조와 버지니아와 함께 부자로 살기 시작하면서 받은 충격은 마치 어린 고아 애니(영화 〈애니〉의 주인공 이름―옮긴이)가 록펠러 가문에 들어가 사는 것과 같았습니다. 하지만 쉽지는 않았어요. 부끄럼이 많고 사교적이지 않았으니까요. 처음엔 맞는 옷을 고를 수 있었지만 나중에는 어떤 옷이 맞는 옷인지 아무 생각도 할 수 없었어요. 그 세계에 대해 아는 게 없었죠. 그리고 항상 잘못을 할까봐 두려웠어요. 학교 합창대에서 공연 여행을 갔을 때 레스토랑에 간 적이 있습니다. 클럽샌드위치를 주문했더니 양쪽 끝에 이쑤시개가 달려 나와서 어떻게 먹어야 할지 모르겠더군요. 한참 동안 허기를 참으며 바라만 보다가 결국 속이 안 좋다고 말하고는 먹지 못했죠."

조와 버지니아는 델라가 사회적 불안감을 느끼고 교회 친구들과 잘 사귀지 못하는 것을 걱정했다. 그러나 그들은 곧 그녀의 총명함을 간파하고 버리아대학에 입학하도록 용기를 북돋았다. 켄터키의 작은 인문대학은 오직 저소득층 자녀들만 받아들였다. 학비는 무상으로 지원되었고 모두가 일을 했다. 그곳의 학생들은 모두 가난했지만 수학受學 능력이 뛰어났고, 학교는 그들이 큰 꿈을 향해 나아가는 데 지원을 아끼지 않았다. 버리아에서 공부한 경험은 그녀의 삶을 바꾸었다.

미래의 남편 트로이 프라이스를 만난 곳도 버리아였다. 그는 초등교육만 마친 담배 농부의 아들이었다. 그들은 졸업 후 결혼했고 저스티스가 연구비를 받았을 때 유럽으로 갔다. 1년짜리 개별 연구와 여행을 겸한 것이었다. 저스티스가 렉싱턴의 켄터키대학교 로스쿨 장학생이 되었을 때는 프라이스도 함께 가서 생활과학대학원에 진학했다.

델라는 5년 만에 로스쿨을 졸업하고 연방 판사 서기로 일했다. 이어 렉싱턴에서 가장 큰 로펌에 들어갔다. 그녀는 파트너(로펌에서 지분을 갖고 배당을 받는 임원급 변호사 ─ 옮긴이)가 되겠다는 희망을 품고 많은 시간을 투자했다. 이들 부부는 타운하우스를 샀고, 여행을 즐겼으며, 저녁마다 레스토랑에서 외식을 했다. 일요일 오후에는 렉싱턴의 우아한 이웃들이 모여 있는 주택가 집들을 둘러보며 시간을 보냈다. 겉으로 보기엔 그들은 고속 출셋길에 올라 있었다.

그러나 저스티스는 여전히 자신이 아웃사이더라고 느꼈다. 법률 학술지의 공동 편집자들, 법원의 동료 서기들, 로펌의 대학 동창들에게는 그녀만 모르는 정보의 우주가 있는 듯했다. 체 게바라나 베수비오 산처럼 그녀에게는 아무 의미가 없는 일상적인 화제, 그리고 덜 익은 것처럼 보여서 먹으려 하지 않는 디너파티의 음식까지 크고 작은 일에서 그녀는 미지의 세계와 마주쳤다.

그녀는 말했다. "트리비얼 퍼슈트Trivial Pursuit(일반 상식이나 대중문화에 대한 퀴즈를 두고 벌이는 보드 게임 ─ 옮긴이)를 할 수가 없었어요. 세상사에 대한 일반 지식이 너무 없었거든요. 난 켄터키 동쪽 정도만 알았는데, 그들은 매사추세츠와 노스이스트의 아주 많은 것들을 알았습니다. 누가 중요한 사람인지, 또 누구의 아빠가 연방 판사인지도 알고 있었죠. 자신들이 옳은 말을 한다는 걸 단 한 번도 의심하지 않았고, 아무것도 걱정하지 않았죠."

무엇보다 그들은 모두 권력을 가진 사람들로 이루어진 거대한 거미줄에 연결되어 있었다. 그녀는 말했다. "여하튼 그들은 모두 서로를 잘 알고 있었습니다."

새로운 가족의 결합

1999년에 저스티스의 삶에 뜻밖의 전환점이 찾아왔다. 파이크카운티로 돌아온 이복 오빠가 느닷없이 전화를 걸어 자신의 아이들 윌과 안나 래틀리프가 지금 위탁 가정에 있다고 말했다. 저스티스와 이복 오빠는 가까이 지내지도 않았고 조카들도 한 번인가 두 번 만났을 뿐이지만, 그 전화를 무시할 수는 없었다. 그녀의 사촌인 조가 그랬던 것처럼 혈육이 위탁 가정에 있다는 건 견딜 수 없는 일이었다.

이태가 지나 델라 메이 부부는 두 아이의 양육권을 확보하고 파이크빌로 돌아왔다. 겨우 240킬로미터에 불과한 거리였지만 렉싱턴의 삶에서 한참이나 떨어진 곳이었다. 이사는 여러모로 이치에 맞았다. 각각 열세 살, 열두 살인 윌과 안나는 부모와 계속 연락할 수 있었다. 트로이 프라이스는 더 나은 직장을 구했다. 파이크빌에 새로 생긴 학대아동지원센터 전무 이사 자리였다. 저스티스는 사촌의 로펌에서 일자리를 얻었고, 로펌은 두 아이를 보살필 수 있도록 일정을 배려해주었다.

그러나 아직도 저스티스에게 파이크빌로 돌아온 것은 위탁 가정에서 빠져나와 그 옛날의 8각형 방으로 들어가는 것처럼 혼란스러운 일이었다. 그녀는 최근 어린 시절 살았던 산골짜기를 마지못해 방문했을 때 기어이 눈물을 흘리고야 말았다. 한 이웃이 그녀를 포옹하며 얼마나 자주 그녀의 행복을 위해 기도했는지 모르겠다고, 그녀가 잘되어 있는 것을 보니 너무 행복하다고 말했다. 그러나 과거를 떠올릴 때면 그녀는 늘 움츠러들었다.

"지난주에 사무실에서 전화를 받았어요. 어떤 여자분이 자기가 누구인지 밝히고는 내게 물었습니다. '나를 기억 못하는구나, 그렇지?' 나는 '혹시 위탁 가정에서 나랑 같이 있었니?'라고 말했죠. 정말 미칠 것 같더라고요. 내가 왜 이래야 하죠? 위탁이 어디 광고하고 다닐 일은 아니잖아요."

저스티스는 대체로 상법에 관한 일을 했지만 월요일에는 주로 가정법원에서 그녀와 비슷한 문제를 갖고 있는 가족들을 변호했다. 등유로 난방을 하거나 비좁은 집에 사는 가난한 사람들은 좋은 부모가 될 수 없다는 가정, 또는 계급적 편견을 마주할 때마다 그녀는 분노했다.

"일반적으로 부유한 집에 태어나는 사람들이 부자가 되고 그렇지 못한 사람은 부자가 될 수 없다는 건 나도 알아요. 이렇게 적게나마 이루기 위해서도 내가 할 수 있는 모든 노력을 기울여야 했으니까요. 나는 어린 시절부터 정말 열심히 일했지만, 내가 한 것이라곤 결국 내 자신을 죽이기 위한 노력일 뿐이었습니다."

저스티스는 사람이 태어나자마자 주어진 계급은 연속체의 출발점이라고 말했다. "만약 당신의 목표가 전 국민이 누구나 알 만큼 중요한 사람이 되는 거라면 연속체의 뒤쪽에서 시작해서는 안 됩니다. 단 한번의 생애에서 이뤄야 할 게 너무 많으니까요. 당신이 일생 동안 갈 수 있는 거리를 정해야만 당신의 아이들이 자신들의 인생에서 갈 거리를 정할 수 있습니다."

삶을 받아들이고 타협하다

저스티스는 아직도 파이크빌에서 부유하게 사는 것이 마음이 편치 않다. 자신들에게 꼭 알맞은 곳을 찾는 것은 처음부터 쉽지 않았다. 교회는 마을 사람들 대부분이 친구를 찾고 사회생활을 해나가는 곳이다. 그러나 저스티스와 프라이스는 편안하게 들어맞는 교회를 찾는 데 어려움을 겪었다. 그들은 저스티스가 어린 시절 다녔던 침례교회에서부터 시작해 마을 유지들이 주로 다니는 자유로운 사도교회(캠벨Campbell 부자가 1809년 미국에 세운 개신교 교파 — 옮긴이)까지 다섯 곳의 모임을 다니며 살폈다. 켄터키로 이사를 온 목사 부부가 가장 가까운 친구가 되었다. 다른 사람들은 조금 더 시간이 걸렸다.

저스티스는 이렇게 말했다. "중간계급 사람들이 보기에 우리가 윌이나 안나 같은 아이들을 두기에는 젊다는 게 조금 문제였습니다. 우리가 조카를 키우고 있다는 사실은 우리가 처음부터 중간계급은 아니었다는 걸 알리는 깃발 같은 것이었습니다. 버리아대학에 간다는 건 모든 이들에게 당신이 가난하다고 말하는 것과 마찬가지로요."

저스티스는 이제 업무에서는 파이크빌을 이끄는 리더 중 한 명이지만, 여전히 오래된 의심과 불안 때문에 고통스러워한다. "파티에 가려고 준비할 때면 내 속은 항상 뒤집혀요. 제대로 된 옷을 입은 것인지, 무얼 해야 하는지 알고 있는 것인지 불안해하면서 말이죠. 어떻게 다른 사람들은 그걸 다 알까? 어떻게 행동해야 할지 그들은 어떻게 아는 거지? 왜 그들은 항상 편안해보이는 걸까? 늘 이런 생각을 합니다."

저스티스는 윌과 안나에게 많은 정성을 기울였다. 윌과 안나를 중간계급으로서 안락하게 키우고 싶었지만 아직까지는 뜻대로 되지 않았다. "윌과 안나는 가난하다는 게 뭔지 알아요. 우리가 지금 바라는 건 그 아이들이 평범하게 자라주는 겁니다. 내가 어렸을 때는 학교까지 쿠키를 가져다주는 착실한 부모를 둔 아이들이 누군지 알았어요. 걔들은 특별한 것은 무엇이든 가질 수 있는 아이들이었습니다. 무료 급식을 먹고, 합창 대회가 있을 때면 숙모한테 옷을 빌려야만 하는 나 같은 아이들과는 달랐죠."

저스티스는 치아 상태에 대해서도 자의식이 강했다. 그녀는 자신의 치아가 "켄터키 동쪽의 피개교합(아랫니보다 윗니가 훨씬 튀어나온 상태─옮긴이)이었다"고 슬픈 듯 말했다. 이 자의식 때문에 안나에게는 일찌감치 치아교정기를 달아주었다. 자기가 입는 옷만큼이나 아이들이 입는 옷을 걱정했다. "다른 사람들은 모두 남자아이들에게 필요한 카키색 바지를 JC페니에서 사야 한다는 걸 아는 것 같았어요. 난 이런 걸 전혀 몰랐죠."

어렸을 때 저스티스는 숙제를 할 학용품을 가져본 적이 없었다. 안나가 인디언 나바호족 전통 가옥을 만들어오라는 과제를 받았을 때 그들은 재료를 사러 월마트에 갔다. 저스티스는 이렇게 말했다. "넉넉히 시간을 두고 둘러봤습니다. 안나가 착실한 부모를 둔 것처럼 보이길 바랐죠. 그저 인디언 집일 뿐이었지만, 안나가 만든 과제가 다른 아이들이 만든 과제랑 비슷하게 보여야 비로소 아이들과 어울리기 시작할 수 있다고 생각했어요."

저스티스는 윌에게 보이스카웃에 가입하라고 권했다. 윌이 친구들에게 퀴즈볼(학교에서 하는 지식 경연 대회 — 옮긴이)에 나갈 팀을 만드는데 같이 하자는 제안을 받았을 때에도 꼭 참가해야 한다고 등을 떠밀었다. 윌이 처방약을 먹으면서 약물 중독자가 될 수도 있냐고 물었을 때 그녀는 매우 훌륭한 질문이라고 대답했다. 병원 진료실에 가면 의사에게 바로 그 질문을 꼭 해보라고 격려했다. 그녀는 아이들에게 학교에서 무슨 일이 있었는지 들려달라고 졸랐다. 읽은 책의 줄거리를 자세히 들려달라고도 했고 최신 시사 문제를 함께 토론하기도 했다.

사회 계급이 양육에 미치는 영향을 연구한 학자들에 따르면 저스티스의 양육 방식은 중간계급 어린이들과 가난한 노동계급의 어린이들을 구별하는 기준이다. 노동계급 부모들은 일찌감치 자녀들에게 이것저것 따지지 말고 시키는 대로 행동하고 자유 시간은 알아서 때우라고 가르친다. 반면 중간계급 부모들은 아이들의 활동에 적극적으로 개입하려는 경향이 있다. 아이들의 재능을 키워주기 위해 과외활동을 찾는다. 아이들에게 찬반 의견을 분명히 말하고, 힘이나 권위를 가진 사람들과도 협상할 것은 하라고 격려한다.

저스티스의 노력은 열매를 맺었다. 윌은 학교 퀴즈팀 활동을 즐겼다. 안나는 저녁에 여러 친구들한테 전화를 받는다. 둘은 이따금 슬립오버(아이들이나 청소년들이 한집에 모여 함께 자며 노는 것 ― 옮긴이)를 하기 시작했다. 그리고 저스티스는 점점 본인의 삶에 적응해나갔다. 수수한 타운하우스를 빌려서 산 지 몇 년이 지난 어느 해 12월 31일, 이들 부부는 브래디 번치(1969~1974년 방영된, 유쾌한 가족을 코믹하게 그린 미국의 텔레비전 시리즈물 주인공 ― 옮긴이)의 집을 떠올리게 하는 집을 구했다. 침실이 넷에다 풀장이 딸린 집이었다. 그녀는 몇 년 뒤 사촌이 은퇴하면 로펌 업무를 인계받을 것이다. 렉싱턴의 로펌에서 파트너로 일하는 것보다 돈도 훨씬 못 벌고 재미도 덜하겠지만 전망이 확실한 일이다.

"내가 새로 출발한 곳에서 그리 멀지 않은 곳에서 살고 싶어 인생 내내 정말 열심히 노력했어요." 저스티스가 말했다. "그렇지만 내가 가질 것이라고 생각했던 매혹적인 삶은 아닙니다."

―타마 르윈Tamar Lewin

브롱크스에서 코넬까지

켄터키 주에서 가난한 신시내티의 한 지역으로 이주해 비슷한 배경을 지닌 이웃들과 사는 한 젊은이가 내게 이런 말을 했다. "내가 '애팔래치아 도시인'(애팔래치아 산맥 쪽에서 애틀랜타, 피츠버그, 신시내티 등의 대도시로 이주해온 사람들 또는 그 후손들로 제2차 세계대전 이후 대도시 인구의 다수를 차지했다. 2005년 당시 대략 4000만 명 정도로 추산됐다. ─ 옮긴이)인지 그 잡지를 읽기 전까지는 전혀 몰랐어요."

내 경험으로는 사회경제적으로 '슬럼', '게토', '저소득층 주택단지', '도심 지역'처럼 낙인찍힌 곳에서 사는 사람들, 또는 '블루칼라'들조차 자신이 그런 비좁은 곳에 살고 있다고 생각하지 않는다. 대신 그들은 스스로 넓은 세상에서 살고 있다고 본다. 왜냐하면 그들이 어울리는 사람들 대부분이 역시 그 한구석을 집이라고 부르고, 실제로 늘 돈이 궁한 사람들은 여러 곳을 돌아다니지 않고 한곳에 정착해 사는 경향이 있기 때문이다.

대부분의 경우 사람들은 물리적으로 마을을 떠나 뒤돌아서서 그들이 살던 곳을 직시하고 나서야 눈에 보이든 안 보이든 경계들이 존재함을 인식할 수 있게 된다. 내 경우에 그것은 브롱크스에 있는 파크사이트 주택단지를 떠나 (누구네 할머니는 '집에서 멀리 떨어진 기숙학교'라고 부른) 대학에 갔던 1967년 가을에 시작됐다.

뉴욕 주 북부에서 멀리 떨어져 있는 이시카(이시카에 코넬대학교 캠퍼스가 있다. ─ 옮긴이)에서 나의 세계는 순식간에 방향이 확 달라졌다. 나는 콘크리트 벽돌로 지어진 기숙사 복도를 따라 여행용 가방을 끌며 걷고 있었는데, 복도 양옆의 방은 보카러턴(플로리다 주 남동부 팜비치카운티의 한 도시 ─ 옮긴이), 맨해튼, 홍콩, 쇼트힐즈(뉴저지 주의 한 지역 ─ 옮긴이), 괌, 마블헤드(매사추세츠 주 에섹스카운티의 한 도시 ─ 옮긴이), 바랑키야(컬럼비아 북서부의 한 도시 ─ 옮긴이), 머프리즈버러(테네시 주 중부 러더포드카운티의 한 도시 ─ 옮긴이) 등지에서 온 이방인들로 가득 차 있었다.

그 후 몇 주간 나는 문화적 충격을 겪었다. 그동안 내게 세상은 가진 자와 못 가진 자로 나뉜 것으로 보였다기보다는, 그저 문자 그대로 '세상WORLD' 이었다. 말하자면 단순히 아스팔트싱글 지붕널과 벽돌 모양 타일로 된 주택들이 주변에 있고, 중심에 수십 개의 시 소유의 고층 건물이 있는 그런 세상이 아니라는 것이었다. 그것을 계급에 대한 인식이라고 부를 수 있다면, 이는 어떤 직설적인 부의 과시를 통해서라기보다는 미적 기준이나 경험 같은 것에서 나타나는 것 같았다. 사람들의 옷은 어딘가 모르게 절제되어 있었다. 화려하지도 꽉 달라붙지도 않았다. 구겨진 옷이 잠깐 신경 쓰일 수도 있지만 그렇다고 그걸 죄악시하지도 않는다. 작고 잘 굴러가는 유럽산 자동차는 부러워하지만, 두 가지 색으로 칠해진 캐딜락을 대놓고 부러워하지도 않았다. 밥 딜런은 그 목소리와 외모에도 불구하고 진지하게 받아들여진다.

아마도 프랭키 빌리(〈더티댄싱〉 등의 OST를 만든 가수 겸 영화배우 — 옮긴이)보다 훨씬 더 진지하게 받아들여졌을 것이다. 마리화나를 절반쯤 피운다고 해서 꼭 교도소를 가는 것은 아니었으며, 밀실이 꼭 지하실만을 의미하는 것도 아니라는 것을 알게 됐다.

(계급에 대한) 매혹과 과도한 의식화가 빚은 낯설게 하기 효과 같은 것으로 나는 나를 반쯤은 의식적으로 다른 사람들과는 다른 종으로 재발견하게 됐다. 아마 다른 모든 사람들이 나와는 다른 종으로 보이는 것에 대한 일종의 대응으로서, 내 자아가 살아남기 위해 그랬던 것 같다. 그래서 나는 고향에서는 한 번도 그래 본 적이 없지만 이시카에서는 일부러 억센 브롱크스 억양을 썼다.(나만 그런 게 아니었다. 미시시피에서 온 아이도 그랬다. 그는 학기 시작 직후인 10월 중순쯤 콧소리를 내고 느릿느릿 말하면서 남부 사람들 망신을 다 시켰다. 그의 아버지는 미시시피에서 시인이자 기숙학교의 교장이었는데도 말이다!)

그런 행동의 연장선상에서 나는 내가 자라온 과정(실제로는 정말 단조로웠던 삶이지만)에 대한 이야기를 조금씩 재미있게 각색하기 시작했다. 어떤 것은 정말 의심스럽게 지어냈고, 어떤 것은 약간만 다듬어서 이야기가 되게 했다. 나는 그런 일에 익숙해졌다. 사실, 지나칠 정도로 너무 익숙해졌다. 추수감사절 휴일에 새 친구 둘을 집으로 초대했는데, 그들은 마지막 순간에 약속을 취소했다. 나중에 학교에 돌아가니 그들은 내게 너무 겁이 나서 그랬다고 고백했다.

졸업 후 3년이 지나서도 나는 그러고 살았다. 바로 내 첫 소설인 『방랑자들The Wanderders』을 출간했다. 이 소설은 비틀즈가 유행하기 전인 1960년대에 브롱크스에 사는 한 무리의 십대들의 이야기를 묶은 것이다. 소설가이자 컬럼비아대학교 대학원생이 된 나는 독서회와 인터뷰 등에서 영어의 '도시 외곽 억양'(뉴욕 시는 5개 독립자치구로 이루어져 있는데, 도시 외곽은 뉴욕의 외곽을 의미한다. — 옮긴이)을 과장했다. 내 억양은 이제 별도의 자막이 필요할 정도로 거칠어졌다. 그것은 어느 날 밤 갑자기 중단될 때까지 몇 년 동안 이어졌다. 그때가 바로 1977년 여름, 맨해튼의 한 서점에서 강연과 긴 질의응답이 끝난 뒤였다. 나와 똑같은 억양을 가진 한 중년 남성이 내게 말을 걸어왔다.

"당신 코넬대학교 다닌 것 맞아요?"

"네, 그런데요."

나는 얼굴을 찡그리지 않으려고 노력했다.

"이거 정말 놀랍군요. 왜냐하면 내 딸이, 브롱크스의 커뮤니티 칼리지에 다니는데, 그 아이도 당신보다는 훨씬 더 나은 영어를 구사하거든요."

리처드 프라이스 Richard Price
리처드 프라이스는 『방랑자들』 『마약 밀매자들Clockers』 『사마리아인들Samaritans』 등 일곱 편의 소설을 쓴 작가다.

하나님의 이름으로
계급 사다리를 오르다

팀 헤이븐스(오른쪽)와 잰 베지코프(왼쪽)가
브라운대학교 매닝 예배당에서 아침 예배를 하고 있다.

브라운대학교를 갓 졸업한 팀 헤이븐스Tim Havens는 2004~2005년 겨울에 잠시 모교에서 복음 선교를 맡았는데, 캠퍼스 예배당의 계단통에서 아침 예배를 진행해야 했다. 예배당 아래층에서는 미국 인디언 미술 전시회를 위한 개조 공사로 인부들이 북새통을 이루었고, 위층 소예배당에서는 불교도 학생들이 염불을 암송했기 때문이다.

다른 아이비리그 대학이 대부분 그렇듯, 브라운대학교도 기독교 대학을 공개적으로 표방한 개신교 목사들이 세웠다. 그러나 세월이 흐르면서 종교적 소속감을 벗어버리고 다른 아이비리그 대학들과 함께 세속화되었다. 브라운대학교의 교목 사제관은 이제 불교도뿐만 아니라 '이교도'와 '토속 신앙인'들도 '신앙 공동체'로 인정한다.

그러나 요즘 들어 헤이븐스의 기도 모임처럼 복음주의를 믿는 학생들의 모임이 브라운대학교에서 부쩍 눈에 띈다. 브라운대학교 소속 사제는 이렇게 말한다. "학생 5700명 중 대략 400명이 복음주의 학생 모임 세 개 중 하나에 참여하고 있는데, 활동적인 주류 교파(미국에서는 루터교, 감리교, 장로교, 성공회 등을 가리킨다. ― 옮긴이) 신도보다 많습니다." 이 학생들은 캠퍼스뿐만 아니라 골프 리조트와 기업체 중역 회의실에서 선두에 서서 사회 변화를 주도하고 있다. 이들은 미국 엘리트 사회에서 세를 넓히고 있는 복음주의파의 선봉대다.

복음주의 신도들의 커진 힘과 영향력은 베스트셀러 목록에서부터 백악관에 이르기까지 도처에서 명백하지만, 실제 인구 비중은 반세기 동안 거의 바뀌지 않았다. 여론조사원들 대부분은 자신이 백인이며 복음주의 신도라고 밝힌 사람들의 수가 수십 년 전과 비슷한,

전체 인구의 4분의 1 정도라고 말한다.

성경의 권위와 '거듭남born-again'(영적인 재탄생을 가리키는 말이다. ― 옮긴이)의 체험, 포교를 강조하는 개신교 복음주의자들에게 달라진 것이 있다면 바로 그들이 속한 계급이다. 신학자 리처드 니부어Richard Niebuhr는 1929년 거듭남을 "가진 것 없는 자들의 종교"라고 묘사했다. 그러나 지난 40년 동안 복음주의자들은 소득과 교육 면에서 지배 교파인 주류 개신교 수준에 다가갔다.

복음주의파는 영국 성공회는 상층계급을 뜻하고 근본주의자 또는 복음주의자는 하층계급을 뜻한다는 오래된 사회 서열을 전복하고 있다. 대졸 학력에 고소득자인 복음주의자들은 점점 더 늘어나고 있다. 복음주의 신도인 CEO들은 월례 전화 회의에서 함께 기도하고, 복음주의 투자금융업자들은 월스트리트의 점심시간에 성경을 공부한다. 풍부한 자금력을 가진 복음주의 기부자들은 골프장에서 모임을 갖는데, 이 모임에는 기독교적 대의를 위해 매년 20만 달러 이상 내는 사람들만 참석할 수 있다.

복음주의자들이 미국의 문화와 정치 영역에서 일으키는 새로운 영향력은 부와 교육의 확대를 보면 알 수 있다. 이들의 구매력은 기독교 서적과 음악, 영화의 붐을 일으키는 장작불이다. 늘어난 수입은 나라 전역의 교외 지역에서 추진 중인 초대형 교회 건설에 들어가고 있다. 자선 기부금은 수십 개의 선교 단체, 종교 방송국, 국제 봉사 단체를 먹여 살리고 있다.

자선 전문지 『크로니클 오브 필랜스로피The Chronicle of Philanthropy』

가 최근 공개한 400개 상위 자선단체를 보면, 복음주의 학생 모임인 대학생선교단Campus Crusade for Christ, CCC이 미국 보이스카우트연맹, PBS(미국 공영방송), 자선단체 이스터실즈보다 더 많은 개인 기부자들을 모집했다.

자금력이 풍부한 몇몇 복음주의자들은 이제 관심과 돈을 세속적 엘리트들의 가장 큰 성채에 쏟고 있다. 바로 아이비리그 대학들이다. 3년 전에 아이비리그를 졸업한 복음주의 신도들이 크리스천유니언을 조직했다. 이 단체의 자금 조달 자료에 따르면, 크리스천유니언은 "아이비리그를 주 예수에게 개심케" 하고, "아이비리그를 졸업하거나 다른 미국 문화 기관의 엘리트들이 될 수많은 이들의 지성과 감성을 만들려는" 의도로 조직됐다.

크리스천유니언은 브라운대학교와 프린스턴대학교, 코넬대학교에 새 복음주의 학생 센터를 사들여 유지하고 있다. 모든 아이비리그 대학에 센터를 만들 계획이다. 2005년 4월 프린스턴대학교에서 열린 '믿음과 행함의 아이비리그 회의'에 450명의 복음주의 학생들과 졸업생들, 자원봉사자들이 모였다. 회의 기조연설자 찰스 콜슨Charles W. Colson은 워터게이트 중죄인(리처드 닉슨 대통령의 법률 고문이었던 찰스 콜슨은 워터게이트 사건으로 7개월간 복역했다. 출소 후 프리즌 펠로십을 설립하고 기독교 선교 운동을 해왔다. ─ 옮긴이)에서 복음주의 사상가로 변신한 인물이다.

크리스천유니언의 창립자 맷 베넷Matt Bennett은 회의에서 이렇게 말했다. "프린스턴을 비롯한 모든 대학과 모교인 코넬을 정말 사랑합니다. 그러나 그들이 지금 어디에 서 있는지를 생각하면 고통스럽고 가슴 아픕니다."

베넷은 크리스천유니언의 당면 목표는 캠퍼스 전도사를 모집하는 것이라고 말했다. "지금 (대학에서) 일어나는 일들은 괜찮아요. 하지만 부도덕의 제방이 범람하는데, 손가락으로 구멍을 막고 있는 것과 마찬가지 상황입니다."

베넷은 지금 아이비리그의 추세가 앞으로 다가올 수십 년간의 문화를 형성할 수도 있다고 말했다. "아이비리그 캠퍼스는 수많은 리더를 배출하고 있습니다. 대법원 판사 9명 중 7명, 매사추세츠 법원 판사 7명 중 4명이 아이비리그 졸업생입니다. 기독교 사역 지도자들과 수많은 대통령들과 비즈니스 리더들도 마찬가지입니다. 아이비리그 출신은 어디에나 있습니다."

베넷은 덧붙여 말했다. "우리가 세상을 바꾸려면, 신의 권능으로 아이비리그 캠퍼스를 근본적으로 바꿔야 합니다."

캠퍼스의 아웃사이더

2004년 브라운대학교를 졸업한 팀 헤이븐스는 크리스천유니언이 뽑고 싶어 할 만한 선교사다. 이 복음주의자는 자칭 중서부의 '견고한 중간계급' 출신이다. 몇 세대 전이었다면 그는 브라운대학교에서 이례적인 인물이 되었을 것이다. 어머니는 기독교 학교에 진학할 것을 바랐지만, 반항하는 심정으로 브라운대학교에 지원했다고 한다. "어머니는 신입생 때 제게 무슨 일이라도 생길까봐 노심초사했습니다. 당연한 걱정이었지요."

로드아일랜드 주 프로비던스에 있는 브라운대학교에 도착했을 때 헤이븐스는 캠퍼스의 가장 큰 가을 행사가 '섹스파워갓^{SexPower-}^{God}'(브라운대학교의 연례 행사 — 옮긴이) 댄스라는 걸 알고는 아연실색했다. 레즈비언, 게이, 양성애자, 트랜스젠더 퀴어 연합이 후원하는 행사였다. 이들은 교내의 큰 식당에 벌거벗은 남녀 커플들을 그린 그림을 걸어놓고 행사를 홍보했다. 헤이븐스는 말했다. "왜 하나님이라는 말을 집어넣었던 걸까요? 불경해 보였습니다."

헤이븐스는 자신이 이방인 가운데 이방인이라는 걸 깨달았다. 절반 이상이 1년에 4만 5000달러에 이르는 학비를 손쉽게 내고 "돈을 물 쓰듯" 쓰는 학생들로 가득한 브라운대학교에서 장학생 신분은 신앙과 함께 그를 소외시켰다.

헤이븐스의 신통치 않은 재력보다 더 두드러졌던 것은 자신의 도덕률을 지키려는 노력이었다. 그는 술을 마시지 않았고 결코 악담을 퍼붓는 일도 없었다. 여학생들에게 매력을 느끼지 않은 건 아니었지만 결혼 전까지는 순결을 지킬 작정이었다. 어머니가 걱정한 대로 순진한 미소와 헝클어진 갈색 머리칼에다 넓은 어깨를 지닌 전직 레슬러인 헤이븐스는 신입생 시절을 얼마간 동요하며 보냈다. 그 와중에 몇몇 동급생들과 사귀었다.

헤이븐스는 그들과의 데이트를 떠올리며 말했다. "이런 생각을 했죠. '아, 이 여학생이 날 좋아하게 할 수 있을 것 같아.' 또 이런 생각도 했어요. '아, 그녀는 날 좋아해. 무척 귀여운 여자로군.' 모두 짧고 의미 없는 관계였어요. 꽤 파괴적인 관계이기도 했지요."

2학년 때는 아이비리그에서 오랜 전통을 이어온 기독교 단체인 복음주의 아카펠라 합창단이 헤이븐스를 위해 나섰다. 그는 합창단의 도움으로 다시 섬김을 봉헌했다. 4학년 때는 성경 공부 모임을 만들어 진행했는데, 헤이븐스는 1학년들이 자신이 겪었던 유혹에 맞서 싸울 수 있도록 예방주사를 놓고 싶어 했다. 이 모임은 또 다른 것에도 도전했다. 헤이븐스는 이렇게 말했다. "육체적인 면뿐만 아니라 정신적인 면에서도 포르노를 보거나 여성을 곁눈질하는 것을 피하며 순결을 지키려고 노력했습니다."

크리스천유니언 소유의 집에서 살고 있는 헤이븐스는 다른 복음주의자들뿐만 아니라 믿음이 없는 이들에게도 다가가려 하고 있다.

크리스천유니언의 돈 많은 기부자들

크리스천유니언은 코넬대학교에서 학사 학위와 석사 학위를 따고 프린스턴대학교 CCC를 이끌었던 마흔 살의 맷 베넷Matt Bennett의 머릿속에서 태어났다. 큰 키에 텍사스 특유의 느린 말투와 부드러운 목소리를 지닌 베넷은 다니던 회사에서 부침을 겪었다. 그는 물과 주스만 먹는 40일간의 단식 중에 아이디어를 얻었다. 꿈속에서 하나님의 음성을 들은 어느 날 밤이었다. "하나님께서는 매우 강한 어조로 프린스턴 같은 곳에서 영적 부흥이 극적으로 늘어나는 걸 보길 원한다고 하셨죠."

CCC에서 일하는 동안 베넷은 미국 북동부의 엘리트 대학에서 봉사할 복음주의자들을 선발하는 것이 쉽지 않다는 걸 깨달았다. 환경이 이질적인 데다 집들은 대개 캠퍼스와 너무 멀리 떨어진 곳에 있었다. 또한 그가 보기에 복음주의 성직자들은 전문 직원을 뽑을 여유가 없어 어려움을 겪고 있었다. 학생들을 모아 교우하고 성경을 공부할 공간도 없었다. 반면 유대인들에게는 힐렐하우스, 가톨릭교도들에게는 뉴먼센터가 있다.

복음주의자를 위한 공간을 만들어야겠다고 생각한 베넷은 건물을 짓거나 사기 위해 맹렬한 순회 모금 활동을 시작했다. 활동 초기의 후원자는 쌍둥이 형제 몬티Monty였다. 아버지가 홀리데이인 호텔 하나로 시작해 건설한 댈러스 호텔 제국을 물려받은 몬티는 브라운 대학교 근처에 있는 빅토리아 왕조풍의 3층 건물을 기부했다.

베넷은 더 많은 돈을 모으려고 전국의 부유한 복음주의자들의 정보를 찾아다녔다. 수십 년 전이었다면 복음주의자들이 드물었을 지역까지 찾아갔다. 맨해튼 월스트리트의 이사회를 방문했고, '도시의 소크라테스Socrates in the City' 창립자도 만났다. 도시의 소크라테스는 앨곤퀸 호텔이나 메트로폴리탄 클럽 같은 곳에서 매달 모임을 갖는 종교 지도자들의 원탁회의다.

베넷은 이런 만남에서 같은 뜻을 가진 개신교도들이 모인 뉴가나안 그룹 같은 전도유망한 집단을 소개받았다. 뉴가나안 그룹의 금요 조찬 기도회에는 100명이 넘는 투자금융 투자가들과 다른 직종의 전문인들이 모였다. 조찬은 코네티컷의 골드만삭스 임원 집에서 시작했는데, 모임이 매우 커지면서 지역 교회로 장소를 옮겨야 했다. 다른 많은 복음주의자들과 마찬가지로 어떤 멤버들은 복음주의 교의를 신봉하지만 주류 교파에 속한 교회를 다녔다.

크리스천유니언의 다른 기부자들은 바이블벨트(성서 내용을 그대로 믿는 근본주의자가 많은 미국 남부나 중서부 지역 — 옮긴이)를 가로지르는 지역의 엘리트들이었다. 베넷은 앨라배마 주 몽고메리를 방문해 지역 로펌의 임원으로 일하는 부유한 프린스턴 동문 줄리언 맥필립스 주니어 Julian L. McPhillips Jr.와 점심 식사를 했다. 오렌지색 프린스턴 넥타이를 맨 베넷은 우울증, 섭식 장애, 약물이나 알코올 중독에 빠진 학생들을 위한 신유神癒(신앙 요법의 하나로, 신의 힘으로 병을 낫게 하는 것을 말한다. — 옮긴이) 사역 기금을 마련하고 싶다고 말했다.

맥필립스 역시 신유의 잠재력을 믿었고, 한때 피고용인의 편두통을 단지 기도로 고친 적이 있다고 말했다. 그는 베넷에게 1000달러짜리 수표를 써주기 전에 이렇게 말했다. "사무실에서 이제는 건강보험이 필요 없다는 농담을 주고받았다오."

베넷의 데이터베이스는 입소문으로 모은 사람들만 약 5000명에 이르렀다. 대부분 아이비리그 졸업생이었다. 베넷은 그 졸업생들이 정기적으로 보내오는 기부금이 크리스천유니언으로 오기를 바랐다. 아이비리그 출신 복음주의자들은 거대하고 부유한 동료 신자들 중 매우 작은 부분에 지나지 않았다.

복음주의자들, 주류 사회로 진입하다

복음주의자들의 헌신적 신앙은 오래된 통념이 틀렸다는 것을 보여준다. 일찍이 침례교인이나 오순절교인들이 그랬듯이 부유한 복음주의자들도 (결국) 자신들의 종교적 유대를 저버리거나 기득권 교회의 인맥으로 대체할 것이라는 통념 말이다. 오히려 그들은 전통적인 믿음을 고수하고 있고 복음주의 교회는 부자들을 새 구성원으로 끌어들이고 있다.

어느새 복음주의 개신교도들은 계급과 교육 면에서 대척점에 있던 주류에 근접하고 있다. 미시간 주 그랜드래피즈의 복음주의 교육기관인 캘빈대학교의 정치학자 코윈 스미트Corwin E. Smidt 교수의 분석을 보면, 1965년 백인 주류 개신교도 중 대학 졸업자들은 백인 복음주의자들보다 두 배 반 정도 많았다. 그러나 2000년 즈음 주류 개신교도들은 단 65퍼센트 정도만 대학 학위를 받았다. 로스앤젤레스의 캘리포니아대학교 고등교육연구소는 매우 까다롭게 학생들을 뽑는 사립대학에 새로 들어오는 신입생 가운데 거듭났다고 답한 비율은 1985년 이후 7.3퍼센트에서 11~12퍼센트로 절반가량 늘었다고 분석했다.

많은 복음주의 기독교인들에게는 자신들이 세속적으로 성공하고 문화적 영향력이 확대된 이유가 분명하다. 바로 신의 뜻이기 때문이다. 어떤 사람들은 크고 영향력 있는 신학교, 화려한 복음주의 잡지, 현재 51개의 교파를 거느린 상급 단체로 성장한 전국복음주의협회를 만드는 데 공헌한 20세기 중반의 지식인 칼 헨리Carl F. H. Henry 같은 리더를 신뢰한다. 헨리와 추종자들은 신자들에게 교회 너머를 보고, 미국 주류 사회 안에서 그들의 입지 확보를 위해 싸워줄 것을 간청했다.

제대군인지원법GI Bill(미국의 퇴역 군인들에게 교육, 주택, 보험, 의료, 직업 훈련의 기회를 제공하는 제반 법률과 프로그램을 말한다. 1950년대에 이 법의 영향으로 대학 진학 열풍이 불었다. 신학대학에 들어가는 학생들도 늘어났다. ─ 옮긴이)을 필두로 한 (일련의) 인구학적 요인도 작용했다. 이 법을 통해 복음주의 개척자들이 대학에 입성했다. 복음주의자들의 번영을 이끈 가장 큰 부흥은 1970년대에 이루어졌다. 선벨트Sun Belt(동쪽의 노스캐롤라이나 주로부터 텍사스 주를 거쳐 서쪽의 캘리포니아에 이르는 북위 37도선 이남의 15개 주. 온난한 기후와 풍부한 석유 및 가스 자원으로 산업 발전을 이루어 인구 유입이 두드러졌다. ─ 옮긴이)의 팽창과 텍사스 오일 붐은 복음주의 교회들이 가장 밀집한 이 지역에 새로운 부와 사업을 가져다주었다.

복음주의자들이 세상에서 자신이 해야 할 역할에 대한 생각을 어떻게 바꾸었는지를 보여주는 가장 인상적인 변화 사례는 아마도 오순절 교회 종파인 '하나님의 성회'일 것이다. 1914년 교외의 노동계급 기독교인들이 아칸소 주의 핫스프링스에서 하나님의 성회를 만들었다. 그들은 성령이 방언方言(기독교에서 방언은 성령의 은사 중 하나로 영적인 힘으로 신의 언어를 구사하는 능력이다. ─ 옮긴이)을 말할 수 있게끔 인도하리라 믿었고, 기존 교회들의 배척을 피해 다니면서 아웃사이더 교파가 되었다. 하나님의 성회 설교자들은 춤과 영화, 보석, 수영장에서의 수영 같은 세속적인 유혹을 비난했다. 그러나 미국 남부침례교도협회를 비롯한 보수 협회들이 그러했듯이, 하나님의 성회도 자신들의 성공과 번영에 힘입어 서서히 분리주의적인 구속을 중단했다.

하나님의 성회 설교자들은 교파가 성장하자 하나님이 천국에서 보상할 뿐 아니라 이 세상에서도 물질적 축복을 줄 수 있다고 설교하기 시작했다. 이 개념은 몇몇 복음주의 집단에서 논쟁을 일으켰지만 점점 널리 퍼져갔다. 이 개념으로 하나님의 성회 신앙은 상층으로 이동하던 중간계급과 좀 더 조화를 이루게 되었다.

1970년대까지 하나님의 성회 교회들은 미국 전역의 부유한 교외 지역에서 급성장했다. 최근 오하이오 애크런대학교의 역사학자 마거릿 폴로마Margaret Poloma가 실시한 표본조사를 보면, 하나님의 성회 신도들은 일반 대중보다 교육을 더 받았고, 더 부유했다.

하나님의 성회가 번성하자 복음주의 사업가들(과 노력가들)은 기도 모임, 자기계발서, 사업자 단체 같은 독특한 복음주의 사업 문화를 만들었다. 노스웨스트의 몇몇 외곽 도시에서 복음주의 사업가들은 자신들의 이름을 기독교도 전화번호부에 올렸다.

복음주의자들의 부상은 민주당에서 공화당으로 점진적으로 지지 정당이 변화하고 정치 활동이 확대된 것과 맥을 같이한다. 보수적 기독교 정치 운동은 시골의 가난한 바이블벨트 타운에서는 거의 발전하지 못했다. 이런 정치 운동의 진원지는 에드 영Ed Young 목사가 일으킨 대형 교회가 있는 휴스턴 외곽이나 티머시 라헤이Timothy LaHaye 목사(기독교동맹의 공동 창설자 — 옮긴이)의 대형 교회가 있는 캘리포니아 주 오렌지카운티였다. 세속 문화에 맞설 자금을 갖고 있던 이곳의 복음주의 전문가들과 사업가들은 보이스카웃을 조직하고, 학교 이사회 이사들을 뽑고, 보수 성향의 연방 법원 판사에게 로비하는 데 돈을 댔다.

이교도 무리에게 복음주의를 전파하다

브라운대학교의 선교사 팀 헤이븐스는 급증하는 고학력의 거듭난 기독교인 중 하나다. 헤이븐스는 세인트루이스의 가난한 흑인 거주지의 몇 안 되는 백인 가정에서 자랐다. 결국 실패하기는 했지만 헤이븐스의 아버지가 교회를 개척하려고 이주한 곳이었다. 헤이븐스의 아버지는 대학 졸업장이 없다. 2003년 마케팅 회사에서 정리 해고되고 나서 지금은 어느 보험회사의 소프트웨어 및 시스템 부서에서 일한다. 헤이븐스의 어머니는 여섯 자녀 모두를 적어도 몇 년씩은 집에서 교육시켰다.

헤이븐스는 장학금과 대출로 브라운대학교를 다녔다. 졸업할 때는 2만 5000달러의 빚이 남았다. 캠퍼스로 돌아가 선교 사업을 펼치고 생활비를 대기 위해서는 3만 6000달러가 더 필요했다. 그는 대학생선교회 브라운대학교 지부의 제프 프리먼Geoff Freeman이 조언한 대로 세인트루이스에서 자금을 모으기 시작했다.

"중서부 지역에서 뉴잉글랜드를 팔기는 쉬웠죠."(중서부 지역은 보수주의 전통이 남아 있고 복음주의의 세가 강한 지역이다. 북동부의 뉴잉글랜드에는 진보적인 백인이 많이 산다. ─옮긴이) 프리먼이 이야기한 대로였다. 그는 중서부 지역 사람들은 뉴잉글랜드 사람들을 '이교도 무리'로 여겼다고 말했다.

헤이븐스는 석재 창고에서 여름 아르바이트를 마치고 집으로 돌아가 어릴 적부터 지내던 어수선한 침실에서 전화기에 매달려 일했다. 그는 잠재적인 기부자들에게, 브라운대학교의 경우 아시아나

중동에서 온 학생들은 말할 것도 없고 미국에서 태어난 학생들조차 상당수가 교회에 가본 일이 없다고 말했다. "어떤 의미로는 그리스도교 선교 이전의 상태"와 같다고 설명했다.

헤이븐스 가족의 친구들은 헤이븐스를 격려했지만 쉽사리 지갑을 열어 현찰을 내주려고 하지는 않았다. 여름이 끝나갈 무렵에도 여전히 6000달러가 모자랐다. 그는 스스로 급여를 낮추고 브라운대학교로 돌아갔다. 학창 시절 돈이 부족할 때 늘 그랬듯이 하나님께서 보살펴주실 것이라는 믿음을 갖고 말이다. "하나님께서는 뭇 언덕의 가축을 다 소유하고 있다."(시편 50:10, "이는 산림의 짐승들과 뭇 산의 가축이 다 내 것이며, 천상의 생축이 다 내 것이다" 라는 구절 ─ 옮긴이)라고 가끔 혼잣말을 한다. "하나님은 돈이 많다."

크리스천유니언 덕분에 브라운대학교 선교 인턴 1학기 때의 실질적인 수입은 세인트루이스의 집에서 일할 때보다 많아졌다. 금요일 밤이면 개신교 학생 70~80명의 성경 공부와 디너파티를 주관한다. 학생들은 공부를 하기 전에 접시 한가득 파스타를 먹는다. 식사가 끝나면 보드게임이나 별난 즉석 공연을 즐기려고 다시 거실로 모인다. 이 모임에서는 신성을 더럽히는 언행이나 비아냥거리는 이중표현double entendre(이중의 의미로 사용되는 단어나 문맥을 가리키는 말로 그중 한 가지는 성적 의미와 관련된다. ─ 옮긴이)이 일절 없다.

그렇지만 헤이븐스는 최근 브라운대학교와 대학 선교를 떠나는 문제를 심사숙고하고 있다. 그는 "여자에게 청혼하기 전까지는 키스도 하지 않았다"는 정숙한 로맨스 뒤에 선교회 동료 리즈 찰머스와 약혼했다. 아이를 갖고 싶지만 헤이븐스는 벌써부터 어떻게 아이들을 기를지 고민이다.

헤이븐스는 장인이 될 대니얼 찰머스를 본보기가 될 모범으로 여기고 있다. 필리핀에 침례교회 선교사로 간 찰머스는 발전소를 설립해 돈을 조금 벌었다. 그는 기독교적 대의를 위해 꾸준히 기부를 하고 있고, 기도원을 만들려고 오리건에 땅을 조금 사두었다.

"하나님은 항상 부자들로 하여금 교회를 돕게 하셨습니다." 헤이븐스가 말했다. 크리스천유니언 기부자들이 요즘 아이비리그에 전략적인 투자를 하고 있는 것과 마찬가지로 예전에는 부유한 신도들이 항상 전도사들을 도왔다는 성경 구절을 언급한 것이다.

이런 사례들과 마음속 하나님의 인도로 헤이븐스는 캠퍼스 선교 대신 의료를 택했다. 헤이븐스는 의대 입학시험을 꽤 잘 치렀다. 브라운대학교에서 1년을 더 있다가 세인트루이스 의과대학에 진학할 것이다. 헤이븐스는 2005년에 열린 크리스천유니언 회의에서 참석한 의사들이 환자와 함께 기도하고, 의료 선교를 위해 여행을 다닌다고 이야기하는 것을 즐겁게 들은 적이 있다.

헤이븐스는 의대 학위로 벌게 될 돈을 기대하고 있다. 특히 자녀들이 자신처럼 장학금을 받고 아르바이트를 하며 대학에 다니는 일이 없기를 바란다. 그는 자신이 부자가 되고 안 되고는 "내가 얼마나 신앙을 지키느냐에 달려 있을 것"이라고 말했다. 또래의 다른 복음주의자들처럼, 그는 세상에서 자신의 길을 만들어가면서 신앙을 지킬 생각이다. 브라운대학교의 룸메이트는 그에게 늘 "자신을 팔게 될 것"이라고 했다고 한다. 신앙심은 느슨해지고, 상층계급 사람들처럼 새 차와 새 옷을 탐하고 자신을 과시하게 될 거라는 말이다.

헤이븐스는 브라운대학교에서도 그러지 않았고, 앞으로도 절대 그럴 생각이 없다.

"지금까진 괜찮아요." 그가 말했다. 그렇지만 그노 시인했다.

"아직은 돈 한 푼 없는걸요."

—로리 굿스타인Laurie Goodstein · 데이비드 커크패트릭David D. Kirkpatrick

6

노동계급의 대학 중퇴자들

앤디 블레빈스가 아내 칼라와 아들 루카스와 함께 쇼핑을 하고 있다.
그는 1995년 그만둔 대학 공부를 다시 시작하는 것을 고려하고 있다.

앤디 블레빈스Andy Blevins가 지난날 자신이 내렸던 중요한 선택 가운데 이제 와서 후회하는 것 중 하나는 선택할 당시에는 선택처럼 보이지도 않았다. 그렇게 하는 것이 당연하다고 느꼈기 때문이다.

1995년 여름 그는 슈퍼마켓 창고를 누비며 수프 통조림이나 종이수건, 개사료 따위가 든 상자들을 옮기고 있었다. 그 창고는 버지니아 주 남서부 칠호위 인근 지역에서 가장 큰 건물 가운데 하나였다. 창고 안의 열기는 잔혹할 정도였다. 대학에서 첫해를 보내고 돌아와 여름 아르바이트 자리를 찾아다니던 그가 이 일을 한다는 것은 불가능해 보였다. 그는 엷은 갈색이 섞인 금발 머리에 주근깨가 박힌 길쭉한 얼굴의 말라깽이 십대에 불과했다.

그러나 그는 자신이 가족 가운데 남자로는 처음으로 대학에 진학했지만 힘든 일도 잘 해내야 한다고 생각했다. 얼마 지나지 않아 시간당 6달러 75센트에 더해 보너스까지 받게 됐다. 부모님이 각각 버는 돈보다 많은 금액이었다. 여자친구가 가까운 곳에 살았고, 고향 친구들도 많았다. 블레빈스는 그들과 좀 더 가깝게 지냈고, 더욱 느긋하게 행동했다. 칠호위 사람들도 그것을 알게 됐다.

거의 완벽한 여름이었다. 계속 이렇게 지내도 되지 않을까 하는 생각이 스쳐 지나갔다. 학업을 잠시 중단하고 일을 계속 할 수도 있었다. 게다가 그는 대체로 C학점이나 D학점을 받았고, 대학도 별로 편하게 느껴지지 않았다.

블레빈스는 이렇게 회상했다. "열심히 일해서 맡은 일을 해내고 내 손으로 돈을 번다는 것이 좋았습니다. 그 일을 그만두고 싶지 않았던 것이죠."

그래서 그는 대학을 그만두었다. 그렇게 앤디 블레빈스는 미국 청소년 가운데 가장 빠르게 팽창하고 가장 규모가 큰 집단에 합류했다. 대학 중퇴자가 된 것이다. 어쩌면 '비졸업자'가 더 정확한 용어일 것이다.

블레빈스를 비롯해 많은 사람들이 학교로 돌아가 학위를 받을 계획을 세우고 있지만 행동에 나서는 경우는 거의 없다. 20대 중반의 미국인 3명 가운데 1명이 이 집단에 포함되어 있는데, 통계국이 관련 통계를 작성한 1960년대에는 5명 가운데 1명이었다. 대부분이 가난한 노동계급 가정 출신이다.

이런 현상은 그동안 미국이 거둔 교육적 성취를 떠들어대는 긍정적인 뉴스의 광채에 가려 대부분 외면당했다. 미국에서는 어디에서나 대학에 진학해야 한다는 것이 하나의 규범이 되었다. 시내라고 해봐야 단순한 벽돌 건물밖에 없는 애팔래치아의 작은 마을인 칠호위 같은 곳에서는 예전에는 대학 진학을 이색적인 일로 받아들였지만 이제는 그렇지 않다. 명문대 강의실은 두 세대 전만 해도 광범위하게 배제되었던 집단인 여성, 흑인, 유대인, 라틴계 학생들로 채워지고 있다. 미국 고등교육 시스템은 거대한 평등 촉진자가 된 것처럼 보인다.

그러나 실상을 들여다보면 대학 교육에서는 태어날 때부터 정해지는 여러 가지 이점들의 영향력이 오히려 더욱 커졌다. 가난한 학생을 많이 입학시키는 대학은 졸업률이 낮은 편이다. 그리고 콜게이트 같은 작은 대학, 콜로라도대학교 같은 주요 주립대학, 스탠퍼드 같은 명문 사립대학처럼 재학생들이 거의 대부분 졸업하는 교육기관은 20여 년 전에 비해 학생들이 소득의 사다리에서 최상위층에 속하는 경우가 더 많다.

2004년 미국 교육부가 조사한 바에 따르면, 4년제 대학에 입학한 저소득층 학생들의 5년 내 졸업률은 41퍼센트에 불과했지만 고소득층 학생들의 졸업률은 66퍼센트에 달했다. 둘 사이의 격차는 최근 몇 년간 더욱 커지고 있다.

로렌스 서머스Lawrence Summers 하버드대학교 총장은 2004년 하버드가 최하위층 학생들에게 전액 장학금을 제공할 계획이라고 발표하면서 이같이 말했다. "오늘날 부유한 집 자녀들과 가난한 집 자녀들 사이의 격차가 커지고 있는데, 우리는 이것이 미국의 가장 심각한 국내 문제 가운데 하나라는 걸 인정해야 합니다. 그리고 교육은 우리가 이 문제를 다루는 데 있어 가장 강력한 무기입니다."

오늘날의 고등교육에 찬양할 점이 많다는 것은 확실하다. 모든 계급의 더 많은 학생들이 4년제 대학을 졸업하면서 이득을 보고 있다. 이처럼 광범위하게 개선된 부분이 있지만 가난한 노동계급 출신 학생들은 여전히 뒤처지고 있으며, 그들이 학위를 받지 못하는 것이 일반적이라는 사실은 가려져 있다.

이러한 토대가 무너진다는 것은 매우 중요한 의미를 지닌다. 대학 교육이 예전보다 훨씬 더 중요해졌기 때문이다. 세계화되고 전산화된 오늘날의 경제에서 학위는 개인이 차지하는 자리를 좌우하는 경향이 있다. 대학에서 1년이나 2년을 머물렀다고 해도 아무 영향을 미치지 못한다. 대졸자의 임금은 지난 20년 동안 꾸준하게 높아진 반면 같은 기간 전체 임금 평균은 물가상승률을 조금 웃돌았을 뿐이다.

전문가들은 결과적으로 근대를 거치면서 거대한 교육 폭발이 있었지만 일생 동안 한 소득 집단에서 다른 소득 집단으로 이동하는 것을 뜻하는 경제적 이동은 멈췄다고 말한다. 심지어 어떤 조사에서는 지난 세대에 경제적 이동이 줄어든 것으로 나타났다.

달리 말하자면, 지금 아이들은 그들의 부모가 그랬던 것보다 더 부모들의 경로를 따라가고 있는 것처럼 보인다. 오늘날은 특권보다는 학점과 시험 점수로 성공이 결정되지만, 이 성공은 대부분 한 세대에서 다음 세대로 이전되고 있다. 미국은 모두가 공평한 몫을 가져야 한다고 믿는 국가이지만, 세습되는 능력주의 사회이기도 하다.

이런 시스템에서는 명문 대학에 피부색과 종교, 출신지가 다양한 남녀 학생들이 다닌다고 해도 그들에게는 모두 상층중간계급에서 자랐다는 공통점이 있다. 하버드대학교에는 캘리포니아의 부잣집 아이를 뉴욕의 부잣집 아이와 같은 교실에 집어넣는 것이 다양성이라는 오래된 농담이 있는데, 요즘처럼 이 말이 잘 들어맞는 시절도 없다. 하버드는 과거에 비해 캘리포니아 출신 학생이 더 많고, 고소득 가정 학생들의 비율도 높기 때문이다.

이런 학생들은 다른 길은 상상조차 해본 적이 없기 때문에 대학에 남는 경향이 강하다. 학사 학위의 중요성을 아는 부모들은 오랜 시간을 들여 그들에게 책을 읽어주고, 학군을 조사하고, 대학을 반드시 졸업해야 하는 이유를 명확하게 이해시켰다.

앤디 블레빈스도 이제는 학위의 중요성을 알지만 자랄 때는 그렇지 못했다. 칠호위에서 100킬로미터 떨어진 래드퍼드대학교를 다닐 때도 마찬가지였다고 한다. 스물아홉 살의 블레빈스는 대학 대신 창고를 선택한 지 10년이 지난 지금 똑같은 슈퍼마켓에서 무기력하게 하루하루를 살아간다. 구매 책임자로 승진한 그는 3만 5000달러 연봉에 건강보험과 퇴직연금[401(k) plan]을 보장받는다. 대학에 입학했지만 4년제 학위를 받지 못한 사람의 전형적인 길을 걷고 있다. 이 범주에 속하는 40대 초반 남성의 평균 연봉은 4만 2000달러였다. 이에 비해 4년제 대학 졸업자는 평균 6만 5000달러를 벌었다.

아직 소년티가 남아 있긴 하지만 그렇다고 깡마르지도 않은 블레빈스는 여러모로 행복하다고 말한다. 그와 아내 칼라, 아들 루카스는 기절할 정도로 경치가 좋은 애팔래치아 계곡에 자리 잡은 막다른 골목길 끝의 작은 집에서 살고 있다. 그는 자신을 칠호위 주변에 머물게 한 친구들과 골프를 즐긴다.

그러나 블레빈스는 학위를 받았다면 어떤 사람이 되어 무슨 일을 하고 있었을지 궁금해한다. 사실 그는 지금 자신이 살얼음 위를 걷고 있다고 생각한다. 그는 일자리를 잃는다면 모든 것이 날아가버릴 것이라고 말한다. 대학 졸업장이 없는 남자가 어떤 직업을 얻을 수 있단 말인가. 그는 어느 날 밤 아내에게 자신의 삶에 대해 이야기하면서 "덫에 걸렸다"라는 말을 썼다.

블레빈스는 부드러운 목소리로 "돌이켜보면 그때 졸업장을 받앗더라면 좋았을 것"이라고 말했다. "그때는 4년이 1000년처럼 보였습니다. 그래도 거기서 4년을 그냥 보냈어야 했어요."

무엇이 대학 졸업을 가로막는가

왜 그토록 많은 저소득층 학생들이 대학에서 밀려나느냐는 문제에 대한 답은 그리 단순하지 않다. 많은 고등학교가 십대들에게 대학 생활을 준비시키는 데 소홀하다. 저소득층 학생들이 많이 진학하는 대학은 재원이 제한적이고 전공 수가 적어서 학생들이 환멸을 느끼고 학업을 계속할 마음을 갖지 못한다.

비용 문제도 있다. 일부 학생들은 등록금에 겁을 먹고 대학에 응시조차 하지 않으며, 진학한 학생들도 여러 해 동안 빚에 시달려야 한다. 다른 가난한 학생들과 마찬가지로 블레빈스에게 수업을 들으며 보내는 시간은 돈을 잃는 시간이나 마찬가지였다. 직업을 가지면 벌 수 있는 돈 말이다.

버지니아대학교 총장 존 캐스틴 3세John T. Casteen III는 이렇게 말했다. "시스템이 학생들에게 잘못된 약속을 했어요." 그의 아버지는 버지니아 조선소의 노동자였다.

캐스틴은 대학이 수학 능력이 있고 열심히 공부하면 언제나 보상을 받는 능력주의 사회인 것처럼 묘사하지만 많은 노동계급 출신 학생들은 혼자서 극복할 수 없는 장애물에 직면한다고 말했다.

캐스틴은 버지니아대학교 총장으로 14년 동안 재직하면서 자금을 모으고 대학을 확장하는 데 주력해 버니지아 주 안에서 가장 앞서가도록 만들었다. 그러는 사이에 그와 비슷한 배경을 지닌 학생들은 캠퍼스에서 더욱 찾아보기 힘들어졌다. 이 대학의 별명인 '왕당파'와 귀족풍 칼이 새겨진 문장紋章은 오늘날 더욱 잘 어울리는 것처럼 보인다. 주요 주립대 가운데 저소득층 학생 비율이 버지니아대학교보다 낮은 곳은 없다. 2004년에 소득 하위 50퍼센트 가정 출신의 학부생은 8퍼센트였는데, 10년 전에는 11퍼센트였다.

캐스틴은 조용히 찾아온 이런 변화를 그가 남긴 유산으로 만들지 않기 위해 최근 몇 년 동안 많은 시간을 쏟았다고 말했다. 2005년 가을 학기 신입생부터 4인 가족 기준 부모의 연소득이 3만 7700달러 이하이거나 연소득이 빈곤선의 절반 수준보다 낮을 경우 등록금을 받지 않고 학자금 대출도 요구하지 않기로 했다. 버지니아대학교는 또한 소득이 중간 정도인 학생들을 위한 금융 지원도 늘렸다.

캐스틴은 마땅히 교육을 받아야 할 학생들의 대학 교육을 가로막는 '인공적인 장벽들'이라고 명명한 것들을 제거하기 위해 이런 조치들을 내놓았다. 그는 이렇게 하는 것이야말로 "자유 문화free culture의 근본적인 의무"라고 말했다.

그러나 졸업을 가로막는 방해물은 태생적이기도 하다. 저소득층 청소년들은 대학을 졸업한 사람을 만나본 적이 거의 없다. 대학 중퇴자 대부분은 젊은 남성들이고, 이들 가운데 상당수는 되도록 일찍 일을 시작해야 한다는 공장 노동 윤리가 강하게 남아 있는 마을 출신이다. 공장이 사라졌어도 이런 윤리는 남아 있다. 어떤 이유에서건 대학은 자연스럽게 여겨지지 않는 것이다.

리아나 블레빈스Leanna Blevins는 앤디의 누나다. 그녀는 학사 학위를 받은 다음 버지니아대학교에서 박사 과정을 밟으며 가난한 학생들의 대학 경험을 연구하고 있다. "대학에 간다는 것은 투쟁의 시작을 뜻합니다. 집에선 부모가 지원해주려고 노력하지만 동시에 '만약 네가 행복하지 않거나 적성에 맞지 않는다고 생각된다면 집으로 돌아오거라. 그래도 된다'라고 말합니다. 부모들은 그게 옳다고 생각합니다. 그들은 '적어도 한 학기라도 버텨라. 넌 할 수 있다. 단지 머무르기만이라도 해라. 집에는 주말에 오고 버텨라'라는 말이 학생들이 들어야 하는 말이라는 걸 모릅니다."

체구는 작지만 정력적인 리아나는 지금 칠호위에서 차로 몇 시간 거리에 있는 곳에 저소득층 학생들을 위한 대학을 개교하는 프로젝트를 돕고 있다. 앤디는 누나에게 그 학교에 다니는 상상을 한다면서, 어떻게 하면 대학으로 돌아갈 수 있느냐고 물었다.

리아나는 리아나대로 남동생처럼 고향에서 이방인으로 느껴지지 않는 자연스러워 보이는 삶을 꿈꿨다고 말했다. 고등학교 시절 선생님이 앞으로 10년 동안의 목표를 써내라고 했을 때 그녀는 '대학 졸업장을 받는 것'과 '결혼하지 않는 것'이라고 적었다.

이제는 결혼을 한 리아나는 웃으며 말했다. "우리 식구들은 분명히 내가 자유분방하다고 생각하겠죠. 그리고 내가 교육을 너무 많이 받았고, 분수에 넘치게 산다고 생각할 겁니다."

앤디 블레빈스는 새로운 인생을 꿈꾸는 것이 아니라 자신의 인생을 좀 더 제어할 수 있기를 바란다고 말했다. 많은 사람들이 흩어

겨버린 삶을 불평할 때 그는 묘지 옆 교회 주차장의 한 지점에 서 있을 수 있었고, 많은 것을 그의 세계로 받아들였다. 어느 날 그는 언덕 너머로 보이는 은빛 지붕을 가리키면서 말했다. "저기가 부모님 집입니다. 저건 우리 삼촌의 트레일러예요. 우리 할머니는 여기 묻혔어요. 나도 아마 여기에 묻힐 겁니다."

이제 계급을 고려할 때

지난 세대에 대학 문호를 새로운 부류의 학생들에게 개방한다는 것은 일반적으로 소수자 우대 정책을 의미했다. 오랜 세월 사회적 약자를 배제해온 잘못을 바로잡는다는 취지로 시작된 이 프로그램 덕분에 캠퍼스에는 여성과 흑인, 라틴계 학생들의 숫자가 크게 늘어났다. 그러나 소수자 우대 정책은 명백한 차별에서 파생되는 광범위한 경제적 불평등에 대해서는 신경을 쓰지 않았다.

그러나 이제 바뀌기 시작했다. 버지니아처럼 일부 소수 대학들도 금융 지원을 늘리고 입학 심사에서 경제적 계급을 고려하겠다고 약속하고 있다. 그들은 소수자들, 동문 자녀들과 마찬가지로 좀 더 많은 저소득층 학생들을 받아들이기 위해 노력하고 싶다고 말한다.

애머스트칼리지 총장 앤서니 마르크스Anthony Marx는 이렇게 말했다. "상당수의 칼리지와 대학교가 사회이동을 높이고 학생들의 재능을 찾아내기 위해 세워졌습니다. 우리가 도움을 필요로 하는 교육적 약자들을 계속 외면한다면, 겉으로는 능력을 근거로 학생들을 뽑는 것처럼 보이겠지만 결국 이런 약자들을 계속 재생산하는 결과만 가져올 겁니다.”

　인구가 많은 일부 주에서는 이미 인종에 따른 학생 선발을 금지했고, 연방 대법원이 20~30년 내에 이러한 프로그램을 불법화하겠다고 시사한 상황이므로 미래의 소수자 우대 정책은 경제를 중심으로 돌아갈 것이다. 여론조사에서도 인종에 기초한 프로그램보다 계급적 배경에 기반한 프로그램이 꾸준히 폭넓은 지지를 받고 있다.

　정책 결정자들도 대학 중퇴자가 폭증하는 현상에 관심을 기울이기 시작했다. 2005년 뉴욕 주는 다른 일부 주들처럼 대학에 대한 재정 지원을 심사할 때 졸업률의 비중을 높였다. 단순히 학생들을 많이 입학시키기만 하는 대학보다 학생들을 많이 졸업시키는 대학에 더 많은 보상을 하겠다는 것이다. 실패하기는 했지만 토머스 제퍼슨Thomas Jefferson이 미국 역사상 처음으로 공립고등학교를 세우려고 했던 버지니아만큼 교육의 계층화가 극명한 곳도 없다. 존 캐스틴이 어린 시절을 보낸 곳에서 그리 멀지 않은 포츠머스의 타이드워터에 있는 한 고등학교 상담실 벽에는 여러 대학의 삼각 깃발들이 가득하다. 그러나 보통 학생들이 입학하기란 하늘의 별따기인 버지니아 소재 대학의 깃발은 없다. 올드도미니언대학교를 비롯해 깃발이 걸려 있는 진학 가능 영역의 대학들은 졸업률이 극히 낮다.

　미국 전역을 놓고 보았을 때 상위권 대학은 상층중간계급 출신 학생이 다수이기 때문에 평균을 따지면 고소득층 학생들이 저소득층 학생들보다 약간 더 많은 재정적 지원을 대학에서 받고 있다. 상위권 대학은 학비가 너무 비싸기 때문에 고소득층 학생들조차 거액의 보조금을 받는다. 그러나 대학수학능력시험SAT을 주관하는 기관인 칼리지보드에 따르면, 1990년대 초반까지만 해도 가난한 학생들이 평균적으로 50퍼센트 더 많은 지원을 받았다.

스펙트럼의 반대편에는 4년제 대학에 학생들을 공급하기 위해 설립된 2년제 교육기관인 커뮤니티 칼리지community college(인근 지역 출신 학생들에게 실용적 기술 위주로 교육하는 2년제 대학 — 옮긴이)가 있다. 일상적으로 가정 폭력에 시달렸던 주부 또는 퇴역 군인, 해고 근로자가 시련을 딛고 더 나은 삶을 향해 나아간다는 식의 학교 성공 스토리에는 커뮤니티 칼리지가 꼭 등장한다. 그러나 전체를 놓고 보면, 커뮤니티 칼리지는 십중팔구 꿈이 연기되고 지연되는 곳이다.

커뮤니티 칼리지에 입학하는 사람들은 대부분 4년제 학위를 받을 계획을 세우지만 성공하는 사람은 드물다. 직장 일, 통학 문제, 보살펴야 할 자녀나 부모 문제 따위가 자주 끼어들어 학업을 방해한다. 최근 실시한 설문 조사에서는 커뮤니티 칼리지에 등록한 학생 가운데 75퍼센트가 4년제 대학으로 옮기고 싶다고 답했다. 그러나 다른 설문 조사에 따르면 1990년대 중반에 입학한 사람 가운데 17퍼센트만이 5년 이내에 4년제 대학으로 옮겨갔다. 나머지는 일을 하기 위해 떠나거나 여전히 2년제 학위를 받기 위해 공부하고 있었다.

버니지아 커뮤니티 칼리지의 글렌 뒤부아Glenn Dubois 총장은 본인도 커뮤니티 칼리지 출신이다. 그는 이렇게 말했다. "우리는 이곳 버지니아에서 그들을 입학시키는 작업을 성공적으로 펼치고 있습니다. 이제 그들을 졸업시키는 데 좀 더 힘을 써야 할 때입니다."

"매일 넥타이를 매는 곳에서 일합니다"

학위가 있건 없건 앤디 블레빈스는 많은 미국인이 갈망하는 삶을 살고 있다. 그는 가족과 친구, 교회, 그리고 핸디캡 5(규정 타수와 비교해 골프 실력을 나타내는 용어. 보통 18홀 골프장이 파72이므로 핸디캡5는 규정 타수인 72타보다 평균 5타 정도 더 많이 쳐야 경기를 마칠 수 있다는 뜻이다. — 옮긴이) 수준의 골프로 삶을 채워나가고 있다. 그는 교통 체증을 뚫고 복합 상업 지구로 출퇴근하지 않아도 된다. 외지에 나가 1년에 겨우 두 번밖에 얼굴을 보지 못하는 형제나 친구를 동경하지도 않는다. 일하는 동안 누구에게 아이를 맡길지 걱정하지도 않는다. 그의 아내는 물리치료사가 되기 위해 커뮤니티 칼리지에 다니고 있다. 지척에 사는 할머니와 할아버지가 어린 시절 앤디와 누나들을 돌봐줬던 것처럼 루카스를 돌봐준다. 일터에서 돌아오면 루카스와 놀아주는 것은 그의 몫이다. 그는 루카스를 가볍게 던져 올리면서 어르고, 코끼리 인형과 함께 바닥을 구른다.

블레빈스는 '가스펠 신사들'이라고 이름 붙인 사중창단에서 노래를 부른다. 단원 중 한 명은 그의 처남이며, 다른 한 명은 같은 골목에 산다. 교회 행사가 있는 날 그들은 길고 하얀 밴 승용차를 타고 산길을 천천히 넘어가면서 화음을 맞추거나 서로 농담을 하면서 놀리기도 하고, 골프 용품점은 어디가 좋은지 담소를 나누기도 한다.

교회에서 동료 가수들은 노래와 노래 사이에 청중들에게 하나님에 대해, 할머니에 대해, 또는 이 노래가 자신들에게 어떤 의미가 있는지에 대해 말하곤 한다. 블레빈스는 그래 본 적이 거의 없지만 친구들과 함께 밴에 다시 올라타고 나면 수줍음은 사라진다.

그는 일터인 창고에 가장 빨리 출근하는 편인데, 오전 6시 30분쯤 도착한다. 광부의 손자인 그는 슈퍼마켓 구매 담당자 자리까지 올라온 것이 자랑스럽다고 말한다. 그는 회사가 판매할 바나나나 포도, 양파, 감자 등을 결정하고 재고가 충분한지를 항상 확인한다. 직장에서 같이 일하는 동료들은 대부분 대학을 졸업했다.

그는 이렇게 말했다. "나는 정말로 운이 좋게도 학위가 없는데도 매일 넥타이를 매는 곳에서 일을 합니다."

그러나 10여 년 전 아버지 드와이트가 겪은 일을 생각하면 이런 상태가 얼마나 오래갈 수 있을지 걱정스럽기도 하다. 고등학교만 졸업하고 창고에서 일해오던 드와이트 블레빈스는 해고당했고, 임금도 연금 혜택도 적은 다른 일자리로 내몰렸다.

앤디 블레빈스는 저녁 무렵 뒷베란다에 앉아서 말했다. "대부분의 직장은 우리가 무슨 훈련을 받았는지에는 관심이 없어요. 그저 학위를 갖고 있기를 바랄 뿐이에요."

미국에서 대학을 졸업하지 못한 사람들이 직면한 핵심 문제는 학위를 받을 방법을 찾아내는 것이다. 많은 사람들이 학위를 갖기를 바라는 것으로 보인다. 『뉴욕타임스』의 설문 조사에서는 대학을 졸업하지 못한 사람 가운데 43퍼센트가 성공을 위해서는 학위가 필요하다고 답했다. 대졸자는 42퍼센트, 고등학교 중퇴자는 32퍼센트가 같은 답변을 했다. 이런 상황은 '먹고대학생college boy'이라는 말이 노동계급 이웃들 사이에서 모욕으로 받아들여졌던 시절과 비교하면 큰 변화다. 그러나 한번 학업을 중단하게 되면—많은 사람들이 '중퇴'라는 말 대신 이 표현을 쓴다—이상은 곧바로 현실에 자리를 내준다. 가정을 꾸리고 직장에 다니면 처음 대학에 들어가 학업을 마치는 것보다 학교로 돌아가는 것이 훨씬 더 어려워지는 것으로 보인다.

래드퍼드를 중퇴한 앤디 블레빈스는 커뮤니티 칼리지에 정시제定時制 학생으로 등록해 일과 공부를 효율적으로 병행하려고 노력했다. 하지만 1년을 버틴 것이 고작이었다. 지난 10년간 그는 종종 다시 도전해볼까 하는 생각을 했다. 그럴 때마다 미친 짓일지도 모른다는 생각이 들었다. 그는 3주에 한 번씩 토요일에도 일을 한다. 감자나 사과 재고에 이상이 있으면 일요일에도 그의 전화기는 불이 난다. "이건 절대 끝나지 않아요. 끝나는 법이 없죠."

블레빈스는 루카스와 좀 더 시간을 보내기 위해 이미 노래하는 시간까지 줄였다. 그는 야간 수업까지 듣게 되면 언제 아이를 볼 수 있겠느냐고 묻는다. 그는 말한다. 어쨌든 정시제로 학위를 받으려면 몇 년이 걸린다고. 그에게 그것은 현재의 삶과 미래를 위한 희생 사이의 줄다리기다.

저소득층에게 열린 좁은 문

대학 입학 시스템은 때로는 무자비할 정도로 능력 중심적인 것처럼 보인다. 그렇다. 동문 자녀는 여전히 유리하다. 그러나 여성과 흑인의 입학은 정중히 거절하면서 초트와 엑서터(미국에서 손꼽는 명문 사립 고등학교 —옮긴이) 졸업생을 위해 자리를 남겨두는 식의 옛 시스템을 떠받쳤던 많은 기둥들이 허물어졌다.

존 캐스틴이 2004년 늦여름 버지니아대학교 강의실에서 열린 신입생 학부모 환영 행사에서 학부모들을 환영하면서 묘사했던 것이 바로 능력주의다. 캐스틴은 미국 내 50개 주, 해외 42개국 출신이 망라된 학생들은 과거의 그 자신이나 동료들보다 훨씬 똑똑하고 완벽하게 준비되어 있다고 부모들에게 낮고 굵은 목소리로 말했다. 그들 중에는 SAT에서 만점을 맞은 학생이 17명이나 있었다.

특권층 자녀들은 학맥을 중심으로 돌아가던 과거의 시스템이 너무 많이 변했기 때문에 자신들이 대학에 지원할 때 오히려 불이익을 당한다고 생각한다. 대학들이 입학생을 다원화하려고 노력하고 있기 때문이다. 상층중간계급 출신 자녀들이 좋은 대학에 들어가려면 농장이나 빈민가, 또는 공업 도시에서 자란 지원자보다 SAT 점수가 더 높아야 한다는 소문이 있다. 버지니아 주 북부의 부유한 교외 지역 출신 주 의원들은 이것 역시 일종의 지리적 차별이라고 주장하면서 돈키호테식으로 이것을 금지하는 법률안을 제출했다.

그러나 이러한 전통적 인식은 현실과 큰 차이를 보인다. 엘리트 대학은 저소득층 지원자들에게 틈새를 많이 내주지 않았다. 프린스턴대학교 총장을 지낸 윌리엄 보언William G. Bowen은 최근의 입학 기록을 살펴본 끝에 시험 성적이 같을 때 저소득층 학생들이라고 해서 고소득층 학생들에 비해 하버드나 예일, 프린스턴, 윌리엄스, 버지니아 등 19개 대학 그룹에 입학할 수 있는 기회를 더 많이 제공받지 않았다는 사실을 발견했다. 운동선수나 기여 입학생, 소수자 학생

등은 모두 평균적으로 낮은 점수를 기록했다. 하지만 가난한 학생들은 그렇지 않았다.

입학사정관들이 가난한 응시생들에게 도움을 주기 위해 노력해왔다고 주장하는 행정가들은 이런 연구 결과에 당황했다. 버지니아대학교는 이 점을 강조하기 위한 조치를 취했다. 그들은 2005년 봄 오랫동안 사용해오던 용어인 '학력 우선' 대신 '가정 형편을 고려하는'이라는 표현을 쓰며 전형 정책을 변화시키고 있다고 발표했다. 지원자들이 금융 지원을 필요로 한다고 해서 불이익을 받지는 않을 것이라고 안심시키기 위한 조치였다. 애머스트와 하버드의 당국자들 또한 최근 학생들이 극복해야 하는 장애물을 고려하는 노력을 배가할 것이라고 말했다.

로렌스 서머스 하버드대학교 총장은 "덜 부유한 환경에서 자랐지만 똑같은 점수를 받았다면 더 능력이 있다는 뜻"이라고 말했다. "당신은 시험 준비 과정을 다닐 기회가 없었습니다. 당신은 시험 준비를 제대로 도와주지 않는 학교에 다녔습니다. 당신은 배움의 기회를 똑같이 주지 못하는 가정에서 자랐습니다."

그러나 엘리트 대학들이 이러한 정서를 아직 행동으로 옮기지 못한 것은 우연이 아닐 것이다. 저소득층 학생들을 많이 받아들이면 새로운 문제를 불러올 수 있다. 그들을 너무 많이 입학시키면 그 대학의 SAT 평균 점수를 깎아먹을 것이고, 이 때문에 학문적 평판을 측정하는 주요 지표인 『유에스뉴스앤월드리포트』의 대학 순위가 떨어질 것이다. 애틀랜타의 에모리대학교를 비롯한 일부 대학은 짧은 기간에 순위가 급등했는데, 같은 기간 이 대학들의 저소득층 학생 비율은 급락했다. 계산법은 단순하다. 대학이 높은 SAT 점수를 받은 지원자를 찾는다면 부유한 집의 십대 가운데서 발견할 가능성이 높다.

저소득층 지원자를 위한 자리를 늘린다는 것은 동문 자녀의 입학 기회를 줄인다는 것을 뜻하는데, 이들은 대학 기금 모금의 기반을 형성하고 있다. 저소득층을 위한 금융 지원 정책이 좀 더 늘어나면 학비를 부담할 수 있는 학생들의 등록금을 올릴 수밖에 없을 것이다. 높은 등록금, 낮은 대학 순위, 까다로운 입학 조건 등은 동문회를 상대로 한 마케팅에서 결코 좋은 조건이 아니다. 그러나 캐스틴과 동료들은 추가 이미 한 방향으로 너무 멀리 나아갔다고 말하며, 앞서 나가고 있다.

이것이 바로 버지니아대학교의 입학처장인 존 블랙번John Black-burn의 임무다. 그는 2005년 봄, 자동차를 한 대 빌려 도로로 나섰다. 블랙번은 이 여행이 캐스틴이 25년 전 했던 것의 반복에 불과하다고 생각했다. 캐스틴은 교회와 마을회관을 돌면서 버지니아대학교가 관심을 두고 있는 자녀들의 흑인 부모들을 설득했다.

어느 월요일 밤 블랙번은 버지니아 주에서 가장 가난한 지역 가운데 하나이자 앤디 블레빈스가 사는 곳에서 그리 멀지 않은 빅스톤 갭에 왔다. 그곳의 커뮤니티 칼리지가 대학 설명회를 열고 있었는데, 블랙번은 청색과 오렌지색이 섞인 버지니아대학교의 깃발을 씌운 테이블을 통로에 설치했다.

블랙번은 학생들이 오면 버지니아대학교의 새로운 입학 및 금융 지원 정책을 설명할 참이었다. 그러나 블랙번은 얼마 지나지 않아 버지니아라는 이름 자체가 홍보 대상으로 주목한 학생들을 주눅들게 할 수 있음을 깨달았다. 테이블에 접근한 학생은 대부분 금융 지원에는 거의 관심을 보이지 않았고, 필요하다고 말하지도 않았다. 한 사내가 블랙번에게 다가오더니 장래 희망이 의사인 아들을 소개했다. 그 아버지는 안과 의사였다. 다른 의사도 들렀고, 변호사도 찾아왔다.

"버지니아대학교 깃발을 흔들면서 저소득층 아이들이 많이 들어오길 기대해선 안 되지요." 블랙번은 대학 설명회가 끝나갈 무렵 짐을 꾸리면서 말했다.

지원자들이 그의 자리로 모여들었지만 저소득층 학생들이 늘어난 것으로 보이지는 않았다. 그래서 블랙번은 응시 마감을 2주 연장했고, 동료들은 일부 지원자들이 퍼즐처럼 복잡한 금융 지원 요청서를 작성하는 것을 도왔다. 신입생 3100명 가운데 약 180명이 금융 지원 프로그램 자격 요건에 해당하는 것으로 추정됐다. 한 해 전에는 130명 정도였다. 그리 큰 숫자는 아니지만 버지니아대학교는 이것이 시작이라고 보았다.

결단을 내리다

그해 겨울 눈이 가장 많이 내린 2월 어느 날 아침, 아직 어둠도 가시지 않았지만 앤디 블레빈스는 사륜구동 차에 쌓인 눈을 쓸어내고 슈퍼마켓 창고를 향해 출발했다. 이웃이자 성가단 동료인 마이크 내시의 집을 지날 때 아직 차고에 있는 그의 차가 보였다. 학교 상담교사이자 성가단원 가운데 유일하게 대졸자인 내시에게 이날은 폭설 휴일이었다.

블레빈스는 나중에 다이어리를 펼치고 날짜를 셌다. 280일. 작년에 그가 일을 한 날이다. 미래가 어떠할지에 대해 전혀 알지 못한 채 대체로 일주일에 6일을 일했다.

"이제 내가 뭔가를 해야 한다는 것을 깨달았습니다. 이대로 가면 이런 상황은 결코 끝나지 않을 테니까요."

대학에 가는 백일몽에 관해 블레빈스가 누나 리아나와 이야기를 나누고 나서 알아본 결과 중대한 사실을 알게 됐다. 그가 래드퍼드와 버지니아 하일랜드 커뮤니티 칼리지에 성적증명서를 요청했더니 1년 치에 해당하는 이수 학점을 보유하고 있었다. 그는 리아나에게 어떻게 하면 초등학교 교사가 될 수 있는지 물었다. 항상 어린아이들과 연결되어 있는 것처럼 느꼈다고도 말했다. 초등학교 교사는 1년에 280일이 아니라 180일만 일하면 된다. 교사들은 보통 대량으로 해고되거나, 연금을 박탈당하거나, 새로운 직장을 찾으며 연봉이 대폭 깎이는 일도 없다.

마침내 결단을 내렸다. 앤디 블레빈스는 버지니아 하일랜드로 돌아가 야간 수업을 듣겠다고 말한다. 이제 가스펠 신사들은 더 이상 공연 예약을 받지 않는다. 그는 1년 뒤 비디오와 인터넷으로 제공되는 강의를 들을 계획이다. 노동계급 학생들이 많이 다니는 버지니아 노퍽의 올드도미니언대학교가 운영하는 강의다.

"나는 공부를 별로 좋아하지 않지만 다시 학교로 돌아가고 싶다는 생각이 많이 들었습니다. 별로 내키지는 않지만 결국 그렇게 하기로 했죠."

3년 안에 학사 학위를 취득할 수 있으리라고 생각한다. 마침내 학위를 받는다면 그는 역경을 이겨낸 셈이 된다.

—데이비드 레온하르트 David Leonhardt

중간계급으로의 복귀를
거부당하는 고졸 출신들

제프 마르티넬리는 자신을 중간계급으로 만들어주었던 일자리를 잃은 뒤
해충 방제 일을 시작했다.

제프 마르티넬리Jeff Martinelli는 성인이 된 이래 세 번 결혼했는데, 전부인 한 명은 암에 걸려 사별했다. 그는 하나뿐인 아들을 직접 키우고 돌봤다. 이 모든 일이 일어나는 동안 그를 변함없이 중간계급으로 살게 해준 티켓은 제조업 노동자라는 직업이었다.

마르티넬리는 갑작스럽게 직장을 잃으면서 21세기 미국에서 대학 학위를 갖지 못한 노동자의 운명이 어떤 것인지를 깨달았다. 그리고 이제 그는 무엇이 됐건 예전에 자신이 누렸던 안정된 삶에 다가가게 해줄 수 있는 것을 찾으려고 노력하고 있다.

인구 20만의 워싱턴 주 스포캔에서 한때 최고의 직장으로 대우받았던 카이저알루미늄사에 다니면서 보크사이트 용융액을 다루는 중장비를 운전하고 기술을 익혀왔다. 그는 건강하다. 야망이 작은 것도 아니다. 그러나 그와 같은 사람을 둘러싼 세상은 바뀌었다.

"나처럼 대학 졸업장이 없는 사람은 그곳에서 아주 절망적인 상황으로 내몰리고 있어요." 나이 쉰에 인생 곡선을 새로 그려야 하는 마르티넬리는 체념한 듯 어깨를 으쓱이며 말했다.

반면 그의 아들 칼렙은 세상이 어떤 곳인지 이미 알고 있다. 칼렙은 고등학교를 졸업하고 직장 여섯 곳을 전전했지만 그 어떤 곳도 장래성은 없었다. 아직 스물여덟 살이지만 그는 자신이 결코 중간계급으로 올라가지 못할 거라고 말했다. 그러나 그의 아버지를 비롯해 대학 졸업장 없이 안락한 삶을 꾸려나갈 수 있었던 세대에게 중간계급 아래로의 추락은 충격으로 다가왔다. 카이저 공장 노동자들이 새 차를 사고, 제대로 된 휴가를 즐기고, 건강보험 혜택을 받던 시대는 이제 딴 세상이 되어서 얼음 속에 갇혀버렸다.

그들은 공장 문이 닫히는 모습을 보았다. 그 문은 다시 열리지 않았다. 그들은 예전에 비해 월급이 절반으로 줄어든 일자리를 얻기 위해 재교육 수업을 들었다. 그리고 일자리를 얻으러 허둥지둥 뛰어다니면서 이력서의 학력 칸이 고등학교 졸업으로 끝난다는 사실을 끊임없이 되새김질해야 했다.

지난 30년 동안 미국 경제는 600만 종에 달하는 제조업 일자리를 쏟아냈다. 제프 마르티넬리처럼 일자리를 잃어버린 사람들의 시장가치는 그들의 생애 동안 상당히 떨어지며 격차가 벌어져 수백만 명의 블루칼라 노동자들이 중간계급의 주변부로 내몰렸다.

변화는 공장 작업장을 넘어섰다. 마크 매클렐런Mark McClellan은 카이저의 용광로에서 출발해 경영 부문으로 차근차근 밟아 올라갔다. 초과근무를 자청하고 알루미늄 사업에 관해 배울 수 있는 모든 것을 앞장서서 배웠다.

그렇지만 카이저가 문을 닫은 2001년 매클렐런은 일자리 시장이 공장에서 갈고닦은 기술을 대학에서 보낸 4년과 비슷하게 쳐주지 않는다는 사실을 알게 됐다. 그는 평생을 바쳐 경험을 쌓았지만 학위가 없었다. 그는 자신이 낙인 찍힌 것이라고 말한다.

그는 여전히 동네에서 가장 좋은 지역에 있는 큰 집에서 살고 있고, 커다란 흰색 지프를 몬다. 그러나 허울에 불과하다.

"내가 중간계급처럼 보이겠죠. 그러나 아닙니다. 내가 탄 보트는 빠르게 침몰하고 있어요." 각지고 선량한 얼굴에 어깨가 다부진

마흔네 살의 매클렐런이 말했다.

카이저에서 노동자 둘이 쫓겨날 즈음 대학 졸업장을 가진 50대 남성은 고등학교 졸업장만 가진 또래의 남성에 비해 평균 81퍼센트를 더 받을 수 있었다. 그들이 일을 시작할 때 이 차이는 52퍼센트였다. 연구에 따라 수치가 달라지지만 그들 사이에 일생 동안 큰 격차가 가로놓여 있다는 사실에는 변함이 없다.

마르티넬리는 자신의 처지를 비관하지는 않는다. 연봉 6만 달러에 수당을 받았던 카이저 용광로에 비해 소득이 겨우 절반에 불과하지만 이제 남의 집에서 개미와 거미를 죽이는 해충 방제 일을 하고 있다.

"적어도 나는 일이 있잖아요. 나랑 같이 일했던 사람 가운데 몇몇은 아직 아무 일도 찾지 못했어요. 두어 명은 집을 잃기도 했지요."

마르티넬리를 비롯해 과거에 공장에서 일했던 노동자들은 시간이 흐르면서 그들이 영원히 중간계급 아래로 떨어질 것이란 두려움에 휩싸였다고 말한다. 좌절감만 주는 면접, 겉봉에 빨간색 경고문이 씌어진 청구서 같은 그들의 새로운 삶은 열여덟 살 때 내린 선택의 결과다.

경영 분야의 베테랑인 매클렐런의 아버지는 의사였다. 매클렐런은 고등학교를 막 졸업하면서 동네 끝자락의 큰 공장 너머로 갈 필요가 없다고 결정했다. 대학을 생각해보지 않은 것은 아니다. 그러나 카이저에 들어가자 이미 자리를 잡았다는 느낌이 들었다.

지금은 돌아가셨지만 일반의였던 아버지는 당시 아들의 선택을 축복해주고, 더 나아가 용기를 북돋아주었다고 매클렐런은 회상했다.

그때는 중간계급 자녀라 하더라도 대학에 진학하지 않는 일이 드물지 않았다. 매클렐런은 기술이나 교육이 부족했지만 학사 학위보다는 알루미늄 공장이 자신을 중간계급에 더 빨리 데려다줄 거라고 믿을 이유가 충분했다고 말했다.

그는 스물두 살에 작업반장이 됐고, 스물여덟 살에 관리자가 됐다. 서른두 살부터는 경영 부문에서 일하기 시작했다. 매클렐런은 마흔 살이 되기도 전에 연봉 10만 달러와 보너스라는 절정에 이르렀다.

그는 친구들 가운데 대학 졸업장을 가진 어느 누구도 비슷한 연봉을 받지 못했다고 말했다.

"나는 수영장 딸린 집과 신형 자동차를 갖고 있었습니다. 내 아내는 일할 필요가 없었죠. 나는 미국 중간계급의 정확히 한가운데 있었습니다. 나는 그것을 알고 있었고, 즐겼지요."

오히려 노조원인 마르티넬리는 중간계급에 도달하기까지 자신이 겪어야 했던 긴 인생 역정 때문에 중간계급의 삶을 더 고맙게 생각했다. 어린 시절 한밤중에 배에서 꼬르륵 소리가 났던 일이며, 자동차가 없어 복지 원조로 받은 식료품을 작은 카트에 싣고 눈을 뚫고 집까지 옮기며 창피함을 느꼈던 것을 기억한다. 그는 "부끄러웠다"고 말했다.

그는 장래성이 별로 없는 C학점 수준의 학생이었지만 고등학교를 막 졸업했을 때는 카이저 공장에서 일자리를 얻는 행운을 거머쥐었다. 공장 안에서는 뜨거운 용광로를 따라 긴 교대 근무를 했고, 밖에서는 왕자처럼 대접받았다.

대학생들이 여름에 공장에 와서 일을 했는데, 일부는 학교로 돌아가지 않았다.

"이곳을 떠나 대학으로 돌아가는 사람들이 언젠가는 더 나은 직장을 갖게 되리라는 것을 알았지만 우리는 이미 좋은 직장을 가졌어요. 그걸로 좋았습니다." 마르티넬리의 친구이자 카이저의 직장 동료였던 마이크 레이시Mike Lacy가 말했다.

일자리는 채 30년도 지나지 않아 사라졌다. 경영 계획이 몇 차례 실패하고 파업이 길어지면서 부채에 시달리던 카이저는 2001년 문을 닫고 껍데기만 남은 공장을 팔아치웠다.

매클렐런은 점점 줄어드는 예금과 투자금에 기대어 살면서 새로운 일자리를 찾고 있는데, 세차장을 해볼 계획을 추진하고 있다. 기본적인 건강보험에 월 900달러를 내고 있는데, 희귀한 뇌질환을 앓고 있는 아내 비키를 위해서는 매우 중요하다. 그리고 약값으로 500달러를 쓴다. 그는 남편이자 간호사다.

"좀 겁나지 않냐고요? 예, 겁이 납니다."

아들 데이비드가 자신처럼 뒤늦게 후회할 일을 하지 못하게 하리라고 맹세했다. 데이비드는 열여섯 살이지만 자신이 하고 싶은 것이 무엇인지 안다. 그는 대학에 가서 의학을 공부할 것이다. 데이비드는 엄마를 간호하고 밀린 요금 청구서를 지불하기 위해 곡예를 하듯 분투하는 아버지가 영웅으로 보인다고 말했다.

그는 27년 전 아버지가 했던 식의 선택은 하지 않겠다고 말했다. "이제 카이저 공장 같은 건 이곳에 없으니까요."

　매클렐런도 동의한다. 그는 한 가지 확고한 결론에 이르렀다. 공장에서 성장한 사람은 언젠가는 쓰러지게 되어 있다는 것이다. "더 이상 자수성가는 없습니다."

—티머시 이건^{Timothy Egan}

미국 남부 버밍엄에서 아래로 계급 이동하기

내가 자란 앨라배마 주 버밍엄의 한 지방은 계급에 대한 의식이 너무나 강해서 내 남자친구는 9학년 때 우리 집 전화번호가 사회적으로 필수적인 871이나 879가 아니라는 이유로 나를 차버렸다. 그렇게 내 지위에 대한 평판이 떨어진 것은 한때는 우리가 남부 피츠버그의 잘사는 집안이었다가 신빈곤층으로 전락하게 된 불운 탓이었다.

여기 시각적인 이미지를 하나 곁들여보자. 사회적 신분이 하락한 건달이었던 아버지는 버밍엄의 가장 잘나가는 컨트리클럽 중에서도 최상급인 마운틴브룩 클럽에 해마다 모습을 드러냈다. 각각 하버드 법대와 웰즐리여대를 나온 조부모님은 그 클럽의 창립 회원이었다. 나 역시 클럽 회원이었지만, 이 가족 구성원이 모두 모이면 어쩔 수 없는 수치심에 치를 떨어야 했다. 특히 1970년대에 아빠가 겹으로 짠 갈색 천 바탕에 맨 윗부분을 황갈색으로 꿰맨 양복을 입고 나타나면 말이다. 하지만 아버지가 교외에서 보낸 어린 시절의 예의 바른 친구들은 다가와 마치 아버지가 한번도 그들과 같은 고귀한 부류를 떠난 적이 없는 것처럼 대하며 반갑게 악수했다. 거대한 체구의 바텐더 조는 바텐더 자리에서 나와 아버지의 싱글거리는 얼굴을 유심히 보다가 힘차게 포옹한다. 그것은 내가 보았던 어떤 인사보다 충격적인 장면이었다. 왜냐하면 버밍엄은 미국의 요하네스버그, 즉 인종차별 정책의 국가적 보루 같은 곳이었기 때문이다. 겉으로 보이는 아버지의 계급과 실제 행동으로 나타나는 계급의 차이를 보여주는 것 중 하나는 그가 조의 인종(흑인)에 속한 사람들에게 하도 거리낌 없이 말해서 실제로 'N으로 시작하는 단어'(검둥이nigger의 완곡 어법 — 옮긴이)를 쓴다는 점이다. 'N으로 시작하는 단어'는 애들이 있는 자리에서 점잖은 남부 사람들 사이에는 금기어다.

이 장면은 미국 사회에서 계급이라는 것이 일관성은 없지만 얼마나 분명하게 널리 퍼져 있는지를 잘 보여준다. 계급은 매우 허약한 기반 위에 서 있으면서도, 마치 우리가 모두 하나의 공간 안에서 평등하게 사는 것처럼 호도하는 겉치레들로 치장되어 있다. 사회이동은 분명히 존재하며, 상승과 하락 양방향으로 모두 움직인다. 거기에서 누구도 벗어나지 않는다. 그리고 그것과 전혀 상관없는 특권이 계속되는 유일한 계급이 바로 백인이다.

다이앤 맥호터 Diane McWhorter
다이앤 맥호터는 『집으로 데려다주오: 버밍엄Carry Me Home: Birmingham』, 『앨라배마: 시민권 혁명의 절정의 전투Alabama: The Climactic Battle of Civil Rights Revolution』, 그리고 젊은이들의 시민권 운동의 역사인 『자유의 꿈A Dream of Freedom』의 저자다.

8

바다를 건너는 사람들, 더 이상의 아메리칸드림은 없다'

후안 마누엘 페랄타는 1990년 미국에 온 이래로 뉴욕 시에서 주방 일을 하고 있다.

텅 빈 매디슨 애비뉴 고급 부티크들의 문이 굳게 닫혀 있는 미명의 어두컴컴한 새벽에 멕시코인 몇 명이, 자가트Zagat(미국에서 발간되는 세계적인 레스토랑 안내서 — 옮긴이)가 한때 '뉴욕에서 가장 비싼 커피숍'이라고 불렸던 레스토랑 '3가이스3 Guys'로 조용히 미끄러져 들어갔다.

그들은 앞으로 10시간 동안 맨해튼의 어퍼이스트사이드에서 몰려드는 고객들을 위해 달걀을 부치고, 버거를 굽고, 커피를 따르고, 접시를 닦을 것이다. 오전 7시 35분에 엘리엇 스피처Eliot Spitzer 뉴욕주 법무장관이 잘 닦여 반질거리는 대리석 계산대 가까운 곳에서 조찬 회의를 열었다. 몇 시간 뒤 수십억 달러 규모의 기업인 인피니티 방송국의 공동 창업자 마이클 위너Michael A. Wiener가 같은 진홍색 부스에서 아내 제나와 함께 간단한 식사를 했다. 며칠 전에는 여배우 우마 서먼Uma Thurman이 아이들과 함께 점심을 먹기 위해 조용히 들어왔다가 파파라치에게 발견되자 떠나기도 했다.

더 많은 멕시코인들이 교대 근무를 시작하기 위해 아침 내내 줄지어 들어왔다. 이 레스토랑의 그리스인 주인 셋 가운데 하나인 존 잔니코스John Zannikos가 점심 손님들을 맞기 위해 북부 저지 교외에서 차를 타고 도착했을 때 매디슨 애비뉴는 활기가 넘쳐나고 있었다. 주인이 셋이어서 가게 이름이 3가이스였다.

"잠시 기다리셔야겠는데요." 잔니코스는 한 무리의 우아한 여성들에게 말했다. 그녀들은 매디슨 75번가 건너편의 휘트니 미술관에서 아침을 보냈다. 오래전 단돈 100달러와 일하고 싶다는 의지가 아로새겨진 심장만 가지고 뉴욕에 온 문맹자에게 이보다 더 달콤한 말이 어디 있을까.

부유한 고객을 확보한 중간계급 주인, 그리고 저소득층 노동 인력. 3가이스는 미국 계급 분열의 본보기다. 그러나 이곳은 그러한 계급 분열에서 벗어나는 전혀 다른 두 가지 이야기가 펼쳐지는 무대이기도 하다.

잔니코스의 이야기는 친숙하다. 그에게 20달러짜리 샐러드와 우아한 실내장식을 자랑하는 레스토랑─식당 손님이라고 불러도 상관없다─은 위로 올라가는 사회이동에 대한 미국의 약속을 대변한다. 이 약속은 열심히 일하는 이민자들에게서 수세대에 걸쳐 셀 수 없이 많이 실현됐다.

그렇지만 서른네 살의 불법 이민자로서 2004년 5월 해고될 때까지 5년 동안 이 레스토랑에서 일했던 후안 마누엘 페랄타 Juan Manuel Peralta와 다른 멕시코계 불법 이민자들이 보기에 이제 레스토랑 일은 막다른 길이다. 그들은 잔니코스 시절에 비해 위로 올라가는 아메리칸드림을 이루기가 훨씬 더 어려워졌다는 사실을 깨닫고 있다.

페랄타처럼 미국에 불법 체류하고 있는 500만여 명의 멕시코인들이 결코 그늘에서 빠져나오지 못할 거라고 주장하려는 것은 아니다. 많은 사람들이 그늘을 헤쳐 나왔고, 앞으로도 더 많은 사람들이 헤쳐 나올 것이 분명하다. 그러나 한 해에 40만 명이 넘는 사람들이 밀어닥치는 현상은 끝날 기미가 보이지 않는다. 이런 현상은 그 자체로 문제를 만들어낸다. 언제든 채용할 수 있는 인력 풀pool이 끊임없이 자라나고 있으며, 그들이 저임금 일자리를 찾아 이동한다는 뜻이기 때문이다. 한 사람이 옮겨가면 다른 사람, 어쩌면 둘이나 셋이 그의 자리를 채우기 위해 나타난다.

페랄타는 잔니코스보다 거의 40년 정도 늦게 뉴욕에 도착했지만 둘의 출발점은 놀랍도록 비슷하다. 그들은 같은 나이에 뉴욕 시의 같은 구역에 왔는데, 법적인 서류도 없었고 할 줄 아는 영어도 몇 마디 안 됐다. 둘 다 더 나은 삶을 꿈꿨다. 그렇지만 경제적 상황과 이민자를 대하는 태도가 크게 변하면서 페랄타와 아이들이 잔니코스 가족처럼 계급 상승을 경험할 가능성은 매우 낮아졌다.

물론 페랄타가 성공한 멕시코계 미국인들 사이에서 자리를 잡을 기회는 아직 남아 있다. 그는 자신이 고위직까지 올라간 몇몇 동포들처럼 잘 해낸다거나, 할아버지 세대가 포도를 주웠던 포도밭을 산다거나 하지는 못한다는 것을 알고 있다. 그렇지만 그는 여전히 아이들이 언젠가는 좋은 교육을 받아 멕시코어 억양을 벗어버리고 아메리칸드림을 확실하게 성취한 몇 백만 명 안에 들어가기를 꿈꾼다.

정치학자들은 멕시코계 선조를 둔 미국 내 2500만 명이 고전적인 이민자 성공 스토리의 대표적인 예외인지 아닌지를 두고 의견이 나뉘어 있다. 뉴욕시립대의 존 몰렌코프John H. Mollenkopf 교수를 비롯한 일부는 지난 세기에 그리스, 이탈리아 등지에서 온 유럽계 이민자들이 잘 동화됐던 것처럼 멕시코계도 두어 세대를 거치면서 잘 적응해나갈 것이라고 확신한다. 멕시코계 미국인인 컬럼비아대학교의 로돌포 데 라 가르차Rodolfo O. de la Garza 교수를 비롯한 반대편에서는 멕시코계 미국인들이 직면한 장애물이 너무 많아 이민 4세대인데도 교육, 주택 보유, 가구당 소득 등에서 다른 미국인들에 비해 뒤처진다는 연구 결과를 내놓았다.

1990년 이후 불법 입국한 수백만 명의 상황은 훨씬 더 열악하다. 미국 남서부에서 멀리 떨어진 수십 개 도시로 퍼져 나간 그들은 쉽게 일자리를 얻을 수는 있지만 출세는 거의 꿈도 꾸지 못한다. 멕시코의 비센테 폭스Vicente Fox 대통령은 2005년 봄 많은 멕시코인들이 느끼는 것들을 공개적으로 공표했다가 사과를 요구받았다. 그는 불법 이민자들이 "미국에서 흑인들조차 하지 않으려는 일을 하고 있다"고 말했다. 분노와 경쟁이 미묘하게 그들의 출세를 가로막고 있다. 멕시코에 대한 그들의 강한 애착 역시 마찬가지다. 그 애착이 너무 깊기 때문에 많은 이민자들이 여기서 뿌리를 깊게 내리지 못한다. 그들은 어느 정도 돈을 벌고 나면 고향으로 돌아갈 계획이라고 말한다. 물론 실제로 그렇게 되는 사람은 별로 없다.

그러나 가장 큰 장애물은 역시 불법 체류자라는 그들의 신분이다. 합법적인 영주권을 얻을 수 있는 길이 드물다 보니 그들은 페랄타처럼 아무런 권리도 안전도 보장받지 못하고, 더 나은 미래를 만들어갈 뾰족한 방도도 없는 상태로 남아 있다.

"걱정스러운 상황입니다." 올버니의 뉴욕주립대 사회학자 리처드 알바Richard Alba 교수는 현대 이민자들의 동화와 계급 이동을 연구하고 있다. 그는 "이런 상황이 변할 것이라고 믿을 만한 요인도 그리 많지 않다"고 말한다.

15년 동안 미국에서 하찮은 일들을 전전하고 있는 요리사 페랄타에게는 거의 어떤 변화도 일어나지 않았다. 비록 멕시코에서 꿈꿨던 것보다 많이 벌고는 있지만 중간계급과는 거리가 멀고 항상 이런저런 곤경을 안고 살아간다. 그렇지만 그는 희망을 잃지 않고 있다. 그는 종종 멕시코어로 "뜻이 있는 곳에 길이 있다^{Querer es poder}"고 말한다. 뭔가를 간절히 원하면 갖게 된다는 뜻이다.

그렇지만 더 이상 열망만으로는 충분하지 않을지도 모른다. 아르투로 사루칸^{Arturo Sarukhan} 뉴욕 주재 멕시코 총영사가 걱정하는 것도 바로 그것이다. 2005년 초에 사루칸은 멕시코인 청년들 가운데 범죄단체에서 활동하는 사람들이 늘어나고 있다는 비상 전화를 뉴욕 시 경찰국장에게서 받았다. 미국에서 그들의 삶이 아래쪽으로 처지고 있다는 신호였다. 당국에 따르면 뉴욕에 거주하는 이민자 가운데 멕시코인들이 가장 가난하고 교육 수준이 낮으며 영어 구사 능력도 떨어진다.

사루칸은 현재의 멕시코계 미국인 세대의 성공 여부가 몇 년 뒤 미국에서 멕시코인들이 차지할 장소를 결정하겠지만 전망은 그리 고무적이지 않다고 말한다.

"그들은 멕시코에서보다는 부유할 겁니다. 그렇다고 해도 뉴욕에서 최하층 계급으로 떨어지지 않을 만큼 부유한 것은 아닐 겁니다."

같은 출발, 서로 다른 결과

3가이스는 낮에 휴식 시간이 있다. 점심 손님들의 리무진이 모두 떠나고 사립학교들이 파하기 전이다. 잔니코스가 페랄타 다음으로 일하는 요리사에게 점심을 준비해달라고 하는 것도 바로 이때다. 잔니코스는 닭가슴살을 얹은 납작한 피타 빵을 들고 레스토랑의 맨 끝에 있는 테이블로 갔다.

"내 인생 이야기는 성공으로 가득 찬 훌륭한 얘기지요." 잔니코스가 묵직한 억양으로 말했다. 그는 십대 때 터키 해안에서 몇 마일 떨어진 그리스의 치오스 섬을 떠났다. 제2차 세계대전이 막 끝난 그리스는 폐허 상태였다. "부자와 가난뱅이밖에 없었어요. 그게 다였죠. 여기에서 볼 수 있는 중간계급이란 건 없었습니다." 짧은 갈색 머리에 과거를 말할 때면 눈물이 도는 부드러운 눈을 가진 그는 이제 일흔 살이다.

잔니코스는 전쟁 때문에 2학년으로 진학하지 못했고, 읽고 쓰는 법도 배우지 못했다. 1953년 상선 선원으로 일하기로 계약했다. 그가 탄 배가 버지니아 주의 노퍽 항구에 정박했을 때는 열아홉 살이었다. 그는 그리스로 돌아가지 않으리라고 결심하고는 어느 토요일 해안가로 갔다. 여권을 비롯해 모든 짐을 배에 남겨두었다. 주머니에 있는 것이라곤 100달러와 퀸스의 잭슨 하이츠코로나 구역에 있는 어머니 사촌 집의 주소가 적힌 쪽지뿐이었다.

거의 40년이 지난 뒤 후안 마누엘 페랄타가 멕시코에서 비슷한 통과의례를 감행했다. 그는 게레로 주의 가난한 남부 지역에서 8학년까지 마쳤는데, 그곳에서는 구멍난 타이어를 고치는 것 외에는 미래를 찾아볼 수 없었다. 아버지 이노센시오는 한때 미국행을 꿈꾸었지만 돈이 없었다. 그는 1990년에 돈을 빌려 큰아들에게 기회를 만

들어주었다.

페랄타는 열아홉 살에 게레로의 황량한 언덕을 지나 멕시코의 국경 지대까지 실어다주는 낡은 버스에 올라탔다. 그는 다른 멕시코인 여덟 명과 함께 이동했는데, 자신이 티후아나에서 시작해 국경의 다른 끝으로 이어지는 하수관을 기어간 것도 몰랐다. 이 길은 멕시코인들이 '엘 노르테El Norte(북쪽으로)'라고 부르는 길이었다.

그에게는 아버지가 어쩐지 구린 구석이 있어 보이는 가이드에게 주라며 쥐어준 돈과 뉴욕행 비행기표를 사라고 준 돈 외에는 어떤 문서도, 사진도, 돈도 없었다. 주머니 깊숙한 곳엔 잔니코스가 미국 생활을 시작한 퀸스에 있는 삼촌의 주소가 들어 있었다. 1990년 즈음 그 지역은 대부분 그리스계에서 라틴계로 넘어가 있었다.

페랄타와 잔니코스는 모두 노동계급의 이웃으로 출발했지만, 뉴욕이 기회와 장애물로 가득 차 있으며 어떨 때는 기회와 장애물의 무게가 같다는 것을 금세 알 수 있었다. 미국에 도착한 첫날 길을 잃은 듯한 두려움에 휩싸였던 잔니코스가 마침내 목적지에 도착했지만 어머니의 사촌은 이사를 가고 없었다. 어찌해야 할지 모르고 서있을 때 어느 그리스인이 그의 곁을 지나쳤다. 그 사내는 다섯 구역 떨어져 있는 디럭스 식당으로 가라고 했다.

작은 식당은 페인트공으로 가득 차 있었다. 그중에는 잔니코스의 아버지를 아는 사람도 있었다. 그들은 그 자리에서 바로 잔니코스에게 옷장에 페인트를 칠하는 일거리를 주었는데, 이 일은 실수를 쉽게 감출 수 있는 일이었다. 그는 날씨가 쌀쌀해질 때까지 페인트

칠을 했다. 다른 그리스인이 그를 브롱크스에 있는 커피숍에 접시닦이로 고용했다.

쉽지는 않았지만 잔니코스는 열심히 일해서 즉석요리 전문 요리사로 올라갔다. 일을 하면서 영어도 배웠다. 1956년에 이민국 관리들이 커피숍에 들이닥쳤다. 그는 추방되었지만 얼마 후 다시 몰래 숨어들어올 수 있었다. 3년 뒤 그는 브롱크스 출신 푸에르토 리칸과 결혼했다. 결혼 생활은 1년 만에 깨졌지만 이 결혼 덕분에 그는 시민이 되는 길에 올라탈 수 있었다. 이제 그는 브롱크스 남쪽에 자신의 식당을 갖게 됐다. 매춘부나 잠복근무 중인 경찰관 등 늦은 밤손님들에게 음식을 만들어주는 작고 값싼 식당이었다.

그 후 그는 12개가 넘는 식당을 사고팔았지만 1978년 개업한 원조 3가이스보다 성공적인 곳은 없었다. 그와 동업자들은 매디슨 애비뉴 먼 곳에 같은 이름을 가진 레스토랑을 2개 더 갖고 있지만 원조의 고급 취향을 그대로 옮기지는 않았다.

잔니코스는 이렇게 말했다. "종업원이 새로 들어오면 가르칩니다. '이봐, 여기는 좀 다른 곳이야' 하고 말이죠." 다른 식당에서 통용되는 기준이 이곳에서는 용납되지 않는다. 그리스 깃발도, 여행 포스터도 없다. 텔레비전도 없고, 크림을 높게 세운 케이크 탑이 빙글빙글 돌지도 않는다. 웨이터들은 껌을 씹지 못한다. 어떤 고객에게도 '자기야Honey'라고 불러선 안 된다.

잔니코스는 그의 고객들에 대해 말했다. "그들은 그들의 위치를 알고 나는 나의 위치를 알지요. 이건 매우 단순한 겁니다."

그의 사회적 지위는 이제 브롱크스에서 보낸 나날과는 아주 멀리 떨어져 있다. 그와 두 번째 부인 준은 뉴저지의 위코프 교외에 산다. 그는 무화과나무를 애지중지 보살피고, 파르테논 모양으로 생긴 새 모이통을 살뜰하게 관리한다. 그들은 플로리다에도 아파트를 한 채 갖고 있다. 세 아이들은 그가 배운 2학년보다 훨씬 더 많이 배울 것이고 고등학교를 마치거나 대학을 다닐 것이다.

1년에 13만 달러를 번다고 말하는 잔니코스가 그랬던 것처럼 아이들은 잘해오고 있다. 그는 계급 간 차이에 민감하지 않다고 말한다. 그러나 그의 도움으로 세워진 지역 그리스인 교회를 위한 기금 만찬에서 어떤 사람들이 자신을 음식업자로 잘못 알았을 때는 성가셨다고 말했다.

그는 오늘날의 이민자들이 대체로 50년 전의 자신보다 더 좋은 계급 사다리를 가지고 있다고 생각한다.

"옛날에는 어떤 은행도 우리에게 돈을 빌려주려 하지 않았지만 요즘은 우편으로 신용카드를 보내주잖아요. 뉴욕에는 여전히 다른 어떤 곳보다 많은 기회가 있어요. 당신이 뭔가를 하고 싶다면 할 수 있습니다."

그는 자신이 잘해왔으며, 자신의 사회적 신분에도 만족한다고 말한다. "나는 중간계급이고, 행복합니다."

페랄타가 성공하기 힘든 이유

후안 마누엘 페랄타는 존 잔니코스가 어떤 계급에 속하는지 짐작조차 할 수 없다. 그러나 50년 전에 비해 오늘날 이민자가 앞으로 나아가기가 훨씬 더 힘들어졌다는 것만큼은 분명히 알고 있다. 그리고 자신이 어떤 계급에 속해 있는지도 알고 있다.

"라 포브레사.La pobreza 가난이죠."

가난은 국경으로 향하는 버스에 올라탈 때 기대한 것은 아니었다. 하지만 미국에서 성공하려면 열심히 일하는 것만으로는 충분하지 않다는 것을 깨닫는 데는 오랜 시간이 걸리지 않았다. "아주 많은 것이 운에 달려 있죠." 그는 3가이스 일이 끝나면 다음으로 일하러 가는 퀸스 식당의 현관 모서리에서 점심 휴식 시간에 이렇게 말했다.

"사람들은 이곳에 와서 1~2년 만에 집을 사고 차를 삽니다. 하지만 저로 말씀드리자면 15년이나 됐는데도 만약 내일 죽는다면 장례 치를 돈조차 부족할 겁니다."

1990년 입국한 페랄타는 국경에 인접한 미국 내 몇몇 주의 스페인어 사용자 구역을 거치지 않고 곧바로 덴버나 뉴욕처럼 멀리 떨어진 도시에서 일하기 시작한 초기 멕시코계 이민자 집단에 포함된다. 2000년에 실시한 조사에서 뉴욕의 멕시코인은 18만 6872명으로 집계됐는데, 이는 1990년에 비해 3배 늘어난 규모이며 의심할 나위 없이 지금 이 수치는 더 늘었을 것이다. 메트로폴리탄 지역을 담당하는 멕시코 영사관은 2001년 이래로 50만 장의 신분증을 발급했다.

40년 전에는 불법 이민이 그리 큰 문제가 아니었다. 지금은 이 문제가 분열을 야기하는 쟁점이다. 값싼 노동력을 환영하는 사람들과 국경 안보와 사회적 서비스 비용을 걱정하는 사람들로 나뉘어 있기 때문이다. 새로 건너온 멕시코인들은 식당이나 건설업처럼 값싼 노동력에 의존하는 산업에서 일하곤 하지만 거의 조직화되어 있지 않다. 대부분은 필사적으로 눈에 띄지 않으려 한다.

페랄타는 뉴욕에 도착하던 날 아침 삼촌과 만나 시간을 보냈다. 그는 삼촌이 일하던 빵집에서 머핀을 굽는 시간제 일자리를 내줄 때까지 몇 주 동안 일하지 않고 지냈다. 일을 시작했지만 머핀과 빵가루를 묻힌 케이크를 구별하지 못했다. 아버지에게 갚을 돈을 모으기가 어렵다는 것을 알게 된 그는 밤에 맨해튼 식당에서 배달 일을 했다. 첫날 일을 모두 마쳤을 때는 너무 지쳐서 팁으로 번 돈을 집으로 돌아오는 택시비로 모두 써버렸다.

식당 배달 일을 그만두기는 했지만, 그는 짧게나마 일해본 경험을 바탕으로 어떻게 하면 뉴욕에서 쉽게 돈을 벌 수 있는지를 깨우쳤다. 식당은 어디에나 있었고 배달이든 접시닦이든, 테이블 치우기든 일자리 역시 널려 있었다. 반년 뒤 페랄타는 아버지에게 받은 돈을 모두 갚았다. 여러 일자리를 거친 그는 1995년에는 성공한 모습을 보여주고 싶어서 주머니 가득 돈을 채우고 멕시코로 돌아가 결혼을 했다. 그때 그는 잔니코스가 결혼했을 때와 마찬가지로 스물다섯 살이었다. 그렇지만 둘 사이의 유사성은 여기서 끝난다.

배에 올라탔을 때 잔니코스는 그리스를 영원히 등졌다. 비록 그 자신은 서류 한 장 없었지만 첫날 그가 만난 동포들은 합법적인 신분이었고, 그리스계 이민자들이 대부분 그렇듯 그를 도울 수 있었다. 그리스계 이민자들의 규모는 그리 크지 않았다. 2000년에 실시한 인구조사에 따르면 뉴욕 시민 가운데 2만 9805명이 그리스에서 태어났다. 게다가 그들은 퀸스의 애스토리아 구역 같은 곳 몇 군데에 정착하는 경향을 보였고, 새로 이민 오는 사람들을 도울 수 있는 응집력 있는 공동체를 구축했다.

페랄타는 다른 멕시코인들처럼 혼자 힘으로 헤쳐 나가기 위해 노력했지만 고향과의 감정적·금전적 유대 관계를 절대로 끊어본 적이 없다. 뉴욕의 라틴 공동체에서 5년을 보낸 그는 영어를 거의 하지 못했고, 가방에 든 옷가지 외에는 가진 것도 별로 없었다. 그는 자신이 태어난 낮고 평평한 산 아래의 먼지 날리는 마을, 우아무스티틀란으로 돌아가기로 결심했다.

"내가 '미국의 가난'에서 돌아오자 사람들은 내가 큰 부자여서 여기저기 돈을 뿌릴 수 있다고 생각했습니다." 그는 자신에게 특권이 있다고 느낀다. 만약 멕시코에 있었다면 1년에 1000달러를 벌겠지만, 뉴욕에서 받는 돈에 비하면 우스워 보인다.

페랄타는 우아무스티틀란에서 수줍음 많고 귀여운 마틸데라는 이름의 소녀를 만나 결혼하고 또다시 불법적으로 뉴욕으로 함께 돌아왔다. 이 모든 것이 몇 주 안에 이루어졌다. 1996년에 첫아이가 태어났다. 그는 가족을 부양하면서 돈을 모으기는 어렵다는 것을 알게 됐다. 그리고 1999년 3가이스에서 일자리를 얻었다.

"바바 야니가 어떻게 하면 손님들의 취향에 맞춰 모든 것을 준비할 수 있는지 가르쳐 주었습니다." 페랄타는 잔니코스를 가리켜 존경하는 사람을 의미하는 '존 아저씨'라는 뜻의 그리스어로 불렀다.

이 레스토랑이 그에게는 학교였다. 그는 생선을 살짝 튀겨 마치 예술 작품처럼 보이게 하는 법을 배웠다. 세 동업자는 그에게 돈을 빌려주었고, 이민 서류를 받을 수 있도록 돕겠다고도 했다. 보수도 좋았다.

그러나 다른 노동자들과는 알력이 있었다. 웨이터들은 주문서를 선반에 걸어놓지 않고 그리스어나 스페인어로 소리치거나 영어로 띄엄띄엄 말했다. 페랄타는 종종 그들의 말을 알아듣지 못하고 싸웠다. 얼마 지나지 않아 그는 성질 급한 사람으로 알려져버렸다.

그는 여전히 열심히 일하고 밤마다 가족들에게 돌아간다. 마틸데는 이제 스물일곱 살인데, 2002년 둘째 하이디가 태어날 때까지 집을 청소하는 일을 했다. 지금 마틸데는 여덟 살배기 아들 앤터니가 다니는 12공립학교의 다른 학부모들에게 메리 케이 화장품을 팔 궁리를 하고 있다.

페랄타는 대체로 1주일에 600달러 정도를 벌었다. 1년으로 치면 3만 달러다. 이 돈이면 중간계급의 아랫부분에 근접하기엔 충분했다. 그러나 그의 삶은 이와는 멀리 떨어져 있었고, 인생은 온통 불확실성에 휩싸여 있었다. 급여부터가 그랬다.

600달러를 벌려면 적어도 하루에 10시간씩, 일주일에 6일 동안 일해야 하지만 매주 그렇게 할 수 있는 것도 아니었다. 어떨 때는 초과근무 수당을 받지만 그렇지 못할 때도 있다. 그리고 언제든 해고될 수 있는 데다, 실직 상태가 아니더라도 새로운 일자리에 안착할 때까지 아무런 소득도 올리지 못할 수도 있다. 그는 2004년에 약 2만

4000달러를 벌었다.

페랄타는 불법 체류자 신분이기 때문에 쉽게 착취의 대상이 된다. 그는 퀸스에 있는 아파트에서 세 가구, 아홉 명의 다른 멕시코인들과 함께 사는데 그가 쓰는 가로 세로 2.7미터짜리 방의 월세로 집주인이 500달러를 요구해도 소송을 제기할 수 없다. 다른 가족들은 월세로 2000달러를 낸다. 13명이 화장실 하나를 같이 쓰고 있으며, 이미 정해진 서열에 따라 페랄타 가족은 주방을 거의 사용할 수 없다. 그러니 외식비가 많이 들 수밖에 없다.

페랄타의 아이들은 뉴욕에서 태어났기 때문에 미국 시민이고, 저소득층 의료보장 제도를 적용받는다. 그렇지만 페랄타 부부가 의사를 만나려면 자기 주머니에서 돈을 내야 한다. 치과는 꿈도 못 꾼다.

다른 멕시코인들과 마찬가지로 페랄타가 고향에 돈을 부치는데 100달러당 7달러가 수수료로 들어간다. 삼촌이나 조카, 또는 여동생은 자신들이 돈을 요구하면 그가 당연히 빌려줄 거라고 생각한다. 아무도 갚은 적은 없다. 그는 휴대전화와 DVD 플레이어 같은 중간계급의 장식품이 있지만 운전 면허증이나 사회보장 카드는 없다.

그는 자신의 발전을 가로막는 비행을 저지르고 있다고 순순히 인정한다. 범죄는 아니지만 욱하는 성미를 이기지 못하는 경향이 있고, 밤마다 곧잘 술을 마신다. 가장 큰 약점은 '긁기'라고 부르는 즉석 복권인데, 일주일에 75달러 정도를 복권에 낭비한다고 소심하게 고백한다. 그는 이것이 희망을 지키는 길이라고 말했다. 100달러를 딴 적도 있는데, 믹서기를 샀다.

몇 년 전 그와 마틸데는 자신들이 미국에서 성공할 것으로 너무 확신한 나머지 아들이 태어났을 때 미국식으로 앤서니라고 이름을 지었다. 그렇게 하면 주류로 가는 길을 닦는 데 도움이 될 거라고 생각했기 때문이다. 그러나 이마저도 뜻대로 되지 않았다.

"이것 좀 보세요." 아내가 어느 날 오후 과달루페의 성모 그림 가까이에 있는 방 마루에 앉아서 말했다. 페랄타도 출입구 쪽의 작은 플라스틱 의자에 앉아 귀를 기울였다. 그의 매트리스는 벽에 기대어져 있었다. 두루마리 화장지가 사이에 숨겨져 있었는데 누군가 사용할까봐 공용 화장실엔 화장지를 남겨두지 못한다.

아내는 수첩을 펼치고 아들의 세례 증명서가 들어 있는 투명한 플라스틱 케이스를 꺼냈다. 세례증명서에는 아들의 이름에 H자가 들어가 있었다. 그러나 출생증명서에는 H자가 **빠져** 있었다(불법 체류자인 페랄타가 아들의 이름을 미국식인 Anthony로 지어 세례를 받게 했지만 출생신고를 하면서 h를 **빠뜨린** 채 Antony로 신고했다는 뜻 — 옮긴이).

"선생님이 증명서가 합법적으로 변경되지 않으면 아들의 이름을 제대로 쓰는 법을 가르쳐주지 않겠다고 했어요. 그런데 우리가 합법적인 신분이 아닌데 어떻게 그렇게 할 수 있죠?"

살기엔 좀 더 나아졌지만 성공은 아니다

고가선로를 달리는 전철이 굉음과 함께 머리 위를 질주하자 루스벨트 애비뉴를 비치는 햇빛은 고장 난 형광등 전구처럼 깜빡거렸다. 페랄타의 딸과 아들은 아빠의 퉁퉁한 손을 꼭 잡고는 모종의 심부름을 하러 가기 위해 달려갔다. 페랄타는 새벽 5시부터 10시간 동안 반숙 계란을 삶고 치즈버거를 만드는 일을 막 마쳤다. 그날따라 단조로움을 견디기가 무척이나 힘들었다. 그는 멕시코에서 벌어지고 있을 일들에 대해 생각했다. 거기는 지금 로자리 성모 축일이었다. 아! 축일 동안 그곳에는 사탕과 타말레(멕시코 요리의 일종 — 옮긴이)가 있고, 퍼레이드에 투우까지 벌어진다. 밤에는 왁자한 소리를 내며 타는 밝은 화톳불이 산의 푸른 계곡을 배경으로 펼쳐진다. 적어도 일부는 그가 고향으로 보낸 돈으로 치러지는 것들이다.

그는 파티를 즐기는 대신 루스벨트 애비뉴에 있는 아랍 슈퍼마켓에서 닭고기와 돼지갈비 세트를 사기 위해 아이들과 함께 걷고 있다. 주방을 쓸 수 있기를 희망하면서 말이다. 그는 아이들을 위해 분홍색과 하얀색의 마시멜로 세트를 움켜쥔다. 토르티야(밀가루나 옥수숫가루를 이용해 만든 멕시코 음식의 일종 — 옮긴이)를 사야 하지만 그곳에선 살 수 없다. 몇 구역 떨어진 한국인 편의점에서는 뉴욕에서 만들어진 라 마이스테카 토르티야를 판다.

존 잔니코스가 1953년 처음 도착했을 때 그러했듯, 페랄타의 이웃에서 소용돌이 치는 이민자들은 뉴욕을 이루는 기본 구조의 한 부분이다. 그러나 당시에는 이민자들이 대부분 유럽 출신이고 각자 다른 언어를 썼지만 그들은 백인이라는 특징을 공유했기 때문에 쉽게 뉴욕의 중간계급으로 뒤섞일 수 있었다.

멕시코인들이 같은 길을 걸을지에 대해서는 전문가마다 의견이 나뉜다. 하버드대학교 행정학과 교수 새뮤얼 헌팅턴Samuel P. Huntington

은 멕시코인들이 결코 동화되지 않을 것이며, 그들이 발전시키고 있는 독립된 문화가 미국을 위협할 것이라는 극단적 견해를 갖고 있다.

다른 전문가들은 대부분 최근 입국한 멕시코계 이민자들이 결국에는 사회에서 자리를 잡을 것이며, 그들의 발전을 늦추는 뚜렷한 장애물이 많지만 언젠가는 인구수에 상응하는 정치적 영향력을 발휘하게 될 것이라고 믿는다. 컬럼비아대학교 경제학과의 프란시스코 리베라바티스Francisco Rivera-Batiz 교수는 편견이 문제를 만들고 있고, 공장 일은 거의 사라졌으며, 경제가 요구하는 교육 수준과 새롭게 도착한 멕시코인들의 제한된 학력 사이에 격차가 크다고 말한다.

그렇지만 단연코 가장 큰 장애물이자, 새로 도착한 멕시코인들을 그리스인들이나 이탈리아인들, 그리고 앞서 이민 온 멕시코인들을 포함한 다른 이민자들과 구분하는 것은 바로 불법 체류자라는 신분이다. 리베라바티스 교수는 가장 최근인 1986년의 국가적 사면으로 합법적인 신분을 취득한 멕시코계 불법 이민자들을 추적 조사했다. 조사 결과 몇 년 내로 그들의 소득은 20퍼센트나 높아졌고 영어 구사 능력도 눈에 띄게 향상됐다.

"합법화는 그들에게 큰 도움이 됩니다." 그가 말했다.

부시 행정부가 초청 노동자 프로그램guest worker program으로 와 있는 일부 멕시코인들의 합법화를 언급하고 있긴 하지만 새로운 사면에 대한 반대 여론이 여전하고, 미국 내에 불법 체류하는 멕시코인의 규모는 계속해서 급증하고 있다. 어떤 방식으로든 이민 서류를 받으려는 절박한 사람들은 가게 앞 그늘막 아래에 임시로 차려진 법률사무소에 매달린다. 페랄타가 그랬듯 그들은 환상에 불과한 계획에 수백 달러를 쓰지만 약속된 취업 허가증을 받아내는 사람은 거의 없다.

1980년대까지 멕시코인 이민은 대부분 특정 계절에 몰리는 경향이 있었고, 농장 노동자에 국한되어 있었다. 그러나 멕시코의 경제적 혼돈 때문에 이민자들의 파도가 북쪽을 향해 들이치기 시작했다. 그들은 대부분 가난한 시골 지방의 교육 수준이 낮은 농부들이었다. 국경 경비가 삼엄해져서 전통적인 방식으로 국경을 넘나들기가 힘들어지자 그들 대부분은 미국에 눌러앉았다. 그들은 저임금 비숙련 일자리를 찾았고, 스페인어 사용자 거주 구역으로 끊임없이 모여들었다.

"조심해! Cuidado!" 앤터니가 아무 생각 없이 루스벨트 애비뉴에 발을 들여놓자 페랄타가 스페인어로 소리쳤다. 앤터니는 학교에서 영어를 배우긴 하지만 집에서는 대개 스페인어를 쓴다.

페랄타 역시 15년간 뉴욕에 살았지만 영어를 거의 하지 못한다. 영어 공부에 한 번 도전해보긴 했지만 새로운 언어를 받아들이지는 못했다. 그래서 중도에 포기하고 뉴욕에서는 "버스보이(빈 그릇을 치우는 사람 — 옮긴이)나 쓰는 말"이라고 스스로 인정하는 스페인어에 발목이 잡혀 있다. 그러나 스페인어는 그가 현재 사는 곳에 머무는 한 꼭 필요한 언어이기도 했다.

페랄타와 아이들이 늦은 오후에 집으로 향했다. 황폐한 집, 너무 뜨거운 방, 벽에 기대 세워진 매트리스, 그리고 숨겨놓은 화장실용 휴지……. 이 모든 것이 존 잔니코스처럼 성공하려면 얼마나 더 먼 길을 가야 하는지를 되새겨주었다.

그러나 그는 여전히 자신이 멕시코에서 해낼 수 있었던 것보다 더 많은 것을 해냈다고 말한다. 멕시코에 있는 가족들에게 부치는 돈이 아버지가 만족하기에는 부족하다는 것을 그는 알고 있다. 아버지는 우아무스티틀란에 있는 콘크리트 집에 2층이 없는데도 2층으로 올라가는 계단을 만들고 있다. 아들이 뉴욕에서 큰 돈을 벌고 있다고 믿는 아버지는 2층을 완성할 돈이 미국에서 오기만을 기다리고 있다.

페랄타는 한 번도 북쪽에서 사는 자식의 삶의 진실을 아버지에게 말해준 적이 없다. 그는 아버지가 미국에 대해 갖고 있는 이미지는 다른 시대의 것이라고 말했다. 그 늙은 사내는 미국에서 멕시코계 이민자로 사는 것이 얼마나 힘든지 모른다. 사실 지금까지 우아무스티틀란을 떠난 그 어떤 젊은이보다도 더 힘들다. 지난 15년간 이곳에서 쌓아온 모든 것들은 마치 지진 속의 흙집처럼 쉽게 부서질 수 있다. 그리고 이제 다시 시작할 때다.

페랄타, 계급 갈등의 희생양이 되다

2003년 늦은 봄, 여느 날처럼 3가이스의 분주한 점심 시간이 끝나갈 무렵이었다. 페랄타는 자신이 먹을 칠면조 샌드위치를 만들어서 안쪽 테이블에 자리를 잡았다. 멕시코인 계산대 점원과 접시닦이, 버스보이들도 각자 쉬고 있었고, 그리스인 웨이터들은 늦게까지 남은 손님들 뒤치다꺼리를 하고 있었다.

싸움이 어떻게 시작됐는지는 명확하지 않다. 어쨌든 그리스인 웨이터와 멕시코인 버스보이 사이에 말다툼이 벌어졌다. 고성이 오갔고, 웨이터가 버스보이에게 주먹을 휘두르고 귀를 붙잡았다. 페랄타를 비롯한 멕시코인들은 얼어붙었다.

레스토랑 입구에서 현금계산기를 지키고 있던 잔니코스는 뭔가 잘못되고 있다는 걸 깨닫고 말리기 위해 달려갔다. 잔니코스는 이렇게 말했다. "둘 사이에 서서 떼어내면서 말했습니다. '여기서 이러지 말란 말이야. 절대로 여기서 싸우진 말라고.'"

잔니코스는 누가 먼저 싸움을 시작했는지는 상관하지 않았다고 말했다. 그는 버스보이와 동업자의 조카인 웨이터를 둘 다 쫓아냈다.

그러나 페랄타를 비롯한 몇몇 멕시코인들은 잔니코스가 버스보이의 머리채를 휘어잡는 모습을 보았다. 페랄타는 만약 다른 멕시코인이 둘 사이에 끼어들어 말리지 않았다면 잔니코스가 그를 때렸을 거라고 말했다. 멕시코인들은 몹시 화가 났다. 그들은 잔니코스가 잘잘못을 따져보지도 않고 그리스인 편을 들었다고 느꼈던 것이다.

잔니코스는 사실이 아니라고 부인했지만 문제 해결에는 별 도움이 되지 않았다. 부드러웠던 레스토랑의 분위기가 바뀌었다. "모두가 약간은 냉랭해졌습니다." 잔니코스가 회상했다.

그때 그는 멕시코인들이 노동단체인 '레스토랑고용기회센터Restaurant Opportunities Center'에 접근하려 했다는 사실을 알지 못했다. 마침내 페랄타를 비롯한 멕시코인 여섯 명은 이 단체와 협력했다. 페랄타는 주인이 알게 되면 이민 서류 신청을 더 이상 도와주지 않을지도 모른다는 두려움 때문에 처음에는 주저했다. 노동단체는 주인이 절대로 알지 못하게 하겠다고 약속했다.

주인들은 노동단체에 접근하는 것을 자신들을 강탈하려는 시도로 보았지만, 멕시코인들이 보기에는 냉정한 주인들에게 맞서 싸우는 힘없는 노동자들에게 적합한 계급투쟁이었다.

그들의 불만은 승강이 수준을 넘어섰다. 그들은 3가이스에서 단 한 명만 빼고는 그리스인만 웨이터가 될 수 있었다고 불평했다. 그들은 멕시코군 장교 출신으로 누가 봐도 그리스인처럼 생긴 살로몬 파니아과에게 접근해 자신들 편에 서달라고 설득했다. 그는 유일한 멕시코인 웨이터였다. 그러나 노동단체가 레스토랑 앞에서 피켓 시위를 하던 날 파니아과는 주문을 받아 적는 메모판을 내려놓지 않았다. 일군의 시위대가 잠시 매디슨 애비뉴를 행진하자 잔니코스와 동업자들은 내키지는 않았지만 합의를 하기로 동의했다.

잔니코스는 배신감을 느꼈다고 말했다. "이 사내들을 볼 때마다 처음 시작했을 때의 나를 봅니다. 그래서 언제나 그들을 돕기 위해 노력했어요. 나는 잘못한 게 아무것도 없어요."

버스보이와 이 사건에 관련된 멕시코인은 수천 달러를 받았고, 주인들은 이미 고용한 멕시코인들에게 몇 달 안에 웨이터로 승진시켜주겠다고 약속했다. 그러나 그것으로 끝난 게 아니었다.

다른 멕시코인들이 보복할지도 모른다고 두려워한 파니아과는 독립을 하기로 결심했다. 잔니코스에게 자문을 구한 끝에 그는 퀸스의 자메이카에 있는 그리스 식당 지분 3분의 1을 샀다. 그는 그것을 아버지 명의로 샀다고 말했는데, 나이 많은 그의 아버지는 1986년의 사면으로 합법 체류자가 되었기 때문이다.

파니아과가 떠난 뒤 3가이스는 합의안의 문구에도 불구하고 열 달 동안 멕시코인들을 웨이터로 승진시키지 않았다. 3월에 이곳에서 4년 동안 일한 억양 강한 멕시코인 버스보이가 웨이터 넥타이를 맬 기회를 갖게 됐다.

결국 파니아과가 떠날 즈음 페랄타도 3가이스를 떠나야 할 처지가 됐다. 페랄타의 말로는, 잔니코스의 동업자들은 그가 노동단체 편에 섰다고 의심했고, 부당하게도 그가 일을 못한다고 타박하기 시작했다. 그들은 페랄타의 근무일을 일주일에 5일로 줄여버렸다. 페랄타가 축구를 하다가 발목을 다치자 그들은 상태가 호전될 때까지 집에서 쉬라고 말했다. 페랄타는 2주 뒤 일터로 돌아왔지만 해고됐다.

잔니코스는 이런 설명을 일부 인정하긴 했지만, 해고는 싸움이나 계속된 분쟁과는 아무런 상관이 없다고 말한다. 그는 페랄타에 대해 이렇게 말했다. "만약 그가 잘했다면 결코 해고되지 않았을 겁니다. 나를 믿어도 좋습니다."

페랄타는 잔니코스의 말을 전해 듣고는 어깨를 으쓱했다. "나는 내 일을 알고 내가 무엇을 할 수 있는지도 알고 있습니다. 뉴욕에는 레스토랑이 많고 노동자도 많이 있어요."

페랄타가 3가이스에서 해고됐을 때 다른 멕시코인이 그의 자리를 채웠다. 그가 퀸스에 있는 그리스 식당에서 다른 멕시코인의 자리를 채운 것처럼 말이다.

그러나 그 식당은 매디슨 애비뉴에 있지 않았고, 공들인 뉴질랜드 홍합이나 버섯 모양의 푹신한 의자 같은 것도 없었다. 버터 바른 롤을 곁들인 수프 한 그릇을 2달러에 파는 퀸스의 식당에서 그가 하루에 10시간씩 6일 동안 버거를 튀기거나 커다란 그릴에서 기름덩어리를 벗겨내면 적어도 일주일은 매디슨 애비뉴에서 벌었던 만큼 벌 수 있었다.

스케줄은 계속해서 바뀌었다. 어떨 때는 점심 시간과 저녁 시간에 교대로 일했다. 밤 시간이 끝날 즈음이면 너무 지치곤 했는데, 특히 그리스인 주인과 싸우는 일이 잦았기 때문이다. 그런데도 집으로 돌아가고 싶은 마음이 들지 않았던 페랄타는 야간 관리자가 보안문을 내린 뒤에도 거리를 헤매곤 했다.

페랄타는 어느 날 밤 루스벨트 애비뉴에 있는 전화센터에 잠깐 들러 어머니에게 전화를 걸었다. "아무 문제도 없어요." 그는 지난번에 보내준 100달러를 어디에 썼는지, 그리고 필요한 건 없는지 물었다. 우아무스티틀란에서는 항상 필요한 게 있다.

페랄타는 전화센터에서 나와 새벽 4시까지 문을 여는 선술집인 스콜피온으로 갔다. 기다란 바에 앉아 보드카와 크랜베리 주스를 홀짝이며 텔레비전에서 나오는 축구 경기를 보다가 스페인어를 몇 마디밖에 할 줄 모르는 가슴 큰 브라질계 바텐더를 힐끔거렸다. 그리고 거의 11시가 다 되어서야 하루를 마쳤다.

집에 와서 방문을 조용히 열었다. 불은 꺼져 있었고 텔레비전에서는 소곤거리는 소리가 들려왔다. 가족들은 가구점에서 압류하겠다고 위협한 2단 침대에서 잠들어 있었다. 앤터니는 위층에서 몸을 웅크리고 있었고, 마틸데와 하이디는 아래층에서 서로 껴안고 있었다. 페랄타는 플라스틱 의자를 치우고는 매트리스를 바닥에 깔았다.

아이들은 뒤척이지 않았다. 아내는 눈꺼풀이 떨렸지만 아무 말도 하지 않았다. 페랄타는 가족들과 자신의 집을 올려다보았다.

"뉴욕에서 제 삶이 이렇습니다."

상상했던 것과는 많이 달랐지만 그의 삶이었다. 2005년 3월 초하이디의 세 살 생일이 막 지났을 때 그는 퀸스의 식당 주인과 심하게 싸우고 그만두었다. 자존심을 지키는 것이 자신에게 남은 몇 안되는 자유 가운데 하나라고 내심 생각했다.

"새 일자리를 찾을 겁니다." 그는 직장을 그만둔 지 며칠 뒤 집에서 하이디를 돌보면서 말했다. 이미 그달 말 월세까지 치렀고, 친구도 있다고 말했다. 사람들은 그를 안다. 일자리에게 페랄타의 의미가 그러하듯, 페랄타에게도 일자리는 언제든 바꿀 수 있는 것이다. 그릴을 담당하는 일자리를 찾지 못하면 테이블을 치우거나 접시를 닦으면 된다. 이 식당에 일자리가 없으면 다른 식당으로 가면 된다.

"아무래도 상관없어요."

그러나 페랄타가 뉴욕의 다른 곳에 있는 그리스 식당에서 그릴담당 일자리를 구하기까지는 3주가 걸렸다. 급여는 예전과 비슷했고, 메뉴도 그리스식 버리토(샌드위치)가 추가된 것 외엔 얼추 같았다. 그는 자신에게 주어진 더 나은 미래를 위한 기회도 미국에 온 이래로 변함없이 대충 같다는 것을 알고 있다.

긴 하루의 끝

3가이스의 창밖은 이제 다시 어두워졌다. 저녁 9시 무렵이었다. 잔니 코스는 멕시코인 요리사에게 작은 연어 스테이크를 약간 덜 익혀서 가져오게 했다. 여느 날과 마찬가지로 10시간 동안 바쁘게 일했지만 꽤 괜찮은 날이었다. 아침 장사에서 나온 영수증만으로도 2만 3000 달러에 달하는 한 달 임대료의 하루치 금액을 넘어섰다.

그는 연어를 서둘러 먹고는 혼자서 홀을 지키는 웨이터에게 마지막 지시를 남기고 모두에게 저녁 인사를 했다. 그는 옅은 황갈색 코듀로이 재킷을 입고 플로리다에서 산 야구 모자를 썼다.

"굿나잇." 식당의 빈 테이블에게 그가 인사했다.

어렵게 얻은 성공이 만족스러운 잔니코스가 매디슨 애비뉴를 따라 천천히 걷고 있을 때 3가이스의 칸막이벽의 문들이 철커덕 소리를 내며 열렸다. 스페인어 말소리가 아래에서 희미하게 들려왔다. 10시간 전 일을 시작한 젊은 멕시코인이 커다란 쓰레기 봉지를 들고 올라와서는 인도를 향해 힘껏 던졌다. 뉴질랜드산 홍합 껍데기. 먹다 남은 포르토벨로 버섯. 곱게 간 디카페인 카푸치노.

검은 비닐 쓰레기 봉지가 3가이스 앞에 높게 쌓일 때까지 줄지어 나왔다.

"서둘러!" 젊은이가 다른 멕시코인들에게 소리쳤다. "나도 빨리 집에 가고 싶어."

—앤서니 드팔마Anthony DePalma

9

소비의 향연,
새로운 구별 짓기

고디바 초콜릿은 뉴욕 맨해튼의 매디슨 애비뉴에 있는 이 가게를 비롯해
2500개 상점에서 고급 초콜릿을 판다.

오후 4시 30분 비치우드플레이스몰에서는 달콤한 기회의 시간이 펼쳐진다.

쇼핑객들은 저녁 시간을 앞두고 몰려들어 이리저리 상점들을 순회하고, 점원들은 때를 맞춰 단순한 구경꾼부터 구매자까지, 최저 생계비를 벌기에도 벅찬 사람부터 플래티넘 카드를 가진 사람까지 말을 붙이려고 노력하면서 의례적인 호객 행위를 시작한다.

이 일이 항상 쉬운 건 아니다. 삭스 5번가의 엘린 레비Ellyn Lebby는, 정기적으로 3000달러짜리 정장을 사지만 "겉모습은 밖에서 컵을 흔들며 서 있어야 할 것 같은"(동전을 구걸하는 거지처럼 행색이 초라하다는 뜻 ─ 옮긴이) 고객이 있다고 말했다.

어린이 용품점 오하우큐트의 주인 키라 알렉산더Kira Alexander는 쇼핑객의 손톱을 체크한다. 좋은 매니큐어는 보통 돈을 뜻한다. 하지만 알렉산더도 늘 그런 건 아니라고 인정했다. "내 손톱도 별로지만 내가 원하는 것을 살 수 있어요."

쇼핑몰 아래쪽에 있는 고디바 초콜릿 가게의 관리인 마크 피오릴리Mark Fiorilli는 누가 돈이 있는지 알아채려고 애쓰지 않는다. 몇 시간 동안 커다란 다이아몬드 반지를 낀 젊은 여성에서부터 장애인 수표로 살아가는 전직 항공기 부품 검사원까지 이 가게에서 쇼핑을 한다.

"어림짐작할 수가 없습니다." 피오릴리가 말했다.

과거에는 차고 앞에 세워진 승용차나 손에 들고 있는 지갑으로 사회적 계급을 쉽게 가늠할 수 있었지만 이제 미국인들이 사는 물건으로는 계급을 구분하기가 어려워졌다. 소득이 높아지고 가격이 평준화한 데다 신용카드를 쉽게 만들 수 있게 되면서 너무도 많은 미국인들이 폭넓은 범위의 최첨단 제품을 구입할 수 있게 되었고, 신분을 알려주는 전통적 표지였던 제품들은 대부분 의미가 없어졌다.

정확히 중간계급으로 분류되는 가족도 평면 텔레비전을 사고, BMW를 몰며, 값비싼 초콜릿의 달콤한 맛을 마음껏 즐길 수 있다.

부자들도 지난 몇 년간 고급 상품으로 진열대를 채워온 코스트코Costco(회원제로 운영되는 대형 소매 업체 — 옮긴이)나 타깃Target(월마트에 이은 미국 제2의 대형 소매 업체 — 옮긴이)에서 와인과 목욕 수건을 구매함으로써 이같은 풍경을 더 모호하게 만들고 있다.

이제 모두가 고위층의 현란한 옷 대신 격식을 차리지 않는 청바지와 운동복을 입으면서 계급 없는 군중으로 뒤섞인 것처럼 보인다. 남에게 기대지 않고 살아가는 부유한 남성인 딕 체니Dick Cheney 부통령은 2005년 폴란드에서 열린 나치 죽음의 수용소 해방 기념 행사에 파카 잠바를 입고 참석했다.

그러나 신분을 나타내는 상징들은 사라지지 않았다. 사치품이 싸구려처럼 팔리기 시작하자 시장은 쉽사리 한 걸음 더 나아가 더 값비싼 제품들을 내놓으며 더 높은 곳에 있는 부자들에게 강매조로 선전했다. 13만 달러짜리 허머 자동차(제너럴모터스의 오프로드 차량 상표. 군사용 다목적 차량인 험비를 기반으로 만들어져 크고 강력한 차량으로 인기를 끌었으나 2010년 부도로 인해 생산이 중단됐다. — 옮긴이), 엄마와 아기의 모습이 새겨져 있고 다이아몬드가 박힌 1만 2000달러짜리 테니스 팔찌 세트, 600달러짜리 청바지, 800달러짜리 이발, 400달러짜리 와인을 광고하는 매끈한 잡지가 팔리는 곳이 미국이다.

그런데 눈에는 덜 띄지만 훨씬 강력한 초고급 소비의 새로운 표지가 있다. 미국의 최고 부자들은 갈수록 개인 서비스나 독점적 체험에 더 많은 돈을 쓰는 데 그치지 않고, 담장을 더욱 높이며 일반 대중들과 거리를 두고 있다.

이런 부류의 미국인들은 9000명의 개인 요리사를 고용하고 있다. 전미개인요리사협회에 따르면, 10년 전에는 고용된 개인 요리사가 400명이었다. 이 부자들은 전보다 훨씬 이국적인 휴가를 즐기며 종종 개인 비행기를 탄다. 그들은 값비싼 성형수술을 받기 위해 성형외과 의사와 피부과 의사를 찾는다. 그들은 아이들을 한 시간에 400달러나 받는 수학 개인 교사에게 맡기고, 프랑스 샤토에서 열리는 여름 캠프에 보내며, 자금 관리 집중 코스에서 배우게 한다.

"누가 평면 텔레비전을 갖고 있느냐 없느냐는 이제 그들이 누리는 서비스, 그들이 사는 곳, 그들이 다른 사람의 노동에 대해 갖고 있는 통제권, 그들을 위해 일하는 사람들을 살펴보는 것보다 의미가 없을 겁니다." 뉴욕대학교의 사회학자이자 작가인 돌턴 콘리Dalton Conley가 말했다.

상품과 서비스는 언제나 사회적 지위를 재는 척도였다. 지난 세기 초에 '과시적 소비'라는 말을 만들어낸 정치경제학자 소스타인 베블런Thorstein Veblen은 부유한 '유한계급'이 '삶의 방식과 가치의 기준'에서 다른 모든 사람들과 빗장을 쳐서 가른다고 보았다.

베블런은 다음과 같이 기록했다. "이런 기준들을 어느 정도 근사하게라도 준수하면 아래 등급에 있는 계급 위에 군림하게 된다."

오늘날도 상황은 마찬가지다. 『뉴욕타임스』가 2005년 실시한 여론조사에서 미국인의 81퍼센트가 값비싼 제품을 사야 한다는 사회적 압력을 느꼈다고 답했다.

그러나 베블런이 그 압력이 어디에서 오는지는 내다보지 못했다고 줄리엣 쇼어Juliet B. Schor는 말한다. 그는 보스턴칼리지의 사회학과 교수로서 소비자 문화에 대해 광범위하게 글을 써왔다. 부자들이 항상 기준을 세우기는 하지만 실질적인 사회적 경쟁은 대부분 인접한 수준의 사람들, 즉 거의 같은 계급에 있는 사람들 사이에서 나타나는 경향이 있다는 것이 쇼어의 설명이다.

지난 30여 년 남짓 동안 사람들이 점점 더 이웃들과 분리되면서 부자들의 장난감과 토템을 찬양하는 잡지와 텔레비전 쇼는 계급 집단을 가로질러 완전히 새로운 욕망의 층위를 조성했다. 이웃의 물건들을 탐내는 '수평적 욕망'이 텔레비전에서 보여주는 부유하고 권력 있는 사람들의 물건을 탐내는 '수직적 욕망'으로 대체됐다고 쇼어는 말했다. "옛 시스템에서는 장삼이사에게 뒤처지지 않으려 했지만 새로운 시스템에서는 빌 게이츠를 따라가려 하고 있습니다."

당연하게도 억만장자들만 실제로 그렇게 할 수 있다. 평범한 미국인들은 자신들과 매우 부유한 사람들 사이에서 벌어져만 가는 소득 격차를 그저 두 눈 뜨고 바라만 보고 있다. 이 격차는 수직적 욕망을 더욱 비현실적으로 만들고 있다. "평균적인 사람과 그들이 열망하는 것들 사이의 격차가 더 커지고 있습니다." 쇼어가 말했다.

그러나 다른 소비자 행동 연구자들은 사람들이 어떤 재화를 원하는 것과 실제로 갖는 것은 서로 경쟁하는 관계가 아니라고 말한다. 이런 관점에서 보자면 미국인들은 최고위층을 단순히 모방하기보다는 자신들이 정당한 보상을 받거나 사회에서 차지할 공간을 확보할 기회를 얻는 데 더 신경을 쓴다.

일리노이대학교의 광고학과 교수 토머스 오귄Thomas C. O'Guinn은 이렇게 말했다. "사람들은 물질을 소유하는 것을 좋아하고, 물질은 사람들에게 좋습니다." 그는 마케팅과 소비에 관한 교과서를 썼다. "근대와 함께 도래한 것 가운데 하나는 모든 종류의 정체성입니다. 어떤 사람이 되고 싶은지, 어떻게 자신을 치장할 것인지, 어떤 생활방식을 원하는지를 선택할 수 있는 능력이죠. 그리고 당신이 소비하는 것은 이 능력과 분리될 수 없습니다."

떨어지는 가격, 늘어가는 빚

오하이오 클리블랜드의 부유한 교외 지역에 있는 비치우드플레이스 몰에서는 오하우큐트의 80달러짜리 면 롬퍼스rompers(통으로 된 아기 옷 – 옮긴이), 비글로 약국의 40달러짜리 향기 나는 양초 같은 고가의 상품들이 굴러다니고 있었다. 그리고 어디에서나 휴대전화 벨소리가 울려 퍼졌다. 살사풍의 벨소리가 들려오는가 하면 어떤 휴대전화에서는 브람스 음악의 한 소절이 흘러나왔다.

휴대전화만큼 사치품의 대중화를 잘 보여주는 품목도 없다. 휴대전화는 1987년 나온 영화 〈월스트리트Wall Street〉에서 마이클 더글러스가 장식용 쿠션만 한 크기의 휴대전화에 소리를 질러대며 걸어가는 장면을 통해 최상의 고급스러운 장난감으로 각인됐다.

이제 미국인 두 명 가운데 한 명은 휴대전화를 사용한다. 2004년 가입자가 1억 7600만 명이었는데, 시장조사 기관 IDC에 따르면 10년 전에 비해 8배로 늘어난 수치다. 휴대전화의 가격이 1994년에 비해 8분의 1로 급락하면서 가입자가 급증한 것이다.

이 소비 패턴은 가전제품에서도 익숙한 현상이다. 노트북컴퓨터, DVD 플레이어처럼 최첨단 장비로 출발했던 것들이 가격이 떨어지고 생산량이 증가하면서 점차 대중 시장으로 이동했는데, 이는 점점 더 많은 물건을 만들어내고 있는 개발도상국의 값싼 인건비가 있었기에 가능했다.

이러한 '글로벌 소싱'이 미국 전역의 시장에서도 비슷한 영향을 미쳤다. 예를 들어 전체 의류 가격은 지난 10년간 거의 오르지 않았으며 오히려 백화점 가격은 1994년부터 2004년 사이에 일반적으로 10퍼센트 낮아졌다고 연방 정부는 말한다.

가격이 여전히 무서울 정도로 높은 사치품에서도 일부 생산자들은 근래에 소득이 전반적으로 높아진 중간계급 소비자를 목표로 삼아 폭넓게 다가가는 전략을 찾아냈다. 미국의 중위 소득 가구의 소득은 인플레이션을 감안해도 1983~2003년에 17.6퍼센트 올랐다.

최고급 승용차 회사들이 이러한 시장에 접근하기 위해 선택한 방법 중 하나는 덜 부유한 젊은이들에게 값싼 모델을 소개하는 것이었는데, 거기에는 소득이 늘어나면 더 높은 수준의 모델로 업그레이드할 것이란 기대가 깔려 있었다.

메르세데스벤츠, BMW, 아우디는 이미 3만 달러짜리 승용차들을 내놓았고, 이제 2만 5000달러에 팔릴 모델을 소개할 계획이다. 초보자용 고급 차는 자동차 산업에서 가장 빠르게 성장하는 분야다.

온라인 자동차 안내 사이트인 오토블로그의 편집자 데이비드 토머스David Thomas는 이렇게 말했다. "'준고급 차'라는 새롭고도 큰 트렌드가 미국에 불어닥치고 있습니다. 현재의 실제 추세는 한 단계 더 낮추는 것인데, 자동차 생산자들은 '더 낮게'라고 말하지는 않으려 하고 있습니다."

고급 차 산업이 중산층이 더욱 쉽게 접근할 수 있는 제품을 내놓은 사례라면, 과거 상류층을 주로 상대했던 유람선 산업은 또 다른 사례다.

『크루즈인더스트리뉴스Cruise Industry News』의 편집자 오이빈드 매시슨Oivind Mathisen은 이렇게 말했다. "유람선 사업은 전반적으로 진화해왔습니다. 중간 수준의 소득을 올리는 사람에게도 오락을 제공하는 사업이 됐죠." 매시슨은 크루즈 라인 시장에서 고급 부문은 10퍼센트에 불과하다고 말했다.

그러나 오늘날의 유람선은 선상 아이스스케이트, 인공 암장 같은 새로운 편의 시설을 제공함으로써 계속해서 상류층이 누린 신비로움의 흔적을 이용하고 있다. 선장과의 저녁 식사는 한물갔지만 유람선은 여전히 스파와 미용실, 세련된 레스토랑 등으로 고객들을 보살핀다.

이 모든 것을 누리는 데 1인당 1주일에 평균 1500달러가 든다. 이 가격은 지난 15년 동안 거의 변하지 않았다고 매시슨은 말했다. 한편으로 유람선 산업은 폭넓은 계층의 고객들을 수용할 수 있도록 더 큰 규모의 배를 구입하여 가격을 낮췄다.

그러나 시장은 알맞은 가격이라는 것을 허울 삼아 이성을 흐렸다. 미국인들은 빚을 내거나 신용카드로 값비싼 장난감들을 사들였다. 연방준비제도이사회에 따르면 미국인들은 현재 대략 7500억 달러에 달하는 리볼빙 대출을 떠안고 있는데, 이는 20년 전에 비해 6배로 늘어난 규모다.

이처럼 거대한 신용 폭발은 부분적으로는 신용 산업 자체가 폭발적으로 성장한 데에서 기인한다. 지난 20년 동안 고객들이 높은 수수료를 내고 빚으로 살아가는 위험을 감수하겠다는 의지를 보이기만 하면 대부업자들은 점점 더 관대하게 대출을 연장해주었고, 신용 위험도 측정이 더욱 정교해졌으며, 대출 한도에서도 관대한 모습을 보여왔다.

그 결과 가운데 하나를 예로 들자면, 20년 전에는 자기 집을 사는 것을 감히 꿈도 꾸지 못했던 미국인 수백만 명이 기록적일 정도로 높은 비율로 집을 사고 있다. 담보대출 이자율이 급격히 떨어지는 동시에 담보대출 승인이 급증하고, 저소득층에게 높은 이자로 신용을 제공하는 서브프라임 대출 산업이 등장했기 때문이다.

전미소비자연맹의 입법 담당자인 트래비스 플렁켓Travis B. Plunkett은 이렇게 말했다. "대부업자들은 '신용 민주화'라는 용어를 사랑합니다. 전반적으로 이것은 긍정적인 효과를 가져왔습니다. 신용 대출에 접근할 수 없었던 많은 가족들이 이제는 접근하고 있으니까요. 문제는 신용의 홍수가 이제 재정적으로 취약한 가족들에게 닿고 있고, 그 대부분이 결과는 생각하지 않고 무모하고 공격적인 방식으로 확장됐다는 것입니다. 대부업자들은 이런 변화가 경제를 앞으로 이끌었고 많은 가족들의 재정적 삶을 개선했다고 말하지만, 그들은 등식의 나머지 절반에 대해서는 말하지 않고 있습니다."

소비지상주의에 대응하는 마케터

마케팅 담당자들은 이처럼 유동적인 소비지상주의consumerism 세계에 적응해야만 했다. 예전에는 연간 3만 5000~5만 달러를 벌어들이는 남성들로 구성된 핵심 소비자 집단에 광고를 집중했지만 이제는 더욱 세부적으로 미세 조정을 해서 소득수준뿐 아니라 관심사와 취향에 따라 잠재적인 고객들을 구분해내려고 노력하고 있다.

보스턴의 마케팅 전문가 이드리스 무티Idris Mootee는 이렇게 말했다. "시장의 역학은 변했습니다. 과거에는 당신이 얼마만큼 구매할 수 있는가에 따라 명확하게 정의됐습니다. 누군가 어떤 특정 그룹에 속할 경우 월마트에서 가장 싼 커피와 가장 싼 스니커즈를 샀죠. 이제 사람들은 가장 싼 소비재 브랜드를 사더라도 동시에 스타벅스 커피나 아이팟을 원합니다."

예를 들어 상인이 두 사람을 보고 있다고 하자. 한 사람은 중산층이고 다른 한 사람은 부유층이지만 그들은 같은 골프 잡지를 보고 같은 광고를 보며, 십중팔구 같은 품질의 드라이버를 살 것이다. 그들의 차이점은 한 사람은 퍼블릭 코스에서 플레이하며 허세를 부리지만 다른 한 사람은 가격 따위는 눈 하나 깜짝하지 않고 사설 컨트리 클럽에서 공을 친다는 것이다.

유사한 사례로, 중간 수준의 소득을 올리는 사무직 관리자는 샤넬 재킷 같은 고급품을 사기 위해 돈을 모을 것이다. 하지만 250만 달러짜리 집에 여러 벌의 다른 샤넬 재킷을 갖고 있는 주부도 이 옷을 입는다.

마케팅 담당자들은 요즘 쇼핑객들이 기준으로 삼는 우선순위가 예측 불가능하다는 것도 알고 있다. 아들 데이비드와 함께 비치우드 쇼핑몰을 배회하던 로버트 그로스Robert Gross는 연례 행사로 유람선을 타지 않으면 안 된다고 말한다. 예순다섯 살인 그로스는 새끼손가락에 다이아몬드 반지 두 개를 끼고 있고, 캐시미어 스웨터로 옷장을 채워두었다. 메르세데스 CLK 430을 몰고 있는 그로스는 이렇게 말했다. "내 차 번호판에는 '밥을 위한 벤츠BENZ4BOB'라고 씌어 있습니다. 이것이 내가 누구인지 말해주나요?"

사치품에 대한 취향은 그로스에서 그치지 않는다. 회계사인 그로스는 아들 데이비드가 고디바에서 아내에게 준다며 30달러를 주고 초콜릿 한 상자를 사는 것을 보고 비웃었다. 그로스는 동네의 수제 초콜릿 가게를 이용했다. "나는 몰리에 가서 반값에 초콜릿을 샀죠."

그러나 사치품으로 명성을 쌓은 회사들이 일부 제품의 가격을 낮추고 고객층을 넓힌다 할지라도 사치품 영역에서 발판을 잃어버리기를 바라는 회사는 하나도 없을 것이다. 한 가지 고가품이 대중적인 시장으로 미끄러져 들어간다 할지라도 새로운 것이 꼭대기 자리를 차지할 것이다.

1990년대 초반까지 고디바는 니먼 마커스 백화점과 몇몇 고급 상점에서만 찾아볼 수 있었다. 오늘날 이 회사의 고객들은 경제적 스펙트럼의 거의 전 영역에 분포하고 있다. 이 회사의 사탕통은 홀마크 카드 가게와 딜라즈 같은 중류급 백화점을 포함한 2500여 점포에서 살 수 있다.

캠벨 수프 컴퍼니 소속인 북미 고디바의 사장 진 던킨Gene Dunkin은 이렇게 말했다. "우리 제품은 살 수 있는 사치품이기 때문에 사람들은 우리 브랜드에 참여하길 원합니다. 1달러 미만에서 350달러까지 믿음직한 럭셔리 패키지를 통해 우리는 매우 비싼 제품이라는 인식을 줍니다."

이 회사는 동시에 명실상부한 사치품 시장도 고수하고 있다. 초콜릿 사치품 시장은 장인들의 작고 비싼 수제 초콜릿으로 점점 더 많은 고객들을 유혹하고 있는데, 초콜릿 장인들의 상당수가 유럽 출신이며 미국에서 점포 수를 늘려가고 있다. 2년 전 고디바는 가장 값비싼 제품군인 '지G'를 출시했는데, 수제 초콜릿으로 500그램에 100달러가 책정됐다. 오늘날 이 제품은 휴가철에만 일부 엄선된 상점에서 살 수 있다.

새로운 신분의 상징들

미국 전체가 평범한 존스씨(장삼이사를 뜻하는 영어식 표현 — 옮긴이)네가 된 것처럼 보이는 동안 가장 부유한 존스씨네는 이미 앞으로 나아갔다.

일부는 더 크고 더 호화로운 집을 사서 다른 미국인들과 멀리 거리를 두면서 눈앞에서 빠져나가 버렸다. 오늘날 진정한 상류층의 척도는 그 집을 가득 채운 개인 서비스에 있다.

돌턴 콘리는 이처럼 눈에 덜 띄는 신분의 표지를 '위치재positional goods'라고 부른다. 맞벌이를 하는 어느 부부가 아이를 학교에서 데려올 베이비시터를 채용했다고 가정해보자. 이들의 신분은 일반적으로 아이를 직접 데려오는 부부에 비해 낮을 것이다. 왜냐하면 아이를 직접 데려오는 부부는 둘 중 한 사람만 일하고 한 사람은 집에 머물 수 있을 정도로 구매력이 충분하기 때문이다. 그러나 이 부부도 방과 후 학교 위계질서에서는 두 번째 단계밖에 차지하지 못할 것이다. "최상위 그룹은 유모를 둔 부모입니다." 콘리가 말했다.

그는 최고위층 사람들 사이에서 신분이란 "그들을 위해 누군가가 기다리는 시간, 네일 살롱에서 서비스 받는 시간이며, 그들을 위해 일하는 사람들의 숫자에 달려 있습니다"라고 말했다. 인구조사국 자료에 따르면 1997년부터 2002년 사이에 머리 손질, 손톱 손질, 피부 미용 관련 세입은 42퍼센트나 증가했다. 인구조사국이 '기타 인적 서비스'라고 표현한 분야에서의 세입은 74퍼센트 증가했다.

몇몇 사례에서는 서비스와 경험이 사물을 대신해서 높은 신분을 나타내는 진정한 상징으로 자리 잡았다고 할 수 있다. 브라이언

존슨^{Brian Johnson}과 함께 마케팅 전략에 관한 책 『대중의 풍요^{Mass} ^{Affluence}』를 쓴 폴 누네스^{Paul Nunes}는 이렇게 말했다. "누구든 값비싼 차를 살 수 있습니다. 그러나 사람들이 점점 더 경쟁하고 있는 것은 생활방식입니다. 당신의 아이가 어떤 캠프에 얼마나 자주 가고, 당신이 어떻게 휴가를 보내고, 심지어 동정심 많은 부자들이 서로 경쟁하듯 해비타트 운동(사랑의 집짓기 운동 ─ 옮긴이)에 얼마나 자주 일하러 가느냐 하는 문제이지요."

미국의 가장 큰 도시들에서는 평소 평범했던 서비스들이 단순히 가격표 때문에 신분의 상징으로 변모했다. 뉴욕에서는 어느 미용실이 머리를 자르는 데 800달러를 받는 서비스를 선보였고, 2004년 문을 연 일식집 마사^{Masa}는 350달러짜리 정식을 판다. 세금과 봉사료, 음료를 포함하지 않은 가격이다. 이것을 경험한다는 것은 좋은 음식 또는 지극히 아름다운 어떤 것을 소비하는 차원이 아니다. 이곳에서는 주방장이 무엇을 어떤 속도로 먹어야 하는지 결정하는데, 중요한 것은 동양적 신비감을 자아내는 음식과의 조우에서 느껴지는 변화다. 그리고 마지막으로 특권층만 누리는 고급스러움이 있다. 이곳은 좌석이 26개밖에 없다. 뉴욕에서 가장 선호하는 신분의 상징은 마사 예약이다.

콘리는 이것이 바로 시장이 작동하는 방식이라고 말했다. 어떤 욕망의 대상이든, 또 그것을 능가하는 다른 욕망의 대상이 나타나고, 그렇게 열망은 더욱 뜨거워진다.

"계급은 이제 스리카드 몬테^{three-card monte}(퀸을 포함한 카드 3장을 보인 다음 교묘한 솜씨로 뒤섞어 엎어놓고는 그 퀸을 맞히게 하는 도박 — 옮긴이)와 정말 비슷해졌습니다. 포부가 큰 하층계급의 어떤 사람이 껍질 속에 있는 열매를 찾았다고 생각하는 순간 그것은 이동하고 그는 한발 늦게 되는 겁니다."

—제니퍼 스타인하우어 Jennifer Steinhauer

10

화이트칼라 유목민, 그들만의 분리된 세상

조지아의 앨퍼레타 같은 공동체는 직장 때문에 이동하는
전문직들과 가족을 위한 천국이 됐다.

금발 섞인 머리를 양 갈래로 묶은 마흔한 살의 캐시 링크Kathy Link는 키가 175센티미터이고 창처럼 자세가 꼿꼿하다. 빨간 선바이저 모자와 흰색 테니스복 차림의 그녀는 포럼짐Forum Gym 체육관의 피트니스 강좌를 이끌고 있으며, 테니스 복식 경기도 잘한다. 그녀의 의자 밑에는 색색으로 분류된 일정표가 있다.

여덟 살배기 딸 컬리는 빨간색으로 표시한다. 2004년 8월 말에 그녀는 학교를 마치고 집에 온 컬리를 차에 태워 축구 연습장에 데려다주었다. 열두 살 크리스티나는 암청색, 열세 살 켈시는 노란색이다. 크리스티나는 6.5킬로미터 북쪽에서, 켈시는 22.5킬로미터 남쪽에서 축구 강습을 받아야 한다.

일하는 시간은 청색, 가족을 위한 시간과 자원봉사 시간은 연녹색으로 표시한다. 그녀는 조지아 주 앨퍼레타의 메드록브리지 636번지에 있는 자신의 집 앞 도로에서 뒤엉켜 있는 교차로들을 살펴본다. 2001년 이곳으로 이사를 와서 교통 때문에 질식할 뻔한 경험을 한 뒤 그녀는 원칙을 하나 세웠다. "어딜 가든 집에서 1.6킬로미터 이내의 거리로만 이동하기로 했어요." 그러나 하루에도 두세 번씩 원칙을 어긴다. 그녀는 차를 타고 1.6킬로미터의 10배 또는 15배를 이동한다.

그녀는 가죽 시트를 씌운 제너럴모터스의 2003년형 8인승 흰색 데날리 SUV의 운전대를 움켜쥐었다. "이봐, 제발 좀 가자." 그녀가 애원했다. 손가락 마디마디가 하얗게 변했다. 그녀는 두 차례 경적을 울렸다. 세 번째 앞에 있는 회색 밴을 모는 소심한 운전자가 애틀랜타로 향하는 141번 고속도로를 가득 메운 차량의 무리 속으로 살금살금 끼어들었다. 링크는 초조하게 차를 옆으로 대면서 말했다. "누군지 한번 봐줘야겠군."

그녀는 이 차의 운전자가 앨퍼레타로 새로 이사 와서 도로에 나와본 적이 별로 없는 초보 '릴로relo'('재배치relocation'의 약어로, 연봉이 높은 일자리를 찾아 주기적으로 이사를 하는 다국적기업 화이트칼라 가족들을 지칭하는 신조어다. ─ 옮긴이)일 거라고 생각했다. 그녀로 말하자면 남편의 직장 생활을 내조하기 위해 지난 10년 동안 세 번이나 이사를 한 베테랑 릴로다. 그녀는 방랑자 같은 삶에 점차 신물이 나기 시작했음을 인정한다. "마치 다람쥐 쳇바퀴 위에 올라 있는 것 같은 느낌이에요."

캐시의 남편 짐은 노스캐롤라이나 샬럿의 와코비아은행에서 금융 상품 영업 관리자로 일하고 있다. 상층중간계급에 속하는 그들은 점차 늘어나고 있는 화이트칼라 집시족이다. 기업의 돌격대인 이들은 국내외를 가로지르며 끊임없이 팽창하고 있다. 그들은 몇 년마다 세인트루이스에서 시애틀로, 싱가포르로, 그리고 한 위성도시에서 또다른 위성도시로 움직이며, 노동계급이나 도시 빈민과는 멀찍이 떨어진 섬들을 전전한다.

릴로는 한창때의 연봉이 최하 10만 달러인 경제적으로 동질한 소집단이다. 그들은 대부분 백인이다. 일부는 봉급과 함께 그들의 구미에 맞게 제공되는 대저택, 최고 수준의 SAT 성적을 자랑하는 학교, 청소년들이 체육 활동을 할 수 있는 공원, 고급스러운 쇼핑가 등의 특전을 추구한다.

또 어떤 사람들은 스트레스와 사회적 아노미를 호소한다. 그들은 한곳에서 머무는 삶 대신 어디라도 가야 하는 일자리를 선택했다. 릴로 어린이들은 고향이 어딘지 모르고, 이 아이들의 부모들은 어디에서 장례식을 치러야 할지 알지 못한다. 조부모와 사촌들, 오랜 이웃들, 활기찬 도로, 집에서 기른 채소를 파는 가게 등 사람들이 깊이 뿌리 내리는 소도시의 연대나 큰 도시의 친밀함 같은 것은 알지 못한다.

콜드웰 뱅커 부동산 회사의 앨퍼레타 릴로 담당 수석 에이전트인 티나 데이비스Tina Davis는 이렇게 말했다. "그들은 마치 회사가 틀에 넣고 찍어서 만들어낸 것 같습니다. 그들은 대부분 오랫동안 이곳에 머물 거라고 말하지만, 보통 2년에서 4년 사이에 떠납니다."

링크네 가족은 15년 전 당시로서는 가장 대표적인 계획도시였던 텍사스의 클리어레이크시티에서 처음으로 집을 장만했다. 지금 그곳은 휴스턴으로 편입되어 있다. 1994년에 그들은 오래된 볼티모어 교외의 세베르나파크로 옮겼고, 3년 뒤에는 로체스터 근처에 있는 뉴욕 피츠퍼드로 이사했다. 다시 3년 뒤에는 애틀랜타에서 32킬로미터 북쪽에 있는 이곳에 침실 다섯 개, 욕실 네 개가 딸린 집을 샀다. 그리고 짐 링크는 와코비아에 인수된 퍼스트유니언은행 사무실에서 일을 시작했다.

퍼져 나가는 릴로들

천천히 운전하고 있는 캐시 곁으로 상점들이 스쳐 지나간다. 그녀는

체육관, 척추 지압 마사지숍, 네일숍, 치장 벽토를 바른 기둥이 나란
히 세워진 은행들, 미용실, 주유소, 개인 물품보관소, 와플하우스, 태
닝숍, 그리고 입술과 눈썹에 문신을 새겨서 풀장에서도 지워지지 않
게 해주는 살롱을 차례로 지난다.

도로에서는 길을 넓히는 공사가 한창이지만 1990년대의 17만
명에서 이제는 27만 3000명으로 폭증한 풀턴카운티의 인구를 따라
잡기엔 역부족이다. 그녀는 인부들이 도로에 아스팔트를 퍼부은 다
음 쌓아놓은 노란색 드럼통들을 피하면서 앞으로 나아간다. 같은 기
간에 애틀랜타의 인구는 39만 4000명에서 41만 6000명으로, 거의 늘
지 않았다. 인도는 가다 서다를 반복해야 한다. 누구도 감히 자전거
를 타거나 개와 산책할 엄두를 내지 못한다. 그녀는 조지아 400번 도
로를 가로지른다. 조지아 400번 도로는 수십만 명의 통근자들이 쏟
아져 나와 유리와 금속으로 깔끔하게 치장된 앨퍼레타의 사무실 밀
집 지역으로 향하는 간선도로다. 남쪽으로 한 시간만 차를 운전하면
애틀랜타 중심가에 닿을 수 있지만 항상 꽉 막혀 있다.

그녀는 개발이 한창인 지역을 지난다. 하늘에서 보면 이곳은 각
자 대가리를 막다른 골목으로 향하고 있는 올챙이들이 담긴 배양접
시처럼 보인다. 새로 조성된 구역마다 릴로들에게 정착할 곳을 보여
주기 위해 환상적인 문구로 치장된 표지판들이 '기준 소매가격'을 열
렬히 부르짖고 있다. '브룩데일 30만 달러대, 와일드우드 40만 달러
대, 울프크리크 30만~50만 달러대, 퀘일할로 50만 달러대, 인버네
스 60만~80만 달러대, 화이트칼럼스 70만~150만 달러대, 그레이

스톤 90만~400만 달러대' 하는 식이다.

히스패닉계 조경 인부들은 바퀴가 여덟 개 달린 평평한 트레일러가 꽁무니에 붙은 낡은 포드 픽업트럭을 타고 밖으로 나왔다. 그들은 스펀지 같은 버뮤다 잔디의 가장자리를 다듬고 유충과 불개미, 잡초를 제거한다. 장난감, 심지어 정원용 호스조차 해당 구획 주택 소유자협회가 경고하고 벌금을 물리면 보이지 않는 곳으로 쑤셔넣어야 한다. 자동으로 여닫히는 차고 문은 항상 닫혀 있어야 한다.

캐시 링크는 켈시와 크리스티나를 내려준 뒤 왔던 길의 곱절이나 되는 거리를 돌아가 컬리를 태운 다음 골프 연습장에 데려다주어야 한다. 그녀는 또 켈시의 축구 수업이 끝나기를 기다린 다음 크리스티나를 태워서 응원 연습에 데려다줄 것이다. 그리고 캐시가 컬리의 수학 가정교사가 오는 시간에 맞춰 집에 가는 사이에 다른 어머니가 크리스티나를 데려오는 수고를 해줄 것이다.

일정표에 오렌지색으로 칠해진 짐에게 도움을 기대할 수는 없다. 그는 일주일에 이틀에서 닷새 동안 보스턴, 뉴욕, 시카고, 뉴올리언스, 댈러스, 그리고 대부분은 샬럿에 머문다. 일정표에서 월요일과 화요일에는 '짐, 샬럿에서 미팅'이라고 씌어 있다. 수요일에는 '짐, 필라델피아에서 미팅'이라고 씌어 있다.

릴로, 그들만의 분리된 세상을 만들다

오늘날의 릴로들은 1960년대의 컴퓨터 외판원처럼 끊임없이 이동하는 화이트칼라 개척자들의 후예들이다. 당시 그들에게 IBM은 '나는 이동했다'I've Been Moved'를 의미했다. 그들은 다국적 산업에 고용되어 있는데 제약회사 외판원, 전기 기술자, 정보 기술 매니저, 회계사, 데이터 분석가, 공장장, 지사 부사장, 생명공학자, 금융 종사자, 제조업자의 판매 대리인, 프렌차이즈 체인 매니저 등이었다.

그들은 연구자들이 발견한, 점점 뚜렷해지는 경제적 분리라는 거대한 변화의 한 부분이다. 브루킹스연구소는 2004년에 발표한 인구조사 연구에서 50대 대도시에서 부유하거나 가난한 교외 지역에 사는 사람들의 비율이 1980년에서 2000년 사이에 늘어났다고 밝혔다. 동시에 중간 소득 지역에 사는 사람들의 비율은 줄어들었다.

릴로들이 얼마나 많은지 추산하기는 쉽지 않다. 기업의 운명과 글로벌 경제 상황에 따라 물결처럼 요동치는 데다 인구조사 통계에서 독립된 항목으로 잡히지도 않는다. 그렇지만 2002년 3월부터 2003년 3월 사이의 연구에서 인구조사국은 약 300만 명이 고용주가 옮겨가거나 이직했기 때문에 다른 카운티나 다른 주, 다른 나라로 옮겼다고 답했다고 밝혔다.

초국가적 산업의 위성처럼 서로 떨어진 새로운 사무실 지구가 퍼져 나가면서 릴로들은 앨퍼레타, 일리노이 주 시카고 시 서쪽의 네이퍼빌, 텍사스 주 댈러스 시 외곽의 플레이노, 캔자스 주 캔자스 시티 인근의 리우드, 워싱턴 주 시애틀 시 외곽의 사마미시 같은 도시와 친구가 되었다. 그리고 노스캐롤라이나 주 롤리 외곽에 있는 케리Cary는 릴로 양키들을 위한 통제구역Containment Area for Relocated Yankees을 상징한다.

릴로들은 이러한 도시에 모여들면서 자기 자신을 다른 사람들과 구분했는데 인종, 종교, 국적 같은 과거의 장벽보다 나이, 가족의 신분, 교육 수준, 특히 소득수준 같은 것들이 더 크게 작용했다. 소득이 10만 달러인 가족은 30만 달러짜리 집이 있는 구역으로 향하고, 20만 달러를 버는 사람은 50만 달러짜리 집이 있는 구역에서 산다. 고립되고, 분할되고, 계층화한 이 가족들은 그들보다 아래 계급 출신으로서 시중드는 사람들을 제외하고는 독신자, 동성애자, 노인들과 만날 일이 없다.

기업인, 의사, 법조인 등 한군데 정착한 상층중간계급 일가친척들과는 달리 릴로들은 자신들의 계급을 떠받치는 공동체의 오래된 기반을 포기했다. 혈통과 가족 관계, 그리고 교회나 병원 대기실, 자선음악회 같은 일상적인 만남의 자리 말이다. 계급을 상징하는 자동차, 릴리퓰리처 스커트와 랄프로렌 셔츠, 골프와 축구, 무엇보다 자기 집을 포기하는 대신 그들은 자신들의 위치를 분명히 하고 아메리칸드림을 부풀렸다.

앨퍼레타 풀턴카운티 군정위원장 캐런 핸들Karen Handel은 이렇게 말했다. "아메리칸드림이 뭘까요? 내 집, 가질 수 있는 한 가장 큰 집, 감당할 수 있는 한 가장 넓은 땅을 소유하고, 내 아이들을 위한 좋은 학교, 아이들이 토요일 오후를 보낼 수 있는 깔끔한 공원, 교통과 균형을 이루는 편의 시설 등이 바로 아메리칸드림입니다."

위아래의 다른 계급에 있는 사람들, 이를테면 오래된 도시 또는 시골의 외진 곳에서 움직일 수 없는 가난한 사람들, 공장에 묶인 노동계급, 오래전에 또는 새롭게 부자가 된 사람들보다 유동적이고 불안정한 집단인 그들에게 이러한 경향은 더욱 심하다. 그들은 일자리를 잃거나 승진이 좌절되면 사는 곳을 옮겨야 하고, 아이들은 다시 정착하게 될 곳에서 고등학교를 마쳐야 한다. 그들은 좀 더 싼 구획으로 옮겨가거나 옮겨갈 집의 시세차익을 확보하기 위해 한밤중에 이삿짐 나르는 사람들을 부르기도 한다.

링크네 집은 막다른 골목에 있는데, 작은 앞마당에 도토리를 비처럼 쏟아내는 어리지만 키가 큰 떡갈나무가 있고, 뒤쪽엔 삼나무와 소나무가 커튼처럼 줄지어 서 있다. 이 삼층집의 벽은 베이지색 치장 벽돌과 널찍한 자연석 패널로 장식됐고, 넓은 자연석을 옆에 댄 오크나무 현관문에는 납땜 유리가 달려 있다.

이 집에는 공예품이 걸린 복층 거실, 여성을 위한 업라이트 피아노(현을 세로로 쳐놓은 직립형 피아노 ― 옮긴이)가 설치된 손님 방이 있다. 위층에 있는 스위트룸의 욕실에는 문 양쪽으로 널찍하고 하얀 화장대가 설치되어 있고 분홍빛 대리석 타일로 마감된 자쿠지Jacuzzi(물에서 기포가 생기게 만든 욕조 ― 옮긴이)가 놓여 있다. 이 집에서 세 구역 떨어진 곳에는 테니스 코트와 수영장, 축구장 두 곳, 2층짜리 지역 클럽회관이 있다.

앨퍼레타는 딕시(미국 동남부의 여러 주를 가리킨다. ― 옮긴이) 깊숙한 곳에 자리 잡고 있지만, 이곳에 사는 사람들의 억양은 남부 억양이 아니다. 링크네 가족이 살고 있는 인구조사 표준 구역 주민 3만 명 가운데 75퍼센트는 조지아 주 바깥에서 태어났다. 6퍼센트는 흑인이고, 12퍼센트는 아시아인이다. 예순다섯 살 이상은 3퍼센트 미만이고, 가난하거나 직업이 없는 사람은 채 2퍼센트도 안 된다.

성인의 3분의 2가 최소 4년제 대학을 나왔고, 1년에 10만 달러 이상을 번다. 이는 미국 전체 평균 소득의 2배에 이르는 액수다. 그들이 사는 주택은 40만 달러나 나가는데, 이 역시 전국 평균의 2배다. 방 수도 전국 평균에 비해 2배 정도 더 많다. "여기 사는 사람들은 누가 무엇을 하건 상위 10퍼센트 안에 들어 있거나 상위 10퍼센터 안에 들기를 열망합니다." 주택 담보 거래 중개인 스티브 비첨 Steve Beecham이 말했다.

정치에 대해 말하자면, 이곳은 공화당 후보들의 텃밭이다. 최근의 선거에서 앨퍼레타는 선거운동 표지판을 거의 찾아볼 수 없었다. 주 의회 의원을 노리는 후보 4명과 새로운 연방 하원의원 후보 1명은 모두 공화당 소속이었고, 상대 당에서는 후보도 내지 않았다.

잠시 지나쳐 가는 집

짐 링크는 2000년대 초반 집을 물색하기 시작했을 때 학교를 가장 먼저 고려했다고 말했다. 일단 가장 좋은 학군을 점찍은 다음 "가격대를 살피기 시작했다"고 한다. 애틀랜타 인근에서 그들이 계획한 30만 달러 한도 안에서 살 수 있는 좋은 지역의 집들은 침실 셋에 욕실이 둘 딸린 목장 스타일 일색이었다. 캐시 링크는 이렇게 말했다. "나는 침실 넷에 욕실 두 개 반, 그리고 지하실과 마당이 있는 집을 원했습니다."

마침내 링크 가족이 구입한 메드록브리지의 집은 1987년에 지어진 것으로, 대지 360제곱미터, 지하실 100제곱미터에 뒤뜰을 향해 창이 나 있는 집이었다. 이 집에는 침실이 다섯 개나 있었고, 바가 딸린 오락실까지 있었다. 짐 링크는 이렇게 말했다. "지하실 크기가 우리 부모님이 사는 집의 전체 면적과 똑같았답니다." 링크 가족은 31만 3000달러를 냈는데, 80퍼센트를 담보대출로 충당했다.

링크 가족은 이 집에서 사는 것이 기쁘기는 하지만 영원히 살 거라고 생각하지는 않는다.

어느 날 저녁 캐시가 식기세척기 앞에서 말했다. "지미가 '이번 여행은 너무 힘들어' 하고 말하더군요. 나 역시 우리가 여전히 이곳에 머물러 있다는 게 믿기지 않아요. 나는 어느 집을 방문하든 '이 집 파실 건가요?' 하고 물어보곤 해요. 우리가 이곳에 4년 넘게 머물 거라곤 생각하지 않았거든요. 처음부터 나는 지미에게 '당신이 어디에서 일하기로 선택하든 우리는 살아갈 수 있어요'라고 말했습니다.

지미는 돈을 벌어오는 사람이에요. 나는 그가 행복하고 성공하길 원해요. 어디든 우리가 이사를 하면 그곳의 생활방식을 구입하는 겁니다. 앨퍼레타에선 테니스와 축구가 매우 큰 부분을 차지합니다. 우리도 그걸 해보기로 했어요."

캐시가 가장 좋아했던 곳은 피츠퍼드였다. 로체스터 외곽의 부유하고 가장 미국적인 소도시였던 피츠퍼드는 잠시 머무는 가족들과 오랫동안 살아온 사람들이 서로 마음을 터놓고 지낼 수 있는 곳이었다. "그곳에는 소읍마다 어디든 안전하게 걸어가거나 자전거를 탈 수 있는 중심가와 작은 마을이 하나씩 있었습니다." 켈시와 크리스티나는 이곳에서 초등학교에 취학했고, 축구도 시작했다. 캐시는 공인 개인 트레이너가 되었고, 자원봉사를 시작했다. 그녀는 여자청년단(미국 상층계급의 젊고 부유한 여성들이 참여하는 사회복지사업단 — 옮긴이)에도 가입했다.

만들어진 환상을 통해 계급을 창조하다

앨퍼레타의 실제 면적은 풀턴카운티의 북쪽 절반에 해당하는 60제곱킬로미터다. 인접한 구획들은 메드록브리지처럼 합병되지는 않았지만 앨퍼레타의 우편번호를 쓴다. 이 도시는 자그마한 시내에 중심가와 시청, 식당들, 감리교회와 침례교회, 미용실 두 곳, 잡다한 가게들, '모든 우아한 것'이라는 간판으로 새로 문을 연 선물 가게, 공동묘지 등이 있긴 하지만 진정한 중심은 없다.

중심가를 벗어나면 조그마한 주차장 두 곳 사이로 난 좁은 길이 나오는데, 한 쌍의 흰색 나무 아치에 '역사적인 다운타운'이라고 씌어 있다. 하지만 이 길은 상점들의 뒷벽으로 이어진다. 앨퍼레타 역사협회가 근처에 있는 100년 된 퀸앤하우스에 자리 잡고 있지만 이 건물 역시 릴로다. 1993년 로스웰에서 트럭에 실려 이곳으로 왔다.

지역 개발 책임자인 다이애나 휠러Diana Wheeler는 이렇게 말했다. "사람들은 수세기 동안 환상설illusionism(물질세계는 하나의 환영이라는 믿음 — 옮긴이)을 즐겨왔습니다. 우리는 새로운 응용프로그램을 창조하고 있습니다. 이 프로그램이 어떻게 이행될 것이냐가 관건이죠."

품질이 문제입니다. 당신은 환상을 당신에게 가치가 있는 무언가로 전환시킬 수 있습니다. 단단한 기둥은 지붕을 받치고 속이 빈 기둥은 환상을 만들어낼 겁니다. 사람들은 최대한 멀리 다른 사람들에게 인상을 남겨줄 수 있는 곳까지 갈 겁니다."

팀 브라이언Tim Bryan은 면적이 최소한 420제곱미터에 달하는 100만 달러짜리 집을 설계하면서 환상을 세우고 있다. 브라이언은 말했다. "손님들은 한 세기 동안 진화해온 집처럼 보이고 100년 넘게 사람들이 살아온 것처럼 보이며, 계속해서 증축된 것 같은 모습의 집을 원합니다." 이런 외양을 만들기 위해 브라이언은 벽돌로 지은 부분에 돌과 삼나무로 장식할 것이다.

기준 소매가격이 정해진 구획들에서 개발업자들은 서열을 창조한다. 일흔네 살의 은퇴한 광고업자로서 2004년 여름 앨퍼레타 바깥에서 웨스트버지니아로 옮길 계획 중인 닐 마티노Neal Martineau는 이렇게 말했다. "우리는 모두 서로를 낮춰 보기 위해 열을 올립니다. '나는 당신보다 우월하다는 것을 보여주겠다.' 이것은 일종의 괴롭히기입니다. 건축적 괴롭히기죠."

그는 솔직하게 털어놓았다. "나는 여기서 속임수를 쓰고 있습니다. 내게는 말 한 마리 먹일 만한 풀밭조차 없지만 나는 말 목장이 있다고 말합니다. 자동차는 가장 눈에 띄는 신분의 표지일 겁니다. 내 메르세데스는 내가 누군지를 보여줍니다. 나는 이번에도 약간 사기를 치고 있죠. 메르세데스를 구입할 처지도 아닌데, 메르세데스로 겉치장을 하며 행복해합니다. 이것이 바로 내가 중요한 사람이라고 느끼는 방식입니다. 누군가 도로에서 최고의 차를 보았는데, 그 안에 있는 사람이 바로 나라는 걸 알려주는 것이죠.”

앨퍼레타의 구획들이 점점으로 나뉘면서 생긴 결과 가운데 하나는 가족이 자신들과 다른 사람들과는 만날 일이 없다는 것이다. 구획을 나누고 도시계획을 세운 데도 일부 책임이 있다. 교통도 마찬가지다. 통근하는 사람들을 제외하면 메드록브리지 사람들은 학교와 동네 수영장, 테니스 코트, 클럽하우스, 메르록브리지로드에 있는 상점들, 그리고 이 구역 맞은편에 있는 세인트아이브스 컨트리 클럽만을 맴돈다.

애틀랜타는 너무 멀리 있어 보인다. 짐 링크는 이렇게 말했다. “우리는 한번도 가족 단위로 문화 행사나 체육 행사에 가본 적이 없어요. 모두 밤새 진행되는 행사였거든요.” 쇼핑은 인터넷으로 한다. 세차장에 가는 대신 밴에 물을 싣고 와서 세차를 해주는 토니 랭카스터에게 전화를 건다. 랭카스터는 “상점이 할 수 있는 것이라면 무엇이든 모바일로도 할 수 있다”고 말한다.

그들은 그렇게 은둔함으로써 주변에 안전한 이웃들만 살게 하는데, 링크 가족에겐 이것이 중요하다. 링크는 이렇게 말한다.

“골프채를 털리는 일이 조금 자주 있을 겁니다. 우편함이 뭔가에 맞아 찌그러진 적도 있어요. 열쇠에 긁혀 흠집이 난 자동차를 볼 때도 있겠죠. 그렇지만 대충 그 정도가 다입니다.

이런 이웃들은 함께 살기에 무척 편하다는 점에서 좋습니다. 다들 매우 비슷한 사람들이죠. 그들과 함께 테니스를 치기도 하고, 저녁 식사에 초대하기도 합니다. 그리고 같은 파티에 갑니다.

하지만 우리는 다른 경제적 집단에 대해 깊이 알게 될 일은 없을 겁니다. 예를 들어, 테니스에 대해 말해보면 어떤지 아십니까? 맞은편에서 테니스를 치는 상대는 대체로 당신과 비슷하게 생겼고, 비슷하게 행동하고, 비슷하게 느낍니다. 그러니 다양한 관점을 가질 수가 없죠. 직장에선 다양성에 그렇게 공을 들이는데 말이죠."

앨퍼레타의 고용주들은 단독주택 집값이 아무리 못해도 25만 달러가 넘기 때문에 그들이 채용한 비서나 엔지니어, 수위, 트럭 운전사, 출납원, 정보처리 직원들은 이곳에서 살 수 없다고 말한다.

높은 집값 때문에 이 도시에서 일하는 교사나 소방관 역시 이곳에서 살 수 없다. 앨퍼레타에서 365일 내내 일하는 사람들 가운데 112명, 다시 말해 3분의 1도 안 되는 사람들만이 2004년 현재 이 도시에 살고 있었다. 경찰관은 74명 가운데 서장과 경사 두 명만 이곳에 살았다.

집을 대청소해주는 일을 하는 린다 베이츠Linda Bates는 50~60킬로미터 떨어진 곳에 산다. 베이츠는 '언리미티드 클리닝 서비스'라는 회사에서 일한다. 이 회사는 고객들이 원하는 물품과 함께 가사 도우미 서비스를 제공한다. 고객은 청소부에게 직접 말하거나 같은 일을 두 번 시키지 않아도 된다. 베이츠는 그런 지시가 없어도 일하는데 아무 문제가 없다.

"어떤 집에 8시 30분까지 가야 한다면 나는 7시에 우리 집을 나섭니다. 우리는 에어컨 기사처럼 집을 청소할 뿐입니다. 사적인 것들은 전혀 건드리지 않습니다. 전화벨이 울려도 받지 않습니다. 그들이 왔을 때 나는 그곳에 있지 않아야 합니다."

새로 옮긴 지역에 적응하기

캐시 링크는 하일랜드파크 출신이다. 댈러스 도심에서 6킬로미터 북쪽에 있는 오래된 계획도시인 이곳은 현재 수백만 달러를 호가하는 집이 즐비하다. 짐 링크는 휴스턴의 벨레어에서 자랐다. 그가 살던 집은 부모님이 34년이나 살아왔던 곳이다. 그들은 칼리지 스테이션에 있는 텍사스 A&M대학교에 진학했고, 짐이 일하던 학생 술집에서 만나 3년 후인 1988년 결혼했다. 그녀는 항공우주 회사에서 편집자 일자리를 얻었다. 짐은 보험과 뮤추얼펀드 비즈니스에 뛰어들었고 나중에 은행 쪽으로 전환했다.

부인에 비해 강인하고 깔끔하면서도 어두운 느낌이지만 여전히 상냥한 바텐더 기질이 있는 짐은 메드록브리지 클럽하우스에서 주말 파티가 열리면 생맥주 기계를 담당한다. 캐시 링크는 좀 더 내성적이다. 테니스 복식을 칠 때 그녀의 파트너는 철썩 소리가 나게 하이파이브를 하지만 그녀는 가볍게 톡 치고 만다. 코트를 떠날 때면 종종 다른 엄마들이 그녀를 부른다. 그들은 가장 키가 큰 편인 그녀와 어깨동무를 하고 걷지만, 그녀는 시계를 보는 척한다.

링크 부부 사이에 의견이 엇갈리는 사안은 거의 없다. 2004년 그들은 부시에게 투표했다. 그들은 아이들의 운동 학원과 과외, 피아노 강습에 돈을 물 쓰듯 하지만 아이들에게 휴대전화는 물론 컴퓨터와 텔레비전도 금지했다.

하지만 그녀의 집안은 그의 집안보다 부유했고 예나 지금이나 그들 사이에는 돈에 관한 시각차가 존재한다. 그녀는 남편이 자신의 머리카락 염색 비용으로 140달러가 청구된 것을 볼 때 "움츠러들었다"고 말했다.

짐은 이렇게 말했다. "캐시는 자신의 어머니가 그랬듯, 아이들이 대학을 다니며 일을 하지 않아도 되게끔 하는 것이 목표입니다." 하지만 그는 대학을 다니며 일을 했고, 아이들이 그래도 문제가 없다고 생각한다.

캐시는 4만 5000달러짜리 데날리 SUV 자동차를 샀을 때 행복했다. 짐은 2000년형 녹색 포드 타우루스 중고차를 카맥스^CarMax(미국에서 가장 큰 중고차 소매 업체─옮긴이)에서 현찰 1만 달러로 살 수 있어서 행복했다.

켈시와 크리스티나가 태어난 후 쌓인 카드 빚을 두고는 대립각이 좀 더 분명하다. 짐은 회사의 재정 상황과 그가 지휘하는 영업 직원들의 실적에 따라 받는 보너스를 포함해 총 20만 달러가량을 번다. 캐시는 개인 트레이닝과 피트니스 강습으로 4000달러가량을 버는데, 아이들이 커가면서 수입을 늘려갈 계획이다.

그들이 사는 집은 자산 가치가 약 10만 달러이고, 작년부터는 딸들을 위해 약 10만 달러 규모의 대학 학자금 펀드를 붓기 시작했다.

짐은 이렇게 말했다. "우리는 봉급으로 기본적인 것들을 모두 해결합니다. 보너스는 그 모든 것에서 자유로운 돈, 말하자면 별도

로 저축을 하거나 멀리 휴가를 떠나거나 집을 크게 손볼 때 쓰는 것
이죠." 2004년 크리스마스에는 보너스로 온 가족이 콜로라도에 있는
스팀보트스프링스(스키와 온천으로 유명한 휴양지 — 옮긴이)로 첫 번째 스키
여행을 떠났다.

이사를 다닐 때마다 링크 부부는 자원봉사 모임과 뜨개질 동호
회 같은 상층중간계급의 전통을 유지하기 위해 노력했다. 메드록브
리지에 정착하자마자 짐은 주민회에 입후보해 회장으로 당선했다.
집주인 주민회는 그를 사실상 시장이나 다름없는 회장으로 만들었
다. 그는 가족이 세인트아이브스 컨트리클럽에 가입할 때 입회비로
1만 5000달러를 냈다.

캐시 역시 벙코라고 불리는, 앨퍼레타 여성들이 좋아하는 주사
위 게임을 하기 위해 이웃들의 모임에 들어갔다. 그들은 대부분 벙
코 게임을 구실 삼아 모여서 와인을 몇 잔씩 마신다. 그녀는 이 구획
의 소식지 편집을 시작해 메드록브리지의 350가구가 구독하는 이메
일 연결망을 구축했다. 그녀는 화요일 아침에 두 시간씩 성경 읽기
모임에도 나간다.

다음으로 그녀는 학교에 주목했다. 그녀는 초등학교 학부모회
의 부회장이 됐고, 이 모임의 소식지를 책임지고 있다. 그녀는 켈리
의 3학년 교실의 학급 부모room parent이며, 과학 프로젝트를 조직했
다. 그녀는 부엌의 컴퓨터 '지휘통제소'에 앉아 소녀들의 보고서와
시험 성적을 학교 웹페이지에서 추적한다. 켈시가 제출한 보고서는
평균 97점을 받았지만, 스페인어 시험은 78점을 받았다. 일주일이

지나기 전에 그녀는 과외수업을 시작했다.

켈시는 아빠가 운전하는 차를 타고 조지아의 콜럼버스에서 열리는 주말 축구 토너먼트 경기장으로 가면서 말했다. "여자들은 지배자와 같아요. 그들은 큰 차를 갖고 있어요. 아빠들은 차도 작고 단순히 일하러 갈 뿐이에요." 그녀는 엄마가 아빠 운전 버릇을 타박한다고 귀띔했다. 도로에서 너무 긴장을 푼다고 말이다.

짐이 말했다. "캐시는 내가 최고 시속 100킬로미터 구간에서 110킬로미터로 운전하면 짜증을 냅니다."

"아니에요, 아빠. 아빠가 시속 95킬로미터로 갈 때예요." 켈시가 말했다.

캐시는 2004년 여름 미친 듯한 스케줄 때문에 고통스러워했다. 그녀는 먼저 벙코를 그만두었다. 다음으로 학부모회와 지역 소식지 만드는 일을 그만두었다. 몇 달 뒤 그녀는 크리스티나의 치어리더 선수단을 위한 기금 마련 운동을 이끌어달라는 부탁을 받았지만 거절했다. "예전에는 한번도 그래 본 적이 없었어요." 그녀가 말했다.

그렇지만 뭔가 다른 일들이 항상 다가오는 것처럼 보인다. 후임자가 그만두는 바람에 지역 소식지 편집을 다시 시작했다. 2004년 11월 학교의 학군 변경을 알게 된 그녀는 반대 운동을 하기 위해 이메일 연결망을 흔들었다.

그녀가 벌이는 모든 활동은 집에서 긴장을 불러일으켰다. 크리스티나가 축구 경기를 하는 동안 옆줄 밖에 서서 짐이 말했다. "가장 먼저 고쳐야 할 것은 캐시가 좀 더 신중하게 자원봉사를 해야 한다는 겁니다. 그녀는 성경 공부는 절대 포기하려 하지 않을 겁니다. 그런데도 그녀는 지금 서너 개의 테니스 리그에서 운동을 하고 있습니다."

그녀도 동의했다. "내가 자원봉사를 너무 많이 하기는 하죠."

그가 그녀에게 말했다. "당신이 참여해선 안 된다는 뜻은 아니야. 그렇다고 당신이 반드시 리더가 될 필요는 없잖아."

새로운 장소가 가져온 문제들

링크네 가족은 앨퍼레타에서 삶을 제대로 꾸려나갈 방법을 찾지 못했다. 그들은 좋은 학교와 안전한 거리, 좋은 이웃, 큰 집과 마당을 찾았다. 그러나 사람을 녹초로 만드는 교통과 멀게만 보이는 주변의 모든 것들을 계산에 넣지 못했고, 너무나 자주 자원봉사 요청을 받게 되리라는 것과 가장의 장거리 여행이 가족에게 안겨주는 스트레스를 예상하지 못했다. 그들은 이곳에서 깊은 유대 관계를 전혀 맺지 못했고, 아이들을 위해 무릎을 맞댈 부모나 친구도 전혀 없었다.

캐시 링크는 자신이 다녔던 장로교회가 있고 댈러스에서도 가까웠던 하일랜드파크를 생각한다. 로체스터를 떠올리기도 한다. "로체스터에서는 모든 것이 앞뒤가 맞았습니다." 앨퍼레타에서는 그날 그날의 고된 일이 그녀를 짓누를 뿐이다.

"우리는 교회를 찾지 못했어요. 교회를 물색하려 다니긴 했죠. 그런데 아이들이 좋아하는 곳은 제 마음에 들지 않았고, 제가 좋아하면 아이들이 싫어했습니다. 마침내 교회를 하나 찾았는데 자동차로 30분이나 걸렸습니다. 우리에게는 그럴 시간이 없어요.

여긴 모든 게 있어요. 하지만 차로 한 시간이나 가야 하는 곳에 떨어져 있습니다. 마치 이 동네가 우리에게 '여기서 꺼져버려!' 하고 말하는 것 같아요. 가라, 가라, 가라고 외치는 것 같죠. 우리는 그저 가고, 가고, 또 갑니다. 나는 이것을 익사라고 부릅니다. 우리가 수면을 보지 못하면 그렇게 되겠죠.

로체스터에서는 페스티벌이든 거리에서 열리는 품평회든 박물관이든 어디든 갈 수 있고 농장에 가서 사과를 딸 수도 있었습니다. 아이의 손을 죽어라고 세게 쥐고 있지 않아도 됐어요. 로체스터에서는 절친한 친구가 둘 있었죠. 이곳 앨퍼레타에선 친한 친구가 단 한 명도 없어요. 전화를 걸어 속마음을 털어놓을 사람도 없어요. 예전에 어떤 여자에게 전화를 걸었는데, 그녀가 그만 겁을 먹고 말았습니다."

또다시 떠나는 삶

2003년 여름 짐 링크와 와코비아는 조직적 변화를 고려했다. 그렇게 되면 그의 가족은 이사를 해야 할 수도 있었는데, 아무 일도 일어나지는 않았다. 2004년 여름 논의가 재개됐고 그해 9월 그는 승진했다. 11월 1일 그는 과거에 영업을 책임졌던 자금 관리 서비스 지역보다 훨씬 넓은 전국 판매 매니저가 됐다.

"그 자리로 올라가고 나서는 계속해서 돌아다녀야 했습니다." 짐은 거실에서 텔레비전으로 조지아공대의 풋볼 경기를 보면서 빨래를 개고 있었다. 그는 앨퍼레타를 떠날지 여부는 아직 결정되지 않은 채 유보됐다고 말했다.

그러나 그들은 적어도 켈시가 고등학교에 들어가고 컬리가 고등학교를 마칠 때까지 9년 동안은 이동이 잠시 멈춰져야 한다고 결정했다. 블랙베리 핸드폰과 노트북컴퓨터가 있고, 하츠필드잭슨 공항까지 갈 수만 있다면 짐은 여기에서도 새로운 일을 할 수 있었다. 와코비아는 그의 결정을 존중했지만 샬럿으로 이사하는 것이 경력에 도움이 될 거라고 말했다.

"나는 상사에게 '만약 온 가족이 이사할 자금을 대준다면 그렇게 하겠다'고 말했습니다." 그가 말했다.

2004년 스팀보트로 가족 스키 여행을 하고 집으로 돌아왔을 때 링크 가족은 한 차례 더 이사하는 쪽으로 기운 것처럼 보였다.

캐시가 말했다. "나는 내 자신을 더 나은 엄마, 더 나은 아내로 다시 만들기로 했습니다. 나는 노력해왔어요."

짐이 말했다. "우리는 이 도시에 좀 더 가까워지고 더욱 깊이 연결되도록 노력하기로 했습니다. 캐시는 자원봉사를 계속할 겁니다. 그녀가 사람들과 섞일 수 있는 방법이니까요. 우리는 아이들에게도 뭔가에 몰두해보라고 할 생각입니다."

그들은 친구들이나 아이들에게 이런 얘기를 하지 않았다. 말이 한번 돌면 선생님들이나 코치들이 아이들을 홀대할까봐 걱정했기 때문이다. 켈시는 아마도 눈치를 챈 것 같다. 스팀보트행 여행가방을 쌀 때 켈시가 물었다. "우리 또 이사 가요?" 캐시가 말했다. "지미는 거짓말을 하지 못해요. 그는 '아마 그럴 것 같다'고 답했습니다."
대신 그는 켈시에게 비밀을 지켜달라고 했다.

그들은 크리스티나가 가장 걱정됐다. 세 딸 가운데 수줍음을 제일 많이 타는 그녀는 앨퍼레타에 정착할 때도 애를 먹었는데, 뒤늦게 활짝 피었다. 그녀는 읽기 특별반에서 100점 만점을 받아 정규반으로 옮겼다. 축구팀에서 가장 골을 많이 넣은 선수가 받는 황금신발을 수상하기도 했다.

링크 부부는 부동산 중개업자 티나 데이비스에게 전화를 걸었다. 아이들이 학교에 가 있는 오후마다 캐시는 인터넷을 통해 샬럿에 있는 집과 학교들을 검색했고, 그곳 역시 작은 구획들이 바다처럼 펼쳐져 있다는 것을 알게 됐다. 평균 통근 시간은 애틀랜타와 마찬가지로 24분이었다.

마침내 그녀는 모든 집이 지은 지 60년이 넘었으며, 중심가에서 10분 거리에 있고 8700여 명이 살고 있는 번창하는 동네 마이어스파크를 찾아냈다. 그녀는 마이어스파크 장로교회도 찾아냈다.

"내가 하일랜드파크에서 다녔던 교회와 비슷했어요." 그녀가 말했다.

짐 링크는 피닉스로 사흘 동안 출장을 갔다가 돌아왔다. 와코비아에서 보낸 수많은 이메일 메시지가 그를 기다리고 있었다. "서류 작업은 끝냈습니다." 그는 전근 조건에 대해 말했다.

그들은 학교에서 돌아온 딸들에게 말했다. 켈시는 친구들과 함께 노스뷰 고등학교에 진학하지 못한다는 것을 슬퍼했지만 쉽게 받아들였다. 활짝 웃던 컬리는 친구들과 선생님하고 헤어져야 한다는 생각에 얼굴을 찌푸렸다.

크리스티나는 짐이 들어왔을 때 캐시와 함께 부엌에 있었다.

"네 아빠가 네게 할 말이 있으시다는구나." 캐시가 말했다.

"샬럿으로 이사하게 됐단다." 그가 말했다.

크리스티나는 잠시 멈칫했다. 그녀는 5년 동안 사귄 레베카와 헤어져야 한다.

크리스티나가 말했다. "아빠가 싫어요. 언제 가요?"

"6월에." 그가 말했다.

"축구는 어떻게 하죠?"

그들은 크리스티나에게 5월까지는 이곳에서 축구를 하고 그 후에는 샬럿에 있는 팀에서 계속하게 될 거라고 말했다. 크리스티나의 표정이 약간 밝아졌다.

그날 밤 짐과 캐시는 시아스에서 저녁을 먹었다. 이 부부가 가장 좋아하는 식당인 시아스는 메드록브리지로드 바로 맞은편에 있다.

그녀가 말했다. "행복해요. 마침내 끝났으니까요. 4년 동안 언제, 언제, 언제라는 질문에 시달렸어요."

그리고 짐에게 말했다. "우리가 어디로 이사를 가든 정착을 하고 당신과 가족을 위해 삶을 꾸려가야 하겠죠. 하지만 나는 여전히 1.6킬로미터 반경을 원해요. 또 하나의 앨퍼레타가 되게 하지는 않을 거예요."

2005년 4월 16일 크리스티나가 열두 살 생일을 맞았을 즈음 링크 가족의 집 마당에 있는 떡갈나무가 연초록 새싹을 틔워 올렸다. 조경회사 직원이 분홍색과 흰색의 페추니아를 관목 뿌리를 덮어주기 위해 새로 뿌린 마른 솔잎 위에 심고 있었다. 건물 안에서는 층마다 바닥이 사포질로 깨끗해졌고 안방 욕실에는 베이지색 석회석 타일이 새로 붙여졌다.

"리모델링된 지하실." 티나 데이비스가 쓴 빨간색 글씨가 밖에 걸렸다.

짐은 켈시를 50킬로미터 떨어진 곳에서 열리는 축구 경기에 데려가기 위해 일찍 집을 나섰다. 캐시와 크리스티나는 집 근처에서 컬리가 속한 녹색 악어 축구팀의 경기를 보았다.

캐시가 외쳤다. "달려, 컬리!" "가운데로 가. 컬리, 달려!"

운동장 옆줄에서 어느 아빠가 그녀 쪽으로 돌아섰다.

"캐시, 그게 무슨 소리예요? 떠난다고요?"

"그래요." 그녀가 말했다.

"일 때문인가요?"

"와코비아요. 샬럿으로 가요." 그녀가 말했다.

"당신이 보고 싶을 거예요." 그가 말했다.

"시원섭섭해요. 우리는 거기서 9년 동안 머물 거예요. 물론 앞날을 알 순 없지만요."

2005년 5월 링크 가족은 앨퍼레타에 있는 집을 42만 달러에 팔고 샬럿의 케이프코드에 있는 집을 62만 7500달러를 주고 샀다. 앨퍼레타의 집에 비해 크기가 절반이었지만 숲이 무성한 마이어스파크에 있었다. 마이어스파크 컨트리클럽과 장로교회, 최고 수준의 공립학교가 1.6킬로미터 이내에 있다.

새 집을 방문했을 때 아이들은 도서관 카드를 받았다. 아이들은 축구 클럽 문을 두드렸고 모두 테스트를 통과했다. 그들은 7월에 이사한다.

—피터 킬본Peter T. Kilborn

니나 챈들러 머리는 낸터컷의 '오래된 부자' 세대의 신분을 상징했던
고상함과 절제력을 기억한다.

봄이 되면 수선화가 피고, 유람선 인파가 몰려오고, 일꾼들이 해변을 청소한다. 그와 동시에 부동산에 대해 수군거리는 연례행사가 시작된다. 겨울 동안 어떤 부동산이 주인이 바뀌었을까? 누가 그 비싼 집값을 감당했을까?

1500만 달러나 나가는 해변가의 6만 제곱미터 대지는? 시장에 나온 지 하루 만에 누군가 낚아채 갔다. 그것을 산 사람은 바로 스티븐 레일스Steven Rales라는 억만장자 사업가로 밝혀졌다. 그는 이미 이웃에 25만 제곱미터의 대지를 갖고 있었지만 자신의 사생활과 해변 경관을 보호하기 위해 그 부지를 샀다고 돌턴 프레이저Dalton Frazier가 말했다.

이처럼 부동산을 으리으리하게 확장한 경우가 또 있을까? 얼마 전 블록버스터사의 창립자이자 마이애미 돌핀스의 구단주인 억만장자 웨인 휘첸가H. Wayne Huizenga가 편히 움직일 공간을 넓힌다며 인접한 집을 250만 달러에 샀다. 출판업자이자 은행가의 상속자인 리처드 멜런 스케이프Richard Mellon Scaife도 추가로 집을 샀다. 그는 직원들을 위해 그 집을 구입했다고 한다.

동절기에도 식지 않는 부동산 열풍은 케이프코드 해안에 있는 130제곱킬로미터 크기에 낚시 바늘 모양인 섬 낸터컷이 지난 몇 십 년간 초부유층에게 점령당했다는 사실을 가장 잘 보여주는 사례다. 초부유층은 경제구조의 변화가 엄청난 부를 만들어준 1980~1990년대부터 생겨나기 시작했다. 그들은 산업자본가들이 엄청난 부를 그러모은 금박시대Gilded Age(미국에서 경제 확장과 금권 정치가 횡행하던 1870~1898년

의 시대. 마크 트웨인의 풍자소설 제목이기도 하다. ― 옮긴이)인 1880년대의 벼락
부자들과 닮았다. 다만 지금 부자들의 숫자가 무척 많고, 비교적 익
명으로 남아 있다는 점만 빼고 말이다.

신흥 부자들은 오래된 부자들처럼 대개 뻔뻔하고 자신만만하며
사과를 할 줄 모른다. 제 손으로 번 돈이라고 생각하니, 돈을 쓸 때도
조금도 부끄러워하지 않는다. 앞다투어 큰 맨션을 짓고 고급 요트
같은 지위의 상징을 사며, 종종 자선을 베풀기도 한다. 100년 전에
그랬듯이 그들은 그 부로 박물관 자문위원 자리를 얻거나 대통령 선
거운동의 후원금 모금 만찬을 조직하는 등 문화적·정치적 영향력을
얻으며 사회의 상층부를 장악한다.

게다가 신흥 부자들은 기존 부자들 틈에 끼려고 안달하지도 않
는 것 같다. 귀족 출신 사람들이 그들과 어울리길 원한다면 그들 역
시 마다하지 않는다. 하지만 그렇지 않다고 해도 이 초부유층들은
그저 자신들과 비슷한 부류끼리 지내는 데 만족한다. 만약 그들이
배타적인 컨트리클럽에 가입할 수 없다면 그들만의 클럽을 따로 만
든다. 그들은 소셜레지스터Social Register(뉴욕 소셜레지스터협회에서 미국 13개
도시의 사교계 저명인사들을 뽑아 매년 발행하는 인명록. 구체적인 인명이나 인명의 등
재 요건이 공개되지 않으며, 등재되는 인물들은 대부분 백인 기독교인들인 것으로 알려져
있다.― 옮긴이)가 아니라 돈으로 가입 자격이 결정되는 그들만의 폐쇄
적인 세계를 만드는 데 매우 익숙하다.

한때 별로 주목받지 않았던 여름 휴양지인 낸터컷은 초부유층
의 사적인 영역으로 급속히 바뀌면서 팜비치, 애스펀, 햄프턴, 선밸

리와 같은 대열에 합류하고 있다. 이들 초부유층의 수가 이미 임계점에 달했고 부동산 가치가 매우 올랐기 때문에 덜 부유한 사람들은 그곳을 떠나야만 했고, 이 섬은 결국 자연스럽게 문턱 높은 생활 공간이 되어가고 있다.

마이클 키트리지Michael J. Kittredge라는 쉰다섯 살의 사업가는 이 섬을 '해자를 두른 성'이라고 표현했다. 1998년 양키캔들 사를 5억 달러에 팔아 엄청난 돈을 번 그는 930제곱미터 크기의 집 거실에서 쉬고 있었다. 그 집에는 지하 영화관과 와인 2000병이 보관된 지하실이 있다. 400미터쯤 떨어져 있는 별채에 집사들이 기거하고 있는데, 그곳에는 체육관도 있다.

키트리지는 이렇게 말했다. "성공한 사람들은 다른 성공한 사람들과 함께 있기를 원합니다." 그는 '유유상종'이라는 말을 덧붙였다. "낸터컷에서는 근사한 와인을 마시고 싶다고 해서 죄책감을 가질 필요가 없습니다. 당신이 식당에서 300달러짜리 와인을 주문하면, 옆자리에 앉은 남자는 400달러짜리 와인을 주문할 테니까요."

그는 청바지와 분홍색 셔츠를 입고 수영장 너머로 펼쳐진 멋진 바다 풍경을 바라보았다. 그는 이 섬이 두 가지 유형의 사람들로 급속히 나뉘고 있다고 했다. "바로 가진 사람과 갖지 못한 사람이죠."

새로 유행하는 가치

멀리 크랜베리 습지와 130킬로미터 길이의 해변이 내려다보이는 낸터컷에는 언제나 부자들의 몫이 있었다. 19세기 전반 포경선 주인들은 고래기름으로 엄청난 돈을 벌어 메인스트리트 윗동네에 지금도 잘 보존된 그리스 로마 복고풍의 대저택을 지었다.

20세기에는 밴더빌트, 멜런, 듀폰 등의 대부호 가문이 이곳에 집을 지었다. 시간이 흘러 부가 상속되면서 (졸부 가문의) 어색한 모습은 점차 다듬어졌다. 그 후손들의 삶은 미국 상류사회의 삶과 유사해졌고, 더 나아가 절제된 표현과 오래된 귀족적 가치에 기초한 독특한 생활 모습을 발전시켜나갔다.

이 오래된 가문의 자제들 중 일부가 아직 이곳에 있다. 그들은 요트를 타고, 테니스를 치거나 사냥개를 몰고 습지 건너로 토끼 사냥을 다녔던 호시절을 회상하며 시간을 보낸다. 옛 귀족 가문과 초부유층이 뒤섞이면서 종종 눈에 보일 정도로 계급과 돈 사이의 줄다리기가 연출된다.

올해 여든다섯 살인 푸어 가(투자신용등급회사 스탠더드앤푸어스의 푸어 가문 — 옮긴이)의 니나 챈들러 머리Nina Chandler Murray는 엘리트 세계가 옛날에는 더 품위 있었다고 확신한다.

심리학자인 머리는 항구 위쪽 언덕배기에 있는 집 베란다에서 차가운 차와 초콜릿칩 쿠키를 들며 말했다. "뉴잉글랜드 가문 출신이면, 어떤 처신이 기대되는지 잘 교육받았답니다. 돈 자랑을 하는 건 죄악이었어요. 신분이 중요하지 않다는 건 아니었지만 결혼은 매우 세심히 통제됐고 다 미리 정해져 있었죠. 모두들 어떤 사람이 어디에 맞는지를 알고 있었답니다."

성姓 하나로 그가 사회적 서열의 어디에 위치해 있는지를 충분히 알 수 있었다. 과거에 부유한 사람들은 옷을 소박하게 입었다. 여자들은 무거운 보석을 삼갔다. 남성의 유니폼은 빛바랜 소박한 셔츠, 무릎까지 오는 '낸터컷 레드Nantucket Red'(낸터컷 섬에 있는 머리 토거리 가게에서 만들어 판매하는 붉은색 바지. 뉴욕 요트 클럽의 유니폼으로 채택됐으며, 같은 재질이 모자·셔츠·스웨터·양말에까지 쓰인다. 물이 빠지면 분홍색이 되는데, '시간이 지나면 물이 빠지는 것을 보증함'이라는 딱지를 달고 팔리는 것으로 유명하다. ─ 옮긴이) 반바지와 '톱사이더' 상표의 캐주얼 구두였다. 하지만 이제 규칙은 "돈이 있으면 뽐내는 것"이라고 머리는 말한다.

"성취가 너무나 중요해서 모든 사람들은 자신이 이룬 것을 남들이 다 알아주길 바라는 것 같아요. 이것이 미국에서 벌어지는 일입니다. 만약 당신이 그걸 몰라준다면 그들은 집과 자동차, 다이아몬드라는 치명적인 배합으로 당신에게 그걸 말해주려 할 거예요."

머리는 최근 디너파티에서 한 여성이 그녀에게 다가와 한 말에 경악했다고 한다. "내 남편이 골프클럽에 가입하려고 2만 5000달러를 냈는데, 그는 사실 평소에 골프를 치지도 않아요."

열심히 일하고, 열심히 쓴다

마이클 키트리지는 열여섯 나이에 어머니의 부엌에서 양초를 만드는 사업을 시작했다. 그는 "하층계급에서 중하층계급으로 바뀐" 집안에서 자랐다고 하는데, 전형적인 신흥 부자의 사고방식을 갖고 있다. 누군가 과거를 물어오면 그는 돈을 벌기 위해 열심히 일했고 다른 사람들도 똑같이 할 수 있다고 말하곤 한다. 그는 엄청난 과소비에 대해 미안해하지 않으며, 지금까지 세금을 5억 달러가량 낸 것으로 자신의 본분을 다했다고 말한다. 또 오래된 부자와 신흥 부자들 간의 차이는 어쩔 수 없다고 말한다.

그는 이렇게 말했다. "돈이 생활방식을 만듭니다. 그 생활방식이 오래된 돈과 새로운 돈의 구분을 만들어냅니다. 그것은 일종의 계급적 질시에 가까워요. 우리가 칵테일 파티에 가면 한 사내가 내 아내에게 자신의 자가용 비행기에 대해 말합니다. 결국 '당신들은 어떻게 섬에 넘어오느냐'는 물음이 나옵니다. 그럼 내 아내는 말합니다. '우리도 비행기로 와요.' 그가 이번엔 어떤 종류의 비행기냐고 묻습니다. 아내는 AG-4(고급 자가용 비행기 이름 ― 옮긴이)라고 답합니다. 그 순간 그 남자가 열 받기 시작하지요. 그 오래된 부자는 프로펠러가 둘 달린 비행기를 갖고 있는데, 한때는 꽤나 대단한 것이었죠."

키트리지는 말을 이었다. "그런데 그 사람은 지금 자기 나이의 절반도 되지 않지만 대륙 횡단 제트기를 가진 사람과 얘기를 나누는 거잖아요. 그러면 대화는 끝나는 거죠.

혹은 누군가가 자신의 보트에 대해 말한다고 칩시다. 그는 14미터 길이의 보트를 갖고 있고 매우 만족해요. 그러고는 우리에게 '당신들은 보트 갖고 있나요?' 하고 물어요. 제가 '네'라고 답하면 '그래요? 어떤 종류의 보트를 갖고 있죠?'라고 다시 묻습니다. 그러면 '페드십Feadship(요트 상표 ― 옮긴이)'이라고 답해요. 그는 '얼마나 큰 거요?' 하고 물어봅니다. 그것이 사람들의 서열을 매기는 방법입니다. 그러면 나는 말하죠. '60미터쯤 됩니다.' 그러면 또 대화가 거기서 끝납니다. 부러워할까요? 아마 그렇겠죠. 그가 왕년에 부자였을까요? 물론 그랬겠죠. 그러나 요즘 시대와 비교하면 부자도 아니에요. 두 세계(오래된 부와 새로운 부)는 서로 섞일 수는 있지만, 다만 너무 많은 말을 하지 않아야 그나마 관계를 이어갈 수 있어요."

『올드머니Old Money』의 저자 넬슨 올드리치 주니어Nelson W. Aldrich Jr.는 부의 장신구들이 옛 부자 가문과 신흥 부자 가문에 하는 역할이 다르다고 말한다.

"요즘 자수성가한 많은 사람들에게 집, 보트, 비싼 클럽 회원권은 부의 트로피와 같아요. 하지만 좀 더 옛날에 부를 모은 사람들에게 보트는 자신의 가족, 그러니까 조부모나 자녀들이 그려지는 활인화tableau와 같은 거예요. 정체성의 일부죠. 만약 그가 신흥 부자와 대화를 도중에 끝내고 자리를 떠나버렸다면 그건 자신이 삶의 일부로서 보트에 대해 얘기하고 있다고 생각하는 반면 상대방은 돈에 대해 말하고 있다는 사실을 알았기 때문일 거예요. 굳이 자신이 경쟁 사회에서 살고 있다는 점을 재확인하는 것을 원치 않는 것이죠."

어떤 사람들은 시간이 흐르면 신흥 부자들도 별로 다르지 않을 거라고 말한다. "궁극적으로 신흥 부자들은 옛날 부자들과 마찬가지로 섬처럼 고립될 거예요. 왜냐하면 그들은 남들을 배제하는 권력을 갖게 되기 때문이죠." 소설가 마이클 토머스Michael Thomas가 말했다. 토머스는 아버지와 마찬가지로 리먼브라더스의 공동 경영자이고, 어머니는 뉴잉글랜드 가문 출신이다. "일단 남을 배제하는 권력을 갖게 되면, 사람들이 옛날 부자들에게서 찾았던 속성을 갖게 되는 셈이죠."

초부유층이 가져온 가장 큰 변화를 하나 꼽으라면 바로 주거 비용이다. 부동산 중개업을 오랫동안 해온 플린트 래니H. Flint Ranney는 낸터컷의 평균 집값이 작년에 26퍼센트 올라 167만 2000달러에 달한다고 말했다.

2004년 가을 바다에 면한 주택 한 채가 1600만 달러에 팔려 기록을 경신했다. 이 집에는 엘리베이터와 와인 저장고, 극장, 손님 방으로 쓰는 별채가 있다.

"이제 부끄러움은 창문 밖으로 나가버렸어요. 제어할 어떠한 유인책도 없어요." 토머스가 말했다.

몇몇 신흥 부자들은 자신들의 기호대로 환상을 탐닉하고 있다. 앨러모 렌터카 회사의 창업주 마이클 이건Michael S. Egan은 개인 소유의 야구장을 지었다. 야구장에는 타격 연습장과 관중석이 완비되어 있다. 자동차 회사의 거물이자 전직 카레이서인 로저 펜스키Roger Penske는 지난 몇 달간 역사유적위원회와 싸워 수백만 달러짜리 집의 두 부속 건물을 잇는 가짜 등대를 지을 수 있는 허가를 얻어냈다. 투자은행가 로버트 그린힐Robert Greenhill은 세스너Cessna(미국 경비행기 상표명 — 옮긴이) 비행기를 타고 낸터컷 공항에 내리거나 세스너 수상비행기를 타고 그가 소유한 해안 부두에 내리는 것을 좋아한다.

부동산 가격의 상승은 상당수의 옛 부자들에게도 당연히 이익이 됐다. 오랜 부자들은 이미 벌어놓은 돈이 점점 줄어들면서 극도로 가치 있는 자산을 그냥 깔고 앉아 있는 건 아닌가 하는 생각을 하게 됐다. 그것은 새로운 부자들이 오면서 생긴 분명한 변화에 저항하는 것이 꼭 옳은 일일까, 하는 양가감정에 가까웠다.

그러한 변화 중 하나는 공항에서 일어났다. 한여름 주말 하루에만 해도 250대가 넘는 챌린저, 걸프스트림, 시테이션(모두 자가용 비행기 종류다. ─옮긴이)이 공항에 내려 주차 공간을 놓고 경쟁한다. 이들 중 일부는 골프를 치러 온 승객들을 뱉어내고 휙 가버린다.

시아스콘셋 동쪽 끝 해초와 야생화 서식지의 한구석에 있는 회색 지붕의 어부 오두막집은 대저택에 자리를 내줬다. 여기저기에서 서핑보드만큼 높은 울타리가 들어서 토지의 구획을 나눴다. 이 울타리들은 기존 공동체와 신흥 부자들을 분리시켜 이 섬이 원래 갖고 있던 어딘가 친밀하고 소중한 정서를 없애버린 듯한 느낌을 주었다.

수년간 이곳에서 여름을 보낸 일흔두 살의 웨이드 그린Wade Green은 이렇게 말했다. "새로 이사 온 어떤 집은 지나가는 사람들이 보지 못하게 울타리를 지었어요. 집 안이 다 보이도록 열린 길은 고풍스러운 우아함을 더해줬지요. 그것은 지금은 사라져가는 오래된 공동체 정신의 일부입니다. 그것을 차단하는 것은 비우호적이고 반공공적인 행동이에요."

여기에서 일어나는 모든 변화가 충격적이지는 않다. 자갈길에 신호등도 없는 읍내는 여전히 예스러운 뉴잉글랜드 어촌 마을로 남아 있다. 하지만 몇 가지 전조가 토박이들을 경악하게 한다. 엄청나게 큰 레스토랑과 값비싼 보석을 진열한 부티크와 이 지역에서 체인점으로는 처음 문을 연 랄프로렌 가게가 그 전조다.

보행로에서는 계급이 옷을 통해 드러난다. 고객들을 언짢게 하고 싶지 않다며 익명을 요구한 한 점원은 이렇게 말했다. "오래된 부자들은 릴리 퓰리처, J. 매클로플린, CK 브래들리를 입죠. 그들은 금으로 된 팔찌를 끼고, 새 보석을 산다면 진주를 사죠. 아니면 자신들이 가진 다이아몬드 반지를 업그레이드해요. 새로운 부자들은 주시 쿠튀르, 칼립소를 입고 큰 목걸이를 해요. 그들은 심지어 식당도 다른 곳에 갑니다. 오래된 부자들은 '21페더럴'에, 신흥 부자들은 '펄'에 가요. 그들은 서로 섞이지 않아요. 그들은 서로에게 뽐내려고만 할 뿐입니다."

하지만 경계를 넘나드는 이들도 있다. 소수의 초부유층들은 명문 출신으로 보이기 위해 오랜 부자들이 즐겨 찾는 릴리 퓰리처에 간다. 그리고 몇몇 뼈대 있는 가문의 자제들은 신흥 부자들이 즐겨 입는 주시 쿠튀르를 갈망한다.

항구 설계가 폴 소로스의 부인이자 금융가 조지 소로스의 형수인 데이지 소로스Daisy Soros는 1960년대 이래로 낸터컷에 오곤 했다. 1960년대에는 신흥 부유층이건 옛 부유층이건 여성들이 차려입지 않았다. 그녀는 새로 온 사람들이 섬 문화에 영향을 주기 시작했다고 생각한다.

"모두들 괴물 같은 집을 짓고 화려하게 차려입고 있어요." 소로스가 말했다. 그녀는 "이제는 나조차도 마놀로스를 입는 걸요"라고 말하며 웃었다.

일부는 신구 부자들을 이처럼 구별하는 것이 너무 지나치다고 말한다. 1988년 카탈로그 사업을 1억 1700만 달러에 니먼 마커스 Neiman Marcus에게 팔아 돈을 번 로저 호초Roser Horchow는 이렇게 말했다. "정말로 계급을 의식하는 유일한 사람들은 엄청난 돈다발을 가진 남성들의 두 번째 부인들일 겁니다."

왜 기다려? 새로 지으면 되지

신구의 분할은 골프 연습장, 테니스 코트, 부두처럼 가장 유서 깊은 전장에서 잘 드러난다.

기존 클럽들은 여전히 오래된 부자들을 고객으로 유치하고 있지만, 새로운 클럽들도 신흥 부자들을 맞이하며 번성하고 있다. 터줏대감이지만 대기자 목록을 기다리다 못한 이들도 새로운 클럽에 가입한다. 지난 수년간 샌케이티헤드 골프클럽은 가입하려면 수십 년이나 더 기다려야 할 것 같은 대기자 목록을 갖고 있었다. 그래서 1995년 맨해튼의 투자은행가 에드먼드 하짐Edmund A. Hajim을 비롯한 몇몇은 마치 아주 오래전부터 그곳에 있었던 것처럼 치밀하게 연출한 낸터컷 골프클럽을 만들었다. 그 클럽은 대박을 터뜨려 회원권 값이 32만 5000달러(탈퇴할 때 80퍼센트를 돌려준다)나 되는데도 대기자 목록이 꽉 찼다. 샌케이티헤드 골프클럽의 회원권은 단 3만 달러에 불과하다.

같은 방식으로 기존의 낸터컷 요트클럽은 새로운 라이벌 그레이트하버 요트클럽을 낳았다. 약 300여 가족이 그레이트하버 요트클럽 회원권을 샀으며, 그 가격은 30만 달러에 달한다.

일부 낸터컷 사람들은 새로운 클럽에 환호한다.

"기존 클럽에 진입할 수 없다면 아예 새로운 클럽을 차려서 시작하면 되지요." 뉴욕과 워싱턴의 끊임없이 이어지는 사교 모임 속에서 자랐으며, 지금은 이곳에서 골동품점을 운영하는 러티샤 런딘Letitia Lundeen이 말했다.

신흥 부자들의 분노는 리즈 펫케비치Liz Petkevich의 경우도 해당된다. 투자은행가이자 전직 올림픽 피겨스케이팅 선수인 리즈의 남편 미샤 펫케비치J. Misha Petkevich는 새로운 요트클럽을 설립하는 데 도움을 주었다. 그녀는 남편이 지금의 성취를 위해 열심히 일했다고 말했다. "남편이 그렇게 성공한 것이 우리가 다른 어떤 사람들보다 더 낫다는 의미일까요? 아닙니다. 다만 우리가 기존 요트클럽에 가입하지 못하는 식으로 불이익을 당해서는 안 된다는 것이죠."

옛날에는 클럽들이 거의 다 비슷비슷했다. 백인 앵글로색슨 신교도들 천지였다.

1971년에 이곳에 온 조각가 데이비드 호스테틀러David L. Hostetler는 이렇게 말했다. "내가 처음 여기 왔을 때는 귀부인의 시대가 막 끝나가던 때였어요. 무릎까지 내려오는 반바지를 입은 백인 앵글로색슨 신교도 여성들이 이곳을 점령했습니다. 유대인은 거의 없었죠."

오늘날 이 섬의 엘리트는 신자가 250가구에 이르는 시너고그(유대교회당)가 있을 정도로 다양해졌다. 이 시너고그의 예배에서는 낸터컷 레드 재질로 짠, 작은 고래 장식이 달린 야물케(유대인 남자들이 쓰는 작고 테두리 없는 모자 — 옮긴이)를 쓰는 사람도 있다.

신구 부자들이 어울리는 장소는 자선 행사장이다. 샌프란시스코에서부터 뉴욕까지 걸쳐 있는 곳곳의 문화적이고 박애주의적인 단체들이 그렇듯, 오래된 부자들은 신흥 부자들이 자선함을 채울 수 있는 공간을 마련해두었다. 모금 행사는 갈수록 많아지고, 그 행사들은 더 이상 과거 한때 그랬던 것처럼 절제된 행사가 아니다. 2004년 낸터컷 역사협회의 연례 칵테일 파티와 경매에서는 대리 주차와 검은색 넥타이 차림의 클래식 4중주가 처음 도입되었다.

몇몇 사람들은 새로 온 사람들이 갖고 온 돈과 에너지를 반긴다. 런딘은 이렇게 말했다. "오래된 부자들은 돈을 다시 벌 수 있을지 걱정하기 때문에 돈 쓰는 걸 좋아하지 않아요. 심지어 그들은 돈을 쓸 수 있을 때에도 돈 쓰는 걸 천하고 불필요한 일이라고 생각합니다. 새로 온 사람들은 자신들 좋을 대로 이 섬의 수준을 올려놓았어요."

모든 새로운 것은 낡은 것이다

낸터컷의 구세대들은 누군가 '야만적 이야기'라고 부른 이야기들을 주고받는 일에 빠져 있다. 골드만삭스의 공동 경영자인 릭 셰어런드 Rick Sherlund가 결혼기념일을 즐기기 위해 잭슨 브라운 Jackson Browne을 초청해 이웃들을 언짢게 한 일을 들어봤는가? 아니면 존 윈켈리드 John Winkelried라는 또 다른 골드만삭스의 공동 경영자가 배짱 좋게 오래된 작은 길을 막아버린 일은? 혹은 루이스 거스트너 Louis V. Gerstner라는 전직 IBM 최고경영자가 보스턴의 변호사를 고용해 해변가의 1100만 달러짜리 작은 부지에 큰 집을 짓는 일을 강행해버린 일은?

니나 머리는 그런 사람들에게 공격적인 행동은 자연스러운 것이라고 말했다. "그들이 포기할까요? 어디에서부터 그렇게 된 건지 보세요. 그것은 정확하게 그들이 돈을 번 방식이기도 합니다."

낸터컷 사람 중 데니스 코즐로스키L. Dennis Kozlowski는 타이코인터내셔널의 전직 최고경영자인데, 2005년에 중절도죄로 유죄 판결을 받았다. 6000달러짜리 샤워커튼이 있는 그의 뉴욕 호화 아파트는 정도를 넘어선 기업가 생활방식의 상징이 되었다.

코즐로스키는 사르디니아에서 부인의 생일을 축하하기 위해 미켈란젤로의 다비드를 본떠 만든 얼음상을 동원한 수백만 달러짜리 파티를 열었다. 이 얼음상에서는 보드카가 뿜어져 나온다. 어떤 사람들에게는 이런 파티가 1800년대 후반 금박시대의 사치스러운 축하 행사들의 현대판으로 비친다.

오래된 부자와 신흥 부자의 좀 더 미묘한 차이는 일에 대한 태도에서도 나타난다. 투자회사 창업자인 데이비드 루빈스타인David Rubinstein은 60만 제곱미터 넓이의 해안가 땅을 사서 다른 많은 부자들이 그렇듯 기존 건물을 허물고 750제곱미터 넓이의 집을 지었다. 그 집에서는 일출과 일몰의 아름다운 풍경을 볼 수 있지만, 그는 친구들에게 1년 중 12일만 그 집에서 머물 뿐이라고 자랑했다. 그의 앞마당 잔디밭의 바위에는 이렇게 씌어 있다. "나는 차라리 일을 하겠다."

뮤추얼펀드의 공동 관리인으로, 1980년대 이래로 회사 소유인 걸프스트림 비행기를 타고 이 섬에 오는 로버트 토리Robert E. Torray는 골프장에서 골프를 치거나 크랜베리처럼 붉은 서재에서 전화기를 붙잡고 일하거나 둘 중 하나다. 그가 이곳을 좋아하는 것은 월스트리트의 거물들이 이 섬 어디에나 있고 어딜 가든 사업 얘기를 할 수 있기 때문이다.

하지만 오랫동안 여기서 여름을 보내온 몇몇 토박이들은 이런 사고방식을 좋아하지 않는다. 그들은 종종 사무실 걱정 없이 안개 속에 파묻힐 수 있다는 생각 때문에 편안해한다. 그들에게 부자로 산다는 것은 스케줄에 신경 쓰지 않고 놀 수 있는 자격증 비슷한 것이다. "일하고 있으면 신경이 몹시 날카로워지죠. 여기 있는 방식은 바로 일을 하지 않는 겁니다." 프록터앤갬블 사의 상속자 리처드 갬블의 부인 니키 갬블Nicki Gamble이 말했다.

붐에 휩쓸려 사라지는 공동체

높은 집값이 중간계급 사람들을 섬 밖으로 몰아내고 있다.

낸터컷 고등학교의 교장을 지낸 폴 리처즈Paul Richards와 간호사인 아내 마르티나Martina는 5년 동안 이곳에 집을 임대해 살다가 작년에 매사추세츠 주 니덤으로 이사했다. 리처즈는 이렇게 말했다. "두 아이와 함께 거기서 사는 데 비용이 너무 들어 더는 집세를 감당하기가 어려웠어요. 우리가 매우 만족했던 각자의 직업을 두고 그 섬을 떠나온 것이 애석하기는 하지만, 우리 가족이 살기에 가장 기본적인 것만 갖춰도 집값이 60만 달러가 넘었을 겁니다."

낸터컷 토지수용항소위원회 관리자인 린다 피니 윌리엄스Linda Finney Williams는 열아홉 살 난 대학생 아들과 로스쿨에 다니는 딸이 있다. 그는 이렇게 말했다. "나는 필사적으로 살고 있어요. 생활비가 너무 올라 우리가 살기에 너무 버겁습니다."

노동 수요가 엄청나서 매주 주중에 대략 400명의 일꾼들이 본토에서 비행기를 타고 섬에 들어와 건설, 정원 손질, 배수관 공사와 그 밖의 다른 일들을 한다. 통근하는 것이 귀찮을 수도 있으나 꽤 짭짤한 소득을 올린다. 그것만으로도 건물이 왜 그렇게 비싼지 설명된다. 추가 비용은 고스란히 고객에게 전가된다.

예순다섯 살의 건설 노동자 존 시핸John Sheehan은 하이애니스포트에서 비행기를 타기 위해 매일 새벽 4시 30분에 일어나야 하지만 불평하지 않는다. "나는 늘 중하층계급이 사는 동네에서 살았어요. 하지만 요즘은 매우 좋아요. 그 어느 때보다 더 많은 돈을 벌고 더 안락하게 살고 있거든요."

노동력 유출을 막기 위해 민간 비영리기구인 낸터킷 주택사무소는 3000제곱피트가 넘는 모든 건설 현장에 대해 제곱피트당 8달러의 맥맨션McMansion(작은 부지에 크고 화려하게 지은 저택 — 옮긴이) 세금을 걷자고 제안했다. 그 법안이 통과되기에는 몇 가지 장애물이 남아 있지만, 만약 통과되면 그 수익금은 연봉이 12만 825달러를 밑도는 가구를 위한 주택을 짓는 데 이용될 것이다. 일부 부동산 중개업자들은 초부유층들이 그 세금에 대해 분노할 거라고 걱정한다. 하지만 지금까지 부유한 건축주들은 그 세금을 자신들이 치르는 다른 비용들에 비해 껌값 정도로 여기는 듯하다.

돈을 벌어들이고는 있지만 몇몇 가게 주인과 지역 주민들은 섬의 예전 모습을 그리워한다.

골동품상을 하는 러티샤 런딘은 갑자기 부자가 된 여성들의 자신감에 찬사를 보내면서도 한편으로는 그들의 무지에 놀라곤 한다고 말한다. "그들은 배우려고 하질 않아요. 한번은 모노그램(합일문자. 이름의 첫 글자들을 합쳐 한 글자 모양으로 도안한 것 — 옮긴이)이 새겨진 접시가 있었는데, 그것을 한 손님께 권했더니 그녀가 말하더군요. '내가 왜 다른 사람의 모노그램을 가져야 하죠?' 이 여자들은 정말 어떠한 교양도 타고난 게 없어요."

맨해튼에서 이사 온 젊은 꽃집 주인 로빈 버글랜드Robin Bergland는 결혼식장에 꽃을 장식해주는 일을 그만두었다. "내가 마지막으로 꽃 장식을 한 결혼식장은 혼주가 월스트리트의 최고경영자였는데, 결혼 예복과 병원비까지 내게 물어내라지 뭐예요. 그는 내가 피로연 천막 장식을 위해 쓴 장미가 신부 드레스의 옷단을 망쳐버렸고 신부의 고모가 걸려 넘어져 다리가 부러졌다고 주장했어요. 날마다 협박 전화를 받았어요. 그 사건을 변호사에게 의뢰하자 그 사람들이 물러나긴 했지만, 난 그때까지 정말 두려웠어요. 5년 전이었다면 그런 일은 일어나지 않았을 거라고 확신해요."

이곳에서 35년 동안 살아온 택시 운전사 알린 브리아드Arlene Briard는 옛날에 여름을 보내기 위해 온 사람들은 "맞춰서 살곤 했다"고 말했다.

"그들은 계급이나 외양에 따라 자신들을 차별화하려고 하지 않았어요. 내가 『TV 가이드』를 판매할 당시에는 그들 집에 들어가 앉아서 그들과 함께 레모네이드를 마시거나 요트클럽에서 그들과 테니스를 치기도 했어요. 요즘 그들은 내 택시에 올라타서는 자신들이 낸터컷 골프클럽 회원이라는 점을 은근히 과시해요.

품격 있는 사람에게는 예의란 게 있어요. 하지만 단지 샤넬 가게에 가서 드레스를 살 수 있다고 해서 품격이 있는 건 아닙니다. 경우에 맞게 소비하는 사람이야말로 품격 있는 사람이지요."

—제럴딘 파브리칸트 Geraldine Fabrikant

우리는 가난했다, 하지만 나는 그걸 몰랐다

나는 1950년대 중반에서 60년대 초반까지 덴버에서 성장기를 보냈는데, 그 시절에는 계급적 차이에 대한 감각이 거의 없었다. 도심의 성당 옆에 있는 지방 교구가 설립한 학교에 다니는 내 학급 친구들은 그 주변의 여러 동네에서 모여들었다. 그들은 치즈먼 공원 동쪽의 2층짜리 벽돌 방갈로 주택들이 있는 중간계급 지역, 덴버의 몇 안 되는 흑인 밀집 지역인 다운타운 주변의 파이브포인츠 지역, 대부분의 멕시코계 미국인들이 사는 웨스트사이드, 이탈리아계 노동계급 미국인들이 많이 사는 노스덴버 지역 등에서 왔다. 우리는 모두 교복(여자아이들은 격자무늬 점퍼를, 남자아이들은 짙은 남색 바지와 흰 셔츠)을 입었기 때문에 누가 부잣집 자식이고, 누가 가난한 집 자식인지 알기 어려웠다.

아이들은 대부분 시립 버스로 등하교했고, 혹은 10여 구역쯤 떨어진 방 두 개짜리 지하 아파트에 살았던 나처럼 걸어서 등하교했다. 아파트 건물은

1800년대 후반 골드러시 이후에 지어진 덴버의 많은 맨션 중 하나였다. 우리가 거기 살 즈음 그 지역은 수많은 응접실과 거실들(벽기둥과 마호가니 벽난로, 그리고 그곳을 가득 채운 낡은 가구들과 어울리지 않는 스테인드글라스 유리창)로 이루어진 작은 아파트들로 빽빽하게 들어찼다.

덴버의 길고 혹독한 겨울에는 아버지가 페인트공 일을 중단해야 했지만, 우리가 가난하다거나 힘겹게 살고 있다는 느낌은 전혀 받지 못했다. 우리는 아파트 1층에 있는 욕실을 다른 두 가족과 함께 썼다. 어떤 집도 욕실을 독점하지 않도록 매주 목욕 순서를 짜서 욕실 문에 붙여놓는 것이 나의 일이었다. 불가피하게도, 저녁 일찍 목욕을 하지 않으면 뜨거운 물이 동나는 경우도 있었다. 오늘날, 이것이 미국의 모습이기도 하고, 우리는 출신 계급에 그대로 머물러 있도록 운명 지어지지도 않았다. 때문에 나는 욕실 네 개가 있고 항상 뜨거운 물이 충분히 나오는 집에 살고 있다.

린다 차베즈 Linda Chavez

린다 차베즈는 고용기회균등센터의 소장이며, 신문에 기고하는 특약 칼럼니스트다. 또 린다 차베즈 프로그램이라는 일일 라디오 쇼의 진행자이기도 하다.

12

0.1퍼센트 초부유층의 나라

스콧 피츠제럴드Scott Fitzgerald가 부자들이야말로 "당신과 나와는 다른 존재"라고 단언했을 때 어니스트 헤밍웨이Ernest Hemingway의 유명한 반응은 "그렇다. 그들은 돈이 더 많다"였다. 오늘날 헤밍웨이는 이 말을 덧붙일지도 모르겠다. 돈이 아주 아주 아주 많다.

『뉴욕타임스』가 확보한 세금 기록 등의 정부 자료를 분석해보면, 미국의 재산 피라미드 최상층에 있는 사람들은 최근 몇 년간 너무 번성해서 나머지 인구를 크게 앞질렀다. 그들은 1년에 수십만 달러를 버는 사람들보다도 한참 앞서 나갔다.

그들을 '초부유층hyper-rich'이라고 부르자. 그들은 크로이소스 Kroisos(B.C. 6세기 리디아의 마지막 왕으로, 큰 부자였다. ─ 옮긴이)처럼 단지 드문 몇 사람이 아니다. 소득 상위 0.1퍼센트에 선을 그어보자. 그 선보다 위에 있는 사람들은 14만 5000명의 납세자들이다. 이들은 연간 최소 160만 달러 이상의 소득을 올리는 사람들이다.

상위 0.1퍼센트의 평균 소득은 가장 최근 자료인 2002년의 통계를 살펴보면 300만 달러였다. 그 액수는 인플레이션을 감안해 조정한 1980년 상위 0.1퍼센트의 소득 120만 달러의 2.5배에 이른다. 다른 어떤 소득 집단도 그렇게 빨리 성장하지는 않았다.

2002년 총국민소득에서 이 최상위층이 차지하는 몫은 1980년 이래 두 배로 늘어난 7.4퍼센트다. 그들을 제외한 상위 10퍼센트의 소득 성장 속도는 그보다 훨씬 낮으며, 하위 90퍼센트가 차지하는 비중은 감소했다.

다음으로 미국 가구들의 순자산 가치를 보자. 주택, 투자액, 기

1920년대 이후 이렇게 큰 격차가 난 적은 없었다

『뉴욕타임스』의 분석에 따르면, 가장 부유한 미국인들(소득이 160만 달러가 넘는 14만 5000명 정도의 납세자들로, 상위 0.1퍼센트에 든다)은 최근 수십 년간 다른 모든 사람들로부터 더욱 멀어져갔다.

소득 증가

국가 전체 소득 중 상위 0.1퍼센트 소득 집단이 벌어들인 소득의 비율은
1970년대 이후 두 배 이상 증가했고, 2000년에는 10퍼센트를 넘어섰다.
그것은 1920년대 이후 처음 있는 일이다.

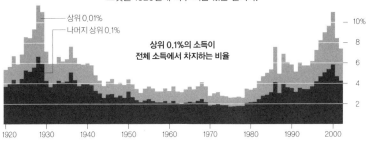

부의 증가

인플레이션을 감안해 조정하더라도 1000만 달러 이상을 가진 가구가 20년 전에 비해
5배나 늘었다. 이들 모두가 높은 소득을 올리는 가구는 아니다.

		인플레이션 조정 후 순재산 가치 (가구 수)		
가구 수	모든 가구	100만~500만 달러	500만~1000만 달러	1000만 달러 이상
1983년	8400만 가구	220만 가구	18만 500가구	6만 6500가구
2001년	1억 600만 가구	480만 가구	72만 9400 가구	33만 8400 가구
증가	**27%**	**123 %**	**304%**	**409%**

타 자산을 모두 합해 1000만 달러 이상을 자산으로 갖고 있는 집단
은 2001년 기준 33만 8400가구였다. 그 수는 인플레이션을 감안해
조정하면 1980년대 이래로 400퍼센트 이상 늘어난 것이다. 그 기간
에 미국 전체 가구 수는 27퍼센트 증가했을 뿐이다.

조지 W. 부시 행정부의 감세 정책으로 '초부유층'과 '나머지 미국인들' 사이의 간격은 더 벌어지고 있다. 단순한 부자, 즉 연간 수십만 달러를 벌어들이는 사람들은 그들에게 어울리지 않게 많은 몫의 조세 부담을 떠안았다.

부시 대통령은 2004년 10월 세 번째 선거 토론회에서 감세 혜택 대부분이 중위 소득 집단과 하위 소득 집단에게로 갈 것이라고 말했다. 하지만 사실 감세 혜택의 53퍼센트가 첫 15년(2001년 시작해 10년째 되는 2010년 재승인 받게 된다) 동안 상위 10퍼센트 소득 집단에게 돌아갈 것으로 예측된다. 또한 감세 혜택의 15퍼센트 이상이 상위 0.1퍼센트, 즉 14만 5000명의 납세자들에게 돌아갈 것이다.

『뉴욕타임스』는 최상위 부유층의 재정적 초상화를 그려보았다. 그들의 소득이 지난 수십 년간 어떻게 바뀌었는지, 감세가 그들에게 어떤 영향을 주었는지 등을 알아보기 위해서였다. 빈부 격차가 더 커졌다는 것은 더 이상 비밀도 아니지만, 가장 부유한 사람들과 나머지 사람들의 격차가 과연 어느 정도나 벌어졌는지는 많이 알려지지 않았다.

미국 재무부는 감세가 다양한 소득 집단에 미치는 영향을 조사하기 위해 컴퓨터 모델을 사용하지만, 상위 1퍼센트 집단 내부를 세분화할 정도로 자세히 들여다보지는 않는다. 『뉴욕타임스』는 상위 1퍼센트 내에서 생긴 차이까지 보기 위해 재무부 방식에 기초한 한 가지 모델에 착안했다. 다양한 견해를 대변하는 시민 단체, 즉 헤리티지재단, 카토연구소, 조세정의시민연대 등의 재정 전문가들이 『뉴욕타임스』의 예측치를 검토한 결과 별 무리가 없다는 답변을 보냈다. 재무부 역시 대변인을 통해 그 모델이 신뢰할 만하다고 밝혀왔다.

그 모델에 따른 분석에서는 다음과 같은 사실도 밝혀졌다.

- 부시 행정부의 감세 정책하에서 최상위 소득을 올리는 400명의 납세자는 2000년 현재 적어도 연간 8700만 달러를 벌어들이는 사람들이다. 이들이 소득과 노령의료보험, 사회보장에 대해 내는 세금(17.5퍼센트)은 5만~7만 5000달러를 벌어들이는 사람들이 내는 세금 비율(17.4퍼센트)과 사실상 같다.

- 1년에 1000만 달러 이상을 버는 사람들은 10만~20만 달러의 소득을 올리는 사람들보다 더 적은 비율의 세금을 내고 있다.(1000만 달러 이상 소득을 올리는 사람에 대한 과세율은 20.1퍼센트, 10만 달러~20만 달러의 소득을 올리는 사람에 대한 과세율은 20.6퍼센트다. ─ 옮긴이)

- 1969년 부유층들로 하여금 세금을 내도록 하기 위해 만들어진 '대체적 최저한세'alternative minimum tax, 代替的 最低限稅'(미국 연방 정부가 개인, 법인, 부동산, 트러스트 등에 부과한 소득세의 일종. 조세 우대에 따른 세수 손실을 조정하기 위한 세제다. 지방채에 지급된 이자나 조세 피난처에 의한 손실과 같은 특정 조세 우대 항목을 위해 조정된 과세소득에 대해 부과한다. 보통의 계산 방법에 의한 세금의 금액을 초과할 때만 대체 부과된다. 특정 한도 이상으로 조정된 과세소득에 대해서는 거의 고정 세율로 부과된다. 이를 공제라고 하는데, 공제 액수는 정규 소득세에서 받는 공제보다 엄청나게 높다. 한국에서는 '최저한세'라는 이름으로 1991년의 개정 세법부터 종전의 조세 자원 종합 한도를 폐지하면서 마련되었다. ─ 옮긴이)는 시간이

지나며 가장 많은 사람들이 몰려 있는 7만 5000~100만 달러 소득 대에 있는 가구들에게서 점점 더 많은 몫의 감세 혜택을 앗아가고 있다. 그 액수가 가구당 연간 수천 달러 내지 수십만 달러에 달한다. 정작 가장 부유한 사람들은 대체적 최저한세의 영향을 거의 받지 않게 될 것이다.

이 분석은 납세 신고된 소득만을 토대로 했다. 재무부는 가장 부유한 사람들은 자신의 소득에 대한 과세를 피하기 위해 합법적·불법적 방법을 찾아낸다고 말한다. 따라서 가장 부유한 사람들과 나머지 사람들 간의 격차는 틀림없이 더 클 것이다.

초부유층은 미국 경제의 전환기인 지난 30년 사이에 최대의 승자로 떠올랐다. 이 시기는 더욱 글로벌화한 시장의 탄생, 신기술, 감세로 인해 가속화한 투자 등으로 특징 지어진다. 주가는 급등했고 그만큼 가장 높은 순위에 있는 업종들이 이익을 보았다.

점점 더 벌어지는 소득 격차를 이해하는 한 가지 방법은 대부분의 납세자들(소득 규모 하위 90퍼센트)과 최상위 0.01퍼센트(2004년 기준으로 1년에 550만 달러 이상을 버는 1만 4000여 가구)의 소득 증가분을 비교하는 것이다.

예를 들어, 1950년부터 1970년까지 하위 90퍼센트가 1달러를 더 벌 때, 상위 0.01퍼센트는 162달러를 추가로 더 벌어들였다. 그러던 것이 1990년에서 2002년 사이에는 하위 90퍼센트가 1달러를 더 벌 때, 상위 0.01퍼센트는 1만 8000달러를 더 벌어들였다.

로널드 레이건 대통령은 가장 부유한 미국인들에게 혜택을 주는 세금 법안에 서명하고 빈곤 노동층working poor에게도 세금을 감면해주었다. 빌 클린턴 대통령은 가장 부유한 사람들에 대한 소득세를 인상하고 투자 이익에 대해서는 세율을 인하하는 한편, 빈곤 노동층에게는 세금 감면을 확대했다. 조지 W. 부시 대통령은 소득이 4만 달러 이하인 가구에 대한 소득세를 없앴지만, 그의 감세는 가장 부유한 미국인들에게 어떤 전임자들보다 더 많은 혜택을 안겨주었다.

부시 행정부는 스스로 감세 정책이 소득세 제도를 좀 더 진보적으로 만들었다고 말한다. 높은 소득을 가진 사람들에게 좀 더 많은 부담을 전가했다는 것이다. 하지만 미국 국세청 조사에 따르면 2001년과 2002년에 세율이 낮아진 집단은 상위 0.1퍼센트밖에 없었다.

이에 대해 재무부 대변인 테일러 그리핀Taylor Griffin은 그 기준을 상위 0.1퍼센트로 잡지 않고 상위 40퍼센트로 잡는다면 소득세 제도가 더 진보적으로 변했다고 볼 수 있다고 말했다.

하지만 『뉴욕타임스』의 분석에 따르면, 향후 10년간 부시가 무기한으로 확대하려는 감세가 가장 부유한 미국인들의 부담을 더욱 덜어줄 것으로 보인다. 100만 달러 이상의 소득을 올리고 있다면, 연방세 납부 액수나 세율 면에서 모두 가장 큰 몫의 세금 감면을 받을 것이다.

조금 부유한 사람들이 가장 부유한 사람들보다 감세 혜택을 덜 받는 이유 중 하나는 대체적 최저한세다. 이 세제는 1969년에 가장 부유한 미국인들이 법률적 허점을 이용해 세금을 내지 않는 것을 막기 위해 만든 법률을 1982년에 개정한 것이다. 문제는 이 세제가 한 번도 인플레이션에 맞게 조정되지 않았다는 점이다. 그 결과 소득이 7만 5000달러를 갓 넘은 미국인들의 납세에 가장 엄격하게 적용된다.

『뉴욕타임스』의 분석에 따르면 2010년쯤 대체적 최저한세는 소득 규모 10만~50만 달러인 사람들의 80퍼센트 이상에게 영향을 주어서 그들이 최근까지 받았던 감세 혜택의 절반 내지 3분의 2까지 앗아갈 것으로 보인다. 예를 들어, 연간 20만~50만 달러를 버는 소득 집단은 2010년에 대체적 최저한세 때문에 감세분의 70퍼센트인 평균 9177달러를 더 내야 할 것이다.

하지만 그 세제가 고안된 방식 때문에 정작 초부유층 사람들 중에는 영향을 받는 사람이 훨씬 적다. 100만 달러 이상을 소득으로 신고한 사람 가운데 3분의 1 정도가 영향을 받는다. 한 가지 큰 이유는, 초부유층에게 돌아가는 배당금과 투자 이익이 대부분 면세 대상이라는 것이다. 초부유층이 좀 더 유리한 또 다른 이유는 지난 10년간 감세 때문에 투자 소득에 매겨지는 세율이 급격히 낮아졌다는 점이다.

경제학자들 대부분이 초부유층들이 세금을 덜 내고 있다는 점을 인정하면서도, 그것이 무엇을 의미하는지에 대해서는 의견이 엇갈린다. 엄청난 부를 축적하는 것이 좋은 일이라고 주장하는 경제학자들은 부자들이 더 부유해질 수 있다면 다른 사람들도 열심히 일하고 저축하면 대부분 부자가 될 수 있다고 말한다. 그들은 감세가 모두를 잘살게 하는 투자와 혁신을 북돋는다고 말한다.

헤리티지재단의 경제학자 팀 케인Tim Kane은 이렇게 말했다. "나

가장 부유한 사람들이 최근 감세로 더 많은 혜택을 보았다

최근의 감세 정책하에서 가장 부유한 납세자들은 절대적인 달러 액수에서나 전체 연방 세입에서 차지하는 비율 면에서나 가장 큰 세금 감면 혜택을 받았다. 그것은 그 부자들이 배당금과 투자 이익에 대한 낮은 세율로 혜택을 보았기 때문이기도 하지만, 또한 원래는 가장 큰 부자들에게 적용하도록 만들어졌으나 이제는 초부유층에 숙지지 않는 사람들에게서 상당량의 감세 몫을 회수해가는 대체적 최저한세 때문이기도 하다.

백분위	하위 80%				상위 20%						최상위 400명 (상위 0.1% 포함)
	하위	20~40	40~60	60~80	80~90	90~95	95~99	99~99.5	99.5~99.9	Top 0.1	
2005년 소득	$0~13,478	$13,478~25,847	$25,847~44,451	$44,451~79,562	$79,562~117,001	$117,001~162,351	$162,351~383,407	$383,407~581,019	$581,019~1,589,608	$1,589,608 이상	8700만 달러 이상(2000년)
납세자 수	2800만 명	3000만 명	2900만 명	2900만 명	1400만 명	720만 명	580만 명	723,000명	578,000명	145,000명	400명
납세자 비율	19.5%	20.6%	19.9%	19.9%	10%	5%	4%	0.5%	0.4%	0.1%	0.00003%
2001년 전체 국가 소득에서 차지하는 비율	2.5%	6.4%	11.7%	20.1%	15.8%	11.2%	15%	3.8%	5.9%	8%	1.1%(2000년)
감세 없이 납부했을 경우 2001년 연방세에서 차지하는 비율	0.4%	2.6%	8.6%	17.9%	16%	12.3%	17.5%	4.8%	7.9%	12%	데이터 없음
감세 적용해 납부할 경우 2015년 연방세에서 차지하는 비율	0.5%	2.7%	7.9%	17.9%	16.6%	13%	18.5%	4.6%	7.4%	10.8%	데이터 없음
15년 동안의 세금 감면 비율	0.3%	5.3%	9.5%	16.4%	15.5%	9.8%	12.5%	5.4%	10.1%	15.2%	데이터 없음
연평균 절세액	$23	$342	$618	$1,063	$2,202	$2,101	$4,051	$14,107	$32,767	$195,762	830만 달러

2015년경에 2001년보다 연방세를 덜 내게 되는 그룹은 상위 1%와 중간그룹(40~60%) 뿐이다.

3만 달러 미만	3만~5만 달러	5만~7만 5천 달러	7만 5천~10만 달러	10만~20만 달러	20만~50만 달러	50만~1백만 달러	1백만~1천만 달러	1천만 달러 이상	최상위 400명
6.7%	14.5%	17.4%	18.9%	20.6%	21.6%	21.6%	22.3%	20.1%	17.5%

2004년 소득세, 사회보장세, 노령의료보험세가 소득에서 차지하는 비율

10만~20만 달러를 버는 사람들은 100만 달러 이상 버는 사람들보다 자기 소득이 더 많은 부분을 소득세로 낸다.

스텔스 세금 (납세자들이 별로 의식하지 못하는 사이에 새로 생긴 세금―옮긴이)

점점 더 많아지는 7만 5000달러 이상 소득자들이 대체적 최저한세 때문에 그들의 감세 몫을 도둘려주게 될 것이다(다즉, 세금을 더 내게 될 것이다).

	3만 달러 미만	3만~5만 달러	5만~7만 5천 달러	7만 5천~10만 달러	10만~20만 달러	20만~50만 달러	50만~1백만 달러	1백만 달러 이상	모든 납세자들
2004년 대체적 최저한세율	1% 미만	1% 미만	1% 미만	1%	6%	50%	39%	27%	2%
2010년 대체적 최저한세율	1% 미만	3%	16%	52%	80%	94%	63%	36%	22%
도둘려줘야 하는 감세 몫	1% 미만	1% 미만	3%	23%	47%	70%	23%	9%	29%
추가로 더 내야 하는 세금	$1,429	$773	$942	$1,560	$2,542	$9,177	$15,727	$64,025	$3,579

출처―『뉴욕타임스』

는 이 소득 데이터에서 매우 혁신적인 사회의 한 단면을 봅니다. 더 낮은 세금과 더 낮은 한계 세율이 더 많은 성장으로 인도하고 있습니다. 폭발적인 부의 증가가 있어요. 우리는 극심하게 가난한 세계 속에서 매우 부유합니다."

그러나 초부유층 중에서도 워런 버핏Warren Buffett, 조지 소로스George Soros, 테드 터너Ted Turner 같은 사람들은 그러한 부의 집중이 능력주의 사회를 귀족 사회로 변모시킨다고 경고해왔다. 이들은 국가 자본의 너무 많은 부분이 기술을 혁신하고 노력을 경주하는 사람들 대신 유산 상속자들에게 가게 되어 궁극적으로는 경제성장이 저해될 것이라고 말한다. 앨런 그린스펀Alan Greenspan 연방준비제도이사회 의장은 2004년 하원에 출석해 소득 집중도 심화에 대해 말하며 다음과 같이 경고했다.

"그런 일이 일어나도록 방치한다는 것은 민주 사회를 위해 매우 바람직하지 않습니다."

다른 사람들은 미국인들이 대부분 이러한 경향에 큰 문제를 못 느낀다고 말한다. 레이건 행정부와 조지 H. W. 부시 행정부에서 일한 감세론자 브루스 바틀릿Bruce R. Bartlett은 중심적 문제는 사회이동이라고 말한다. "사람들이 상위 계급으로 올라갈 기회가 있다고 생각하는 이상 그들은 부자들이 얼마나 부유해지든 크게 상관하지 않습니다."

그러나 사실, 미국 내에서 살아생전 한 소득 집단에서 다음 소득 집단으로 올라서는 경제적 이동economic mobility은 늘지 않고 있다고 연구자들은 말한다. 최근의 몇몇 연구를 보면, 그 가능성은 지난 한 세대 동안 오히려 한층 감소했다.

—데이비드 존스턴David Johnston

268~269쪽의 표의 수치는 모두 네 가지 자료에서 나왔다. 소득 증가 자료는 UC버클리의 경제학 교수 이매뉴얼 사에즈Emmanuel Saez, 파리고등사회과학연구원 경제학 교수 토마스 피케티Thomas Piketty가 분석한 정부의 세금 환급 기록을 활용했다. 재산 자료는 뉴욕대학교 경제학 교수 에드워드 울프Edward Wolff가 분석한 연방준비은행의 소비자 금융 조사에서 따왔다. 세금 견적은 조세정책센터의 컴퓨터 모델(도시연구소와 브루킹스연구소의 공동 프로젝트)을 활용했는데, 소득, 법인 상속세, 그리고 감세를 무기한 확대하는 조지 W. 부시 행정부의 2006년 예산안 등을 포함한다. 400명의 최고 소득 납세자들에 대한 정보는 2004년 규정을 2000년 데이터에 적용한 국세청 보고서에 근거했다. 모든 자료가 활용 가능한 것 중 가장 최근의 자료다. 이 분석에 사용된 자료는 http://www.nytimes.com/class에서 볼 수 있다.

13
___

**대중문화 속에 그려진
계급의 초상**

〈어느날 밤 일어난 일〉은 대공황 시대에 계급을 뛰어넘는
로맨스를 그린 수많은 영화 중 하나다.

텔레비전 드라마와 영화, 소설 속의 사람들은 계급이 없고 모두가 비슷비슷한 꿈의 나라 미국에서 산다. 그곳은 '비버Beaver'(1957~1963년 미국에서 방영된 시트콤 〈비버에게 맡겨둬Leave it to Beaver〉의 주인공 시어도어 더 비버 클리버의 애칭이다. — 옮긴이), '오지와 해리엇Ozzie and Harriet'(1952~1966년 미국의 중산층을 소재로 한 시트콤 〈오지와 해리엇의 모험The Adventures of Ozzie and Harriet〉의 주인공 오지 넬슨과 부인 해리엇 넬슨 — 옮긴이), '도나 리드Donna Reed'(미국의 영화배우, 〈지상에서 영원으로From Here to Eternity〉로 아카데미 여우 조연상을 받았다. — 옮긴이)가 살던 옛날 동네에서 (급격하진 않아도) 업그레이드된 장소다. 그곳은 시트콤 〈프렌즈Friends〉나 〈사인펠드Seinfeld〉(1989~1998년 미국에서 방영된 코미디. 코미디언 제리 사인펠드가 주인공으로 나온다. — 옮긴이)에 나오는 친구들의 아파트가 있는 여피풍의 도시이거나, 요즘 좀 더 유행하는 버전으로는 '원 트리 힐One Tree Hill'(2003년 시작된 미국 드라마 〈원 트리 힐〉에 나오는 가상의 공간 — 옮긴이), '위스터리아 레인Wisteria Lane'(미국 드라마 〈위기의 주부들Desperate Housewives〉에 나오는 가상의 공간 — 옮긴이)과 같은 준교외 지역이다. 그곳은 쿨한 젊은이들이 데이트하고, 성적 매력과 외모로 매겨지는 서열이 직업과 재산으로 매겨지는 옛 서열을 대체해버린, 아름답게 착색된 교외 공간이다.

그것은 일종의 진보이지만 동시에 퇴보이기도 하다. 대중문화가 예전에는 명백히 드러나 있던 것들을 상당 부분 덮어버렸음을 의미하기 때문이다. 우리가 사회적 계급에 좀 더 관심을 기울였던 옛날에는 적어도 그 문제에 대해서는 솔직했다.

미국 문화의 중심에는 미국적이지 않은 비밀이 있다. 바로 아주 오랜 기간 계급에 사로잡혀 있었다는 점이다. 그 집착은 우리가 최근 몇 년간 만능화한, 대량 판매 버전의 '아메리칸드림'을 소비하게 되면서 어느 정도 줄어들거나 순화되었다. 그러나 완전히 사라진 것은 아니다. 계급이라는 주제는 아무짝에도 쓸모없는 친척 같은 것이다. 때때로 그것은 부끄러운 과거를 떠올리게 하는 그 무엇이며, 모두가 공공연하게 인정하지만 누구도 입 밖에 내지 않을 때조차 항상 거기에 존재하는 그 무엇이기도 하다.

특히 제2차 세계대전 전에 그러했다. 그때는 영화를 볼 때나 소설을 읽을 때마다, 어떤 사람들은 다른 사람들보다 너무 잘살고 있으며, 계급 분리(특히 중간계급을 상층계급과 분리하는 격차)가 어쩔 수 없는 인생의 진실이 된 사회에서 살고 있다는 사실을 떠올리지 않을 수 없었다. 이 격차를 메워보겠다는 열망은 피츠제럴드의 소설에서 가장 끈질기게, 그리고 가장 낭만적으로 나타났다. 롱아일랜드 해협 너머 멀리 떨어진 푸른 불빛을 응시하는 한때 노스다코타의 보잘것없는 인물이었던 제이 가츠, 그리고 컨트리클럽에 홀로 와서 부잣집 딸의 눈에 들기를 바라며 넋을 잃고 서 있는 남자들을 생각해보자(노스다코타 출신인 제이 가츠는 사랑하는 여인을 얻기 위해 밀주 사업에 뛰어들어 큰돈을 벌고 개츠비로 이름을 바꾼다. 『위대한 개츠비』는 1920년대 미국 사회를 묘사한 고전이다. ─ 옮긴이).

반면에 좀 더 어두운 버전도 있다. 이를테면 시오도어 드라이저 Theodore Dreiser의 『아메리카의 비극An American Tragedy』(1925)에서 클라이드 그리피스는 부유한 삼촌처럼 살겠다는 계급적 야망 때문에 가망 없는 프롤레타리아 출신 애인을 익사시키고 자신의 운명을 뛰어넘으려는 불가능한 일에 도전하려다 불가피하게 전기의자에 앉을 수밖에 없었다(소설은 뉴욕 주의 가상적 시골 마을 리커구스를 배경으로 하는데, 드라이저는 우리에게 "부자와 빈자를 나누는 경계선과 층위가 마치 칼로 자른 것처럼 예리하거나 높은 벽으로 나뉘어 있다"는 점을 상기시킨다).

몇몇 소설은 더 나아지리라는 꿈이 아니라 위대한 미국의 악몽을 환기하기 위해 계급적 불안을 이용한다. 어느 날 잠에서 깨어났더니 최하층으로 전락한 자신을 발견하게 되는 두려움 말이다. 이 두려움은 P. H. 스키너Skinner의 1853년 소설 『누더기 걸친 그 초라한 1만 명, 또는 뉴욕 하층민들의 사실적 삶의 풍경들The Little Ragged Ten Thousand, or, Scenes of Actual Life Among the Lowly in New York』처럼 제목이 내용을 잘 말해주는 책에서 진지하고 교훈적으로 표현되어 있다. 19세기가 끝날 즈음 스티븐 크레인Stephen Crane의 『매기: 거리의 소녀Maggie: A Girl of the Streets』(학대받으며 살던 슬럼가의 한 순수한 소녀가 창녀로 전락하고, 결국 자살하는 과정을 동정 어린 시선으로 그린 소설 — 옮긴이)와 프랭크 노리스Frank Norris의 『맥티그McTeague』(샌프란시스코의 한 치과 의사가 사기꾼의 가면이 벗겨지면서 범죄자가 되고 퇴락한다는 내용의 소설 — 옮긴이) 같은 작품에서는 계급적 불안을 다루는 방식이 매우 엄혹하게 변했다.

이 소설들은 중산층 독자들의 동정심에 기대는 듯하면서도, 솔직히 그들에게 충격을 주려는 의도가 있었던 것 같다. 이를테면 미국인에게 일어날 수 있는 최악의 일은 계급 사다리에서 발을 헛디뎌 떨어지는 것임을 암시하는 식이다. 예를 들어 드라이저의 『시스터 캐리Sister Carrie』에 나오는 불쌍한 허스트우드에게 일어난 일이 그렇다. 허스트우드는 캐리(아름다움과 매력을 팔아 시카고의 하숙집에서 브로드웨이의 밝은 불빛으로 올라서려 하는 여성)에게 반해 모든 것을 잃고 레스토랑 주인에서 도심 전차 운전사로 떨어져버린다.

그러나 19세기 말 미국 소설의 예술적 번성 속에서도 가난한 인물은 찾아보기 어렵다. 헨리 제임스Henry James, 윌리엄 딘 하우얼스William Dean Howells, 이디스 워튼Edith Wharton 같은 작가들은 거의 부자들 또는 부자를 꿈꾸는 중산층의 결혼, 집, 돈 등에만 관심을 가졌다. 우연찮게도 이 소설들은 미국의 금박시대에 발표되었다. 그때는 남북전쟁이 막 끝난 시기로, 하룻밤에 벼락부자가 되기도 하였고, 화려하게 소비하던 시절이었다.

제임스의 작품 속에서는 때때로 심미적인 속물근성(또는 우월감)의 기미, 즉 정제된 글쓰기에는 정제된 주제의식이 필요하다는 생각이 엿보이긴 하지만, 제임스와 워튼 등은 어느 정도는 그들 주변의 세상에 대해 썼을 뿐이다(이를테면 『사자들The Ambassadors』에서 제임스는 뉴섬 가문이 제조업으로 재산을 모았다고 설명하고 있지만, 그 자신이 직접 뉴섬 가문이 정확하게 얼마나 모았는지 말해줄 정도로 천박하지는 않았다). 반면 워튼과 하우얼스의 작품에서는 종종 날선 풍자와 엄청난 울림을 엿볼 수 있다.

워튼의 소설에서 가장 생생한 주인공들은 귀족들, 즉 뉴욕의 (모두 냉혈하고 성적으로도 매력이 떨어지는) 대가문 자녀들이 아니라

릴리 바트(이디스 워튼의 소설 『환락의 집』의 여주인공. 물질주의가 만연한 20세기 초의 뉴욕에서 가난하지만 아름다운 릴리 바트는 사교계의 꽃으로 활동하며 돈과 지위를 겸비한 남편감을 찾지만, 사소한 충동과 실수로 번번이 실패하면서 점차 사교계의 중심에서 밀려나게 된다. - 옮긴이)처럼 생활수준이 재정 수준을 넘어서고 결국에는 경제적으로 급전직하하는 사람들이다. 그리고 『시골의 관습The Custom of the Country』에 나오는 언딘 스프랙처럼 캔자스의 지방도시 아펙스에서 뉴욕에 도착해 결혼이라는 고전적 방식으로 신분 상승을 꾀하는 사람들도 있다. 그녀는 결혼을 한 번만 하는 것이 아니라 비밀 결혼까지 더하면 세 번이나 한다. 이 소설의 메시지 중 하나는 미국에서 새로운 부자는 한 세대 또는 그보다 더 짧은 기간 안에 매우 빠른 속도로 오래된 부자의 옷을 입는다는 점이다. 또 다른 메시지는 미국의 계급 구조가 속임수와 이중 잣대로 지탱될 수밖에 없다는 점이다.

하지만 워튼 이후 세대의 작가들은 그러한 계급 구조(부자, 명문가, 신분 상승을 꿈꾸는 사람들의 삶과 규범)가 끊임없이 사람들의 관심을 끄는 주제라는 것을 입증했다. 성공을 좇는 젊은이들, 기득권을 지키려는 나이 든 세대들은 이러한 소설로 가득 찬 서가로 몰려들었다.

존 오하라John O'Hara는 상층계급과 상층중간계급을 제1차 세계대전 이전부터 제2차 세계대전 이후까지 연대기별로 정리한 작품을 발표해 명성을 얻었다. 어느 누구도 그보다 더 날카로운 통찰력으로 어떤 사람이 계급 사다리의 어디쯤에 있는지를 정확하게 보여주는 단서를 찾아내지는 못했다. 그 단서란 불우이웃 돕기 핀, 신발, 셔츠 깃 등이다. 마퀀드J. P. Marquand는 그와 똑같은 영역을 세밀하게 읽고 오하라만큼이나 대중적인 성공을 거두는 한편 평단에서도 큰 호평 을 받았다. 때때로 하층계급의 생활을 선정적으로 묘사한 책, 예컨 대 『타바코 로드Tobacco Road』(어스킨 콜드웰Erskine Coldwell의 1932년 소설. 담배 재배가 성행하던 1930년대 미국 남부를 배경으로 담배 운반 도로 연변에서 살아가는 농민 지터 일가의 빈곤과 무지, 그리고 몰락 과정을 유머러스한 필치로 그렸다. — 옮긴이) 같 은 책이 대중적 욕망을 사로잡기도 했다. 하지만 중간계급 이상의 독자들에게 놀랍도록 오랫동안 인기를 끈 소설은 상층중간계급의 삶을 다룬 것들이었다.

그렇다면 그런 소설에서 사람들을 끌어당긴 것은 무엇이었을 까? 그중 일부를 말하자면 바로 관음증이다(오하라가 상층계급 사람 들이 성적으로 매우 문란했음을 우리에게 알려주는 것을 작가로서 자신 의 임무라고 생각했다고 해서 책 매출에 해를 끼치는 것은 아니었다). 당 시 픽션은 일종의 다큐멘터리로서 기능하기도 했다. 다시 말해 미국 인들은 소설을 통해 다른 사람들이 어떻게 사는지를 배울 수 있었 다. 시간이 지나면서 소설은 기록적 성격을 잃어갔고, 더구나 제2차 세계대전을 거치면서는 미국의 중간계급이 수적으로나 중요성 면에 서 팽창하며 상층부의 세계는 어느 정도 화려함과 중요성을 잃어버 리기도 했다.

상층계급의 코드를 배움으로써 신분 상승을 추구하는 부류의 옛날식 계급 소설이 여전히 쓰여지고 있기는 하다. 커티스 시튼펠드

Curtis Sittenfeld의 첫 소설인 『프렙Prep』은 꿈 많은 장학생 소녀가 그로턴 Groton(1884년 매사추세츠 주에서 개교한 명문 사립학교 ― 옮긴이)과 매우 닮은 학교에서 자신도 모르게 계급적 분노에 타들어가는 자신을 발견하게 되는 이야기인데, 2005년에 깜짝 베스트셀러가 되었다. 하지만 요즘 상층계급은 종종 사면초가에 몰려 현상 유지를 하는 데 급급한 것처럼 그려진다. 그 좋은 예로 낸시 클라크Nancy Clark의 2003년 소설 『고향의 언덕The Hills at Home』의 뉴잉글랜드 가문 사람들은 모두 어떤 식으로건 실패자로서 그들 조상의 저택에 들어간 뒤 밖으로 나오지 않는다. 또는 루이스 아킨클로스Louis Auchincloss의 소설 속 앵글로색슨계 백인 신교도 변호사들과 사업가들처럼 자신들이 그런 혈통으로는 마지막 남은 존재라고 느끼는 사람들도 있다.

소설 속에 그려진 또 다른 풍경도 있다. 많은 단편 소설가들은 한때 매우 뜨거웠던 문학적 낭만을 즐겁게 회상하며 월마트와 이동주택 주차 구역(주로 살 집이 마땅치 않은 저소득층의 이동주택 차량이 모여 있는 캠프장으로, 전기·수도 따위의 설비가 되어 있다. ― 옮긴이)을 소재로 여전히 열심히 글을 쓴다. 레이먼드 카버Raymond Carver, 바비 앤 메이슨Bobbie Ann Mason, 프레더릭 바설미Frederick Barthelme의 작품에 특히 생생하게 그려져 있다. 그러나 상당수 소설들은 '중간계급 만능의 미국' 속에서 벌어지는 일을 그린다. 동네는 어디에나 있을 법한 곳이고, 스트레스는 경제적이라기보다는 심적인 데서 더 많이 오고, 삐걱거리는 가족 관계에 신경 쓰느라 바빠 이웃들과의 관계 유지에 관심을 쏟을 여유가 없는 사람들이 나온다.

그곳은 모두에게 꼭 적합한 공간이지만 조금만 열심히 들여다 보면 누구도 편안함을 느끼지 못하는 공간이기도 하다. 우리의 마지막 중간계급 영웅은, 휴가와 컨트리클럽을 정말 멋지게 즐긴 존 업다이크John Updike의 래빗 앵스트롬(1960년대의 펜실베이니아 근교의 브루어라는 작은 마을을 무대로 한 4부작 소설 『달려라, 토끼Rabbit, Run』에 나오는 주인공 해리 래빗 앵스트롬. 스물여섯 살 난 전직 고교 농구선수 해리의 도전과 죽음을 다룬 소설이다. ─옮긴이)인데, 그는 일찍 죽었다. 오늘날 리처드 루소Richard Russo, 러셀 뱅크스Russell Banks, 리처드 프라이스Richard Price 같은 작가가 가난한 사람들, 노동계급들의 삶에 대해 거의 디킨스Charles Dickens처럼 옛날 방식으로 접근하는 것은 조금 놀라운 일이다. 그들은 어디 멀리 떨어진 오지에서 돌아온 탐험가들 같다.

소설 읽기는 중간계급의 소일거리다. 소설이 그렇게 자주 중간계급, 상층계급에 초점을 맞추는 이유이기도 하다. 하지만 대중적인 오락은 또 다른 문제다. 그리고 할리우드가 1930년대에 계급이라는 주제를 다루기 시작했을 때 결정적인 조정이 이루어졌다. 대공황 시기에 (대부분 유대인 이민자들이 경영한) 영화 제작사들은 비유대인 상층계급의 삶에 대한 정형화된 환상을 생산해냈다.

이 영화들은 본질적으로 단 한 가지 소재를 다루었고, 그것을 드러내는 방식은 딱 두 가지였다. 이를테면 〈이지 리빙Easy Living〉(1949)에서처럼 어느 부잣집 젊은 남자가 노동하는 여성에게 빠진다든가, 그게 아니라면 부유한 상속녀가 생계를 위해 돈을 벌어야 하는 젊은 남성(흔히 남성은 신문기자인데, 당시 할리우드에서는 신문기자가 정말 평판이 좋지 않은 직업으로 여겨졌다)과 어울리는 내용 둘 중 하나였다.

조앤 크로퍼드Joan Crawford는 〈새디 매키Sadie McKee〉(1934), 〈댄싱 레이디Dancing Lady〉(1933) 같은 영화에서 일하는 여성 역할을 맡았고, 〈포위된 사랑Love on the Run〉(1985)과 〈내 삶을 산다I Live My Life〉(1935)에서는 상속녀 역할을 맡았다. 하지만 이 장르의 훌륭한 예는 〈어느 날 밤에 생긴 일It happened one night〉(1934)이다. 이 영화에서 클로데트 콜베르Claudette Colbert와 클라크 게이블Clark Gable은 속옷 상의를 입지 않았던 것으로 유명했다.

〈어느 날 밤에 생긴 일〉은 상층계급 여성이 더 낮은 계급의 남성과 관계를 맺으면서 대가로 무엇을 얻었는지를 은근히 암시했다. 그것은 바로 멋진 섹스다. 그런 이야기의 다른 버전에서 상층계급 사람은 더 가난한 사람들에 의해서만 긴장을 풀고 인간화되는 존재로 그려진다. 하지만 어떤 경우에든 그러한 거래는 공평한 것으로 여겨지는데, 하층계급의 주인공들이 남자건 여자건 그들이 받은 만큼 부자들에게 되돌려준다고 보았기 때문이다. 결코 메울 수 없는 격차에 대한 느낌과 불안으로 채워진 계급 소설과 달리 이 이야기들은 조화와 포용의 이야기이면서도, 한편으로는 미국인의 계급관을 지속적으로 왜곡해온 어떤 특징을 추가했다. 그 왜곡된 계급관이란 부와 특권은 뭔가 심하게 손상된 환경이라는 것이다. 즉 부자들이 하층계급의 온화함과 진심의 세례를 받기 전까지는 뻣뻣하고 자의식이 강하며, 감정적으로 공허한 사람에 머무를 수밖에 없다는 것이다.

그 공식은 〈러브스토리Love Story〉(1970)나 〈프리티우먼Pretty Woman〉

(1990) 같은 영화에서도 그대로 나타났다. 이제는 비록 그 공식이 쓰이지 않아서 영화도 소설처럼 점점 더 상층계급에 맞춰지고 있지만 말이다. 거기서 앵글로색슨계 백인 신교도들은 안쓰럽고 멸종 위기에 처한 종의 사람들이다. 〈미트페어런츠Meet the Fockers〉(2004)나 〈나의 그리스식 웨딩My Big Fat Greek Wedding〉(2002)에 나오는 배우자의 부모들처럼 그들은 여전히 매우 보수적이지만 경제적으로는 더 이상 부유하지 않다.

텔레비전은 시트콤 〈신혼여행자The Honeymooners〉(2005)나 〈올 인 더 패밀리All in the Family〉(1968), 〈샌포드앤선Sanford and Son〉(1972), 〈로잔느 아줌마Roseanne〉(1988~1997)에서 볼 수 있듯 블루칼라들의 삶에 매혹되곤 했지만, 최근에는 그마저도 다른 쪽으로 관심이 바뀌고 있다. 텔레비전상에서 유일하게 일하는 사람은 경찰, 의사, 변호사 등이며, 그들은 너무 바빠서 거의 집에 들어가지도 못한다. 다른 사람들의 삶에 대한 오랜 호기심의 흔적은 '리얼리티 쇼'에서 찾아볼 수 있다. 예컨대 패리스 힐튼Paris Hilton과 니콜 리치Nicole Richie가 나오는 〈더 심플 라이프The Simple Life〉(2003~2007년 방영된 미국 리얼리티 쇼 — 옮긴이)나 상층계급과 중간계급 가족들이 아내를 바꾸고 일주일 동안 문화 충격을 경험한다는 내용의 〈와이프 스왑Wife Swap〉(2003년 영국 채널4에서 처음 방영되고 2004년 미국 ABC 방송에서 방영된 리얼리티 쇼 — 옮긴이) 같은 프로그램이 대표적이다.

하지만 대부분의 리얼리티 쇼는 구태의연한 게임 쇼 공식에 기반한 환상을 팔아먹는다. 그 공식이란 당신이 일상적인 삶에서 이탈해 새로운 슈퍼모델, 새로운 디바, 새로운 생존자, 도널드 트럼프의 새 비서가 되는 것을 말한다. 당신은 갑작스럽게 부를 얻고, 동시에 그보다 훨씬 소중한 뭔가를 부여받은 사람이 된다. 바로 유명인이라는 지위다. 유명인의 지위를 얻은 사람은 지금 미국에서 최상위 계급이 되며, 이는 과거의 다른 모든 범주를 무의미하게 만들어버린다.

유명인들은 과거에 귀족들에게 부여된 성적 매력의 상당 부분을 계승했다. 개츠비가 오늘날 우리 곁으로 온다면 도널드 트럼프로 오게 될 것이며, 데이지와 데이트하는 것이 아니라 브리트니 스피어스랑 연애할 것이다. 이디스 워튼이 지금도 소설을 쓴다면 어떻게 화려하게 치장한 힙합 스타를 소설 속에 등장시키지 않을 수 있겠는가.

하지만 명성이 혈통보다 더 중요해지는 식의 변화가 있었다고 하더라도 여전히 변하지 않는 것은 있다. 바로 자기가 타고난 것보다 더 많은 것을 얻으려고 하는 갈망이다. 그것이 계급 상승에 대한 기대라기보다는 단지 계급이 높아 보이려는 욕망일 수도 있겠지만 말이다. 찰스 디킨스와 윌리엄 새커리William Thackeray의 소설에 나온 얘기를 그대로 믿는다면, 영국에서 가장 마음이 편안한 사람들은 자신의 위치를 알고 있는 사람이지만, 미국에서 그런 경우는 거의 없었다. 이 나라는 계급의 경계를 잘 알아채기가 어렵고 그 경계를 침투하기도 쉬워 '더 낮은 계급으로 떨어질 수 있다는 두려움'과 '자신이 처한 현실에서 벗어나고 싶어 하는 꿈'이라는 상반된 요소가 모두 지속될 수 있다.

—찰스 맥그래스Charles McGrath

14

앤절라 휘티커의
신분 상승기

앤절라 휘티커와 자녀들. 왼쪽 아래부터 시계 방향으로
윌리, 조너선, 크리스토퍼, 이슈타르, 그리고 남편의 아들 재커리다.

아침 일찍부터 비에 흠뻑 젖은 앤절라 휘티커Angela Whitiker가 설탕물 한 팩을 가방에 챙겨들고 복통을 느끼며 교외의 한 학교 건물에 도착했다. 주차장은 비어 있고 가로등도 채 꺼지지 않은 이른 새벽, 그녀는 인생에서 가장 큰 시험을 앞두고 어둠 속에 홀로 서 있었다.

만약 그녀가 시험에 통과한다면, 너무 조숙해 중학교를 중퇴하고 방황했던, 그래서 결국 아버지가 다른 아이를 다섯이나 낳아 기초 수급 대상자로 근근이 살아온 인생의 굴레를 벗어날 수 있을 것이다.

그녀는 지난 몇 년 동안 그토록 노력을 기울여왔던 공인자격증을 가진 간호사가 될 것이다. 시카고의 댄라이언 고속도로 한가운데에서 멈춰버리는 고물 자동차를 버리고 새 차를 살 수도 있을 것이다. 현금자동인출기에서 사용할 수 있는 카드도 발급받고, 공과금도 내고, 수표책도 결산하고, 꿈속에서는 이미 자신의 집이 되어버린 그린우드 가의 이층집을 사기 위해 통장에 적금도 부을 수 있을 것이다.

그렇게 되면 갱들이 우글거리는 로버트 테일러 저소득층 주택 단지나 8단지 혹은 정부 보조를 받는 주거 지역 같은 곳에서는 살지 않아도 될 것이다. 아이들도 엄마를 자랑스러워 할 테고, 자신이 뭔가 할 수 있다는 것을 증명해 보이면 아이들도 스스로 뭔가를 이루려고 할 것이다.

하지만 시험에 통과하지 못한다면…….

그 후 벌어질 일은 상상하기도 싫다. 그래서 그녀는 새벽부터 일어나 오트밀과 삶은달걀, 토스트를 만들어 먹고 시험이 시작되기 두 시간 전에 공인간호사자격시험 장소로 온 것이다.

사실 그녀는 시험을 잘 본 적이 한 번도 없다. 간호학교에 다니는 내내 시험 전날이면 천장에서 생리학 책으로 떨어지는 개미들과 발밑을 기어 다니는 쥐들, 저녁에 뭘 먹을 건지 물어보며 귀찮게 하는 아이들 속에서 밤을 새워가며 그래프나 차트를 공부하느라 괴로워했다.

그녀는 최근에서야 가족 중에서 처음으로 대학 학위를 받은 사람이 되었고, 시험만 통과한다면 가족들 중 누구도 개인적으로는 알고 지낸 적이 없는 간호사가 되는 것이다.

그래서 그녀는 혼잡한 교통과 매연을 피하기 위해 서둘러 집을 나섰다. 비가 내리는 주차장에 차를 세워둔 채 그녀는 자신을 가다듬어본다. 성경책을 꺼내 항상 위안을 얻는 시편 91장을 읽는다. 설탕물도 꺼내 마시며 뇌에 영양분을 공급해둔다.

복도를 지나오면서도 그녀는 최대한 사람들의 눈길을 피했다. 말도 섞지 않았다. 다른 이의 불안을 느끼고 싶지 않아서였다. 이미 자신의 불안만으로도 벅찼다. 그녀는 뉴포트 담배의 마지막 한 모금을 빨아들였다.

시험장에 사람들이 들어차기 시작했다. 시험 감독관은 그녀의 신분증을 확인하고 12번 컴퓨터를 배정해주었다. 그녀는 다시 한 번 깊은 숨을 들이쉬고 자리로 걸어갔다. 그녀는 이제 미국 중간계급으로 들어가는 256달러짜리 시험의 관문 앞에 앉는다.

38년 동안 앤절라 휘티커는 대학 졸업-결혼-교외의 주택 구입-평균 2.5명의 아이 출산으로 대변되는 전문직 계층의 삶 바깥에 있었다. 그녀의 인생은 그런 것들과는 거리가 멀었다. 그녀는 환경적 요인과 신중하지 못한 선택으로 정부 보조를 받는 계급으로 떨어졌고, 스스로 삶의 길을 찾아 싸워나가야 했다.

온 나라가 복지 예산을 축소하고 계급 간 불평등이나 계급 간 이동 장벽에 대한 논쟁을 계속하고 있을 때, 휘티커는 자신의 한 생애 안에서 조용히 몇 개의 계급을 넘나들었다. 1990년대 초에 기초수급 대상자에서 벗어나 신용카드를 소지한 중간계급이 되었다. 그런 경험을 한 여성은 지금 통계상으로는 거의 존재하지 않는다. 이 글은 그녀의 12년간의 중간계급 진입기이며, 그것을 지켜내는 것이 얼마나 힘든 일인지를 보여주는 이야기다.

요리사인 어머니와 노동자였던 아버지 밑에서 다섯 아이 중 셋째로 태어난 휘티커는 열 살이 될 때까지 아버지의 얼굴을 본 적이 없었다. 딱 한 번 아버지를 본 적이 있다. 그때 아버지는 위스키 냄새를 진하게 풍기며 그녀에게 자전거를 사주겠다고 약속했다. 약속은 지켜지지 않았고, 그 후로 아버지를 다시 보지 못했다.

그녀는 아버지의 빈자리를 남자아이들로 채우며 사춘기를 보냈다. 열다섯 살에 첫 아이를 임신했다. 스물세 살 즈음 그녀는 이미 다섯 아이의 엄마가 되어 있었다. 결혼과 이혼을 거듭했고, 1980년대에 미국에 열풍처럼 몰아닥친 코카인 중독자가 되기도 했다. 잃어버린 아이들의 양육권을 갖게 되면서 생활비를 벌기 위해 소시지 장사에서부터 강낭콩 따는 일까지 해보지 않은 일이 없었다.

스물여섯 살에는 큰아들인 니컬러스와 함께 짧은 기간이지만 유명세를 치르기도 했다. 『뉴욕타임스』의 기획 시리즈였던 '그늘 속의 아이들' 가운데 위기에 처한 도시의 소년 소녀들을 다룬 기사에서 나는 당시 초등학교 4학년이었던 니컬러스가 성인 남자 몫을 하면서 살아간다고 보도한 적이 있다.

그녀와 니컬러스, 그리고 네 명의 다른 자녀들은 백인 중간계급이 먼저 떠나가고 이어서 흑인 중간계급이 떠나간 엥글우드라는 우범지대의 도로변 이층집에 살았다.

그녀는 하루하루를 자신과 아이들을 돌보기 위해 온 노력을 쏟는 데 썼다. 하루는 아이 아버지들에게 양육 지원을 해달라고 간청하고, 다른 날은 남아 있는 식료품 할인권으로 연명했다. 한번은 통학 버스 회수권을 얻으려고 관공서로 달려갔고, 그다음엔 끊어진 전기를 다시 연결하기 위해 전기회사와 승강이를 해야 했다.

그녀는 그러한 상황에서 가족을 구해내고 빈곤 계급의 상층부로나마 남아 있기 위해 오헤어 국제공항에서 수하물을 다루는 한 남성과 어울렸다. 이 남성은 그녀의 집세를 내주었는데, 다섯째 아이 조너선의 아버지이기도 하다. 그의 월급이 그녀에게 숨 쉴 여유를 준 덕에 그녀는 사우스사이드에 있는 케네디킹 커뮤니티 칼리지의 간호사 과정에 들어갈 수 있었다.

그러나 남성들은 결코 오랫동안 그녀와 어울리지 않았다. 큰아들 니컬러스가 동생들을 키우는 부담을 지게 됐다. 그녀의 남자들은 아무도 그런 부담을 짊어지려 하지 않았다.

니컬러스는 매일 밤 욕조에서 자신과 동생들의 교복을 빨아야 했는데, 모두 교복이 한 벌씩밖에 없었기 때문이다. 학교 운동장에서 총성이 울렸을 때 동생 윌리를 총알로부터 구해낸 이도 니컬러스였다. 또 어머니의 남자친구들에게 언짢은 일이 일어났을 때 그들에게 욕을 먹고 매를 맞는 것도 니컬러스의 몫이었다.

'그늘 속의 아이들' 기사가 나갔을 때 독자들의 반응은 뜨거웠다. 하지만 내가 그 후 몇 년간 계속 그 가족들과 연락을 주고받으면서 분명히 느낀 것은 그들 삶의 기본적인 조건 자체를 눈에 띄게 바꿀 만큼 충분하지는 않았다는 점이다. 그저 고졸 학력에 직업도 기술도 재산도 없고, 곧 혼자 일어설 수 있으리라는 희망도 없는 독신 여성이 홀로 꾸리는 가정이었을 뿐이다.

게다가 남자친구와 닳고닳은 관계를 끝내면서 집세를 내줄 사람이 없어지자 휘티커는 더욱 뒤처졌다. 1994년 무렵 키워야 할 아이가 다섯이나 되는데도 직업도 돈도 없는 여성이 시카고에서 유일하게 들어갈 수 있는 곳은 로버트 테일러 저소득층 주택단지의 쪽방뿐이었다. 그곳은 갱들이 허락해줄 때만 주변을 돌아다닐 수 있는 도심의 무인지대였다. 오줌 자국으로 끈적끈적한 엘리베이터는 고장 나 있었으며, 총소리가 이따금 배경음악처럼 들렸다.

처음부터 휘티커는 그곳이 자기 기준보다 낮다고 느꼈다. 식탁 위로 나 있는 총알 구멍에 익숙해져 있고 하루종일 도리토스 칩을 먹으며 〈올 마이 칠드런All My Children〉(1970~2011년 ABC 방송에서 낮 시간에 인기리에 방영된 드라마 — 옮긴이)을 시청하는, 더 나은 삶에는 아무런 관심도 없어 보이는 그런 여성들을 휘티커는 경멸했다. 휘티커는 자신을 보호하기 위해 총을 들고 다녔다. 아홉 층 계단을 오르고 나서 그녀의 부엌 식탁에서 카드놀이를 하고 있는 낯선 사람들을 발견했을 때 그녀는 실제로 총을 사용해야 했다. 그녀는 그들을 쫓아내기 위해 천장을 향해 총을 발사했다.

휘티커가 처한 현실은 미국 빈곤층 중에서도 최하위 수준이었는데, 어떤 면에서는 그녀가 20대 초반 마약 소굴에서 지낸 최악의 날들보다 더 나쁘게 느껴졌다. 왜냐하면 이제 그녀는 자신이 있는 곳이 정확히 어떤 곳인지 충분히 알고 있기 때문이다. 그녀는 기초 수급에 의존해서 살아나갈 수는 없다는 점을 알았다. 그래서 (간호사가 아니더라도) 어떤 직장이든 구해야겠다고 생각했다. 간호사 공부를 연기해야 할 수도 있었다.

그녀는 패스트푸드 음식점에서 일하면서 보조 지배인까지 올라갔지만 소득은 최저임금을 넘지 못했다. 밤에는 저소득층 주택단지의 경비원으로 일했다. 그 일은 위험하고 막다른 골목이긴 마찬가지였지만 보수가 조금 더 나았다.

하루하루가 나름의 위험과 비참함을 수반했는데, 상당 부분은 휘티커의 1976년형 시보레 승용차에서 비롯했다. 그녀는 이 차로 출퇴근을 하긴 했지만, 이미 수명이 다한 차였다. 앞 유리창에는 금이 갔고, 바닥은 곳곳이 녹슬어 구멍이 뚫려 있었다. 다섯 아이를 다 태울 만큼 크지는 않았지만, 아이들은 어떻게든 끼어 탈 수 있었다. 안전벨트를 매는 건 꿈도 꾸지 못했다.

어느 날 밤 빗속에서 고속도로를 타고 올 때 서리 제거 장치가 고장 나고 앞 유리창이 흐릿해졌다. "머리를 창문 밖으로 내놓고 운전해야 했어요. 그날 밤은 하나님이 차를 몰아준 셈이죠."

한번은 연료통에 구멍이 뚫려 차에 불이 붙은 적이 있었다. 불꽃이 자동차 보닛 위로 튀어올랐다. 서둘러 밖으로 뛰쳐나온 휘티커는 뒷좌석에 타고 있던 여동생 미셸에게 소리쳤다.

"당장 차에서 내려! 곧 폭발할 거야."

소방차가 와서 불을 껐다. 소방관들은 누가 다시 시동을 걸어야 할지를 놓고 논쟁을 벌였다. 아무도 하려고 하지 않았다. 그래서 휘티커가 직접 시동을 걸었다. 여하튼 차는 시동이 걸렸고, 집까지 무사히 도착했다. 그날은 휘티커가 가난에서 벗어나기 위해 발버둥친 많은 날들 중 그저 하루일 뿐이다.

로버트 테일러 저소득층 주택단지의 금이 간 콘크리트 광장 위에서는 마약 경제가 기승을 부렸다. 십대 초반인 휘티커의 큰 아이들, 니컬러스와 윌리도 영향을 받지 않을 수 없었다. 아이들이 본 사람들 중 유일하게 일을 하는 사람은 마약 거래상이었다. 마약 거래상들은 마약 판매 할당량을 채우기 위해 일찍 일어났고, 최신 운동화를 신고 다녔으며, 여자들에게도 인기가 좋았다. 그들의 차는 신형이었으며, 불이 붙지도 않았다.

휘티커 가족은 로버트 테일러 주택단지에서 9개월간 살았다. 그녀는 나중에 말했다. "그곳은 지옥이었어요. 나는 그곳에서 개도 키우고 싶지 않아요."

그녀는 그곳을 떠날 때 새로운 사람이 되어 있었다. 뭔가 다른 삶을 살려면 간호사 학교로 돌아가야 한다고 생각했다.

새로이 살길을 배우다

그때 그녀는 빈센트 앨런Vincent Allen이란 남자를 만났다. 앨런은 과거에 알던 남자들과는 달랐다. 대학 학위를 갖고 있었고 아버지는 군인, 어머니는 전업주부인 확고한 중간계급이었다. 그리고 미시간 호수가 내려다보이는 큰 창문이 있는 근사한 아파트를 갖고 있었다. 휘티커는 그 남자의 매너에 감동받았다. 교사나 사회복지사들처럼 또박또박 말하고 그녀가 잘 모르는 말도 중간중간 끼워넣기도 했다. 그는 형사였다.

두 사람은 사설 경비원으로 일하면서 만났다. 그는 그녀를 만나자마자 호감을 가졌으며, 두 사람이 같은 것을 원하고 있음을 알게 됐다. 그의 표현에 따르면 "가정의 울타리가 쳐진 삶"이었다. 그는 꿈을 향해 나아가라고 그녀를 격려했다. 그 후 그녀는 아이들을 데리고 그의 집에 들어가 살았다. 앨런은 가장 역할을 진지하게 받아들였고, 실제로도 아버지 역할을 좋아했다. 갑자기 집안일에 대해, 그리고 니컬러스와 윌리가 어디 있는지 물어보는 남자가 생겼다. 앨런은 그 아이들이 건달들이 입는 옷을 입었는지, 깡패들처럼 모자를 비딱하게 썼는지 확인해보고는 잔소리를 하기도 했다.

그는 아이들을 바른 길로 인도하는 데 열심이었으며, 등하교도 시켜주었다.

그런데 그 일들은 니컬러스가 어릴 때부터 해오던 일이었다. 휘티커가 회상하기를, 니컬러스는 자신의 일을 빼앗긴다는 사실을 잘 받아들이지 못했다. 휘티커에 따르면, 니컬러스는 그의 라이벌(앨런)을 겁을 줘서 쫓아버려야겠다고 생각했다. 니컬러스는 앨런의 지갑을 훔치는가 하면 말대꾸를 하고 밤늦게 들어오기도 했다.

니컬러스는 이 남자(앨런)가 다른 남자들처럼 그들을 떠나버리는 건 시간문제라고 생각했다. 그러나 빈센트 앨런은 떠나지 않았다. 결국 이 가정의 가장 역할을 했던 니컬러스가 집을 나가 거리에서 새로운 가족을 발견했다. 마약 거래상들은 니컬러스를 기꺼이 거두어주었다. 얼마 후 휘티커는 열두 살 난 아들 니컬러스가 마약 거래상 밑에 들어간 사실을 알게 됐다.

휘티커와 앨런은 니컬러스가 보초를 서고 있는 도로를 알아냈지만, 그들이 아무리 세상 물정에 밝아도 니컬러스로 하여금 그 일을 그만두게 할 수는 없었다. 앨런이 주의 깊게 지켜보면 볼수록 니컬러스는 더욱 화를 내며 멀어져갔고, 관계는 더욱 나빠졌다. 니컬러스는 어머니의 어지러웠던 과거의 삶에 너무 익숙해져 있어서 잘 굴러가는 집안에서는 그의 역할을 어디에서 찾아야 할지 모르는 것 같았다. 풍파 속에서 살아가는 삶은 익숙했지만, 바람이 멎어 잠잠해진 삶에서는 목표를 찾을 수 없는 듯 보였다.

휘티커는 니컬러스를 친아버지에게 보냈다. 니컬러스의 친아버지는 도시 반대편에서 다른 아이들을 낳고 살아가는 노동자였다. 휘티커는 익숙한 곳에서 떨어져 있으면 니컬러스가 좀 더 바른 길로 갈 수 있지 않을까 기대했다.

앨런은 휘티커에게 간호학교로 돌아가라고 독려하기 시작했다. 앨런이 살 집을 마련하고 무상 장학금과 그 밖의 저소득층 금융 지원금을 받으면 간호학교를 무사히 마칠 수 있을 것 같았다.

그녀는 케네디킹 커뮤니티 칼리지에 다시 등록했다. 이번에는 달라져 있었다. 그녀는 이제 더 이상 재미만 좇는 소녀가 아니었다. 우물의 바닥을 보았고, 다시 그곳으로 돌아가고 싶지 않았다.

그녀는 또 삶을 운영하는 새로운 방법을 발견했다. 대학에서 만난 전문직 종사자들, 그리고 누구보다 앨런은 돈을 쓰거나 저축하고 행동하는 사고방식이 달랐다. 그 사람들은 계획을 세우고 미래를 위해 저축을 했다. 그녀는 저축할 돈도 없었고, 그럴 만한 이유를 가져 본 적도 없었다. 그 사람들은 연체 수수료와 이자율에 주목했지만 그녀는 어쨌든 공과금을 지불할 수 없었기 때문에 그런 것들을 무시해왔다. 그들은 장기 목표를 세웠지만 그녀는 하루하루를 무사히 보내는 데 주력해왔다. 이 모든 것이 그녀에게 영향을 주었으며, 이제 그녀는 변했다.

무엇보다 휘티커는 이제 시간이 얼마 남지 않았음을 새롭게 느끼기 시작했다. 앨런이 얼마나 오랫동안 휘티커와 아이들을 참고 기다려줄까? 앨런이 지쳐서 떠나버리면 어떡하지? 그녀가 간호학교를 그만두고 비용을 분담하기 위해 생업 전선에 뛰어들기를 그가 바란다면? 그녀는 그에게 신세지고 있다는 생각에 부담스러웠고, 다시 옛날로 돌아간다는 생각만 해도 끔찍했다. 그래서 간호사 공부만큼은 이제껏 해왔던 다른 어떤 일들보다 더욱 효율적으로 집중하려고 했다.

"나는 해내야만 했어요."

1996년부터 2002년 사이에 일어났던 사건들, 이를테면 흑인 래퍼 겸 배우 투팍 샤커가 죽은 일이나 빌 클린턴 대통령이 탄핵당했던 일을 앤절라 휘티커는 몰랐다.

"간호사 일이나 생물학, 또는 금요일 시험에 나오는 것이 아니라면 아무것도 관심이 없었어요. 모든 사물과 모든 사람을 차단했죠. 예전에는 집 안 청소를 정말 열심히 했는데, 이제는 집 안에 신발이 굴러다녀도 그냥 한쪽으로 걷어차버릴 정도였어요."

그녀는 학급에서 매우 뒤처진다고 느꼈기 때문에 남들보다 배는 열심히 해야 한다고 생각했다. 그녀는 중간계급 강사들이 예뻐하는 학생들의 눈초리도 견뎌야 했다. 그 학생들은 휘티커가 거기까지 오게 된 긴 여정을 경멸했다. "걔들은 엄마들이 간호사였고 잘난 체하는 애들이었어요. 뭐든지 다 알고 있었죠. 나는 애가 다섯이고 잘못된 선택을 했기 때문에, 그리고 아버지가 없었기 때문에(그래서 어쨌다는 말인가?) 내가 이 일을 할 수 있다는 것을 그들에게 보여줘야겠다고 결심했어요. 내가 누군지도 보여줘야겠다 싶었죠. 해내야만 했어요. 실패할 수 없었어요."

시험 보는 날이 다가올 때마다 너무 과로했기 때문에 때로는 시험을 보다가 화장실로 뛰쳐나가 토할 정도로 신경과민 상태에 이르렀다. 강사는 화장실까지 가서 그녀를 데려와야 했다.

강사가 물었다. "괜찮으세요? 이러다 죽을지도 몰라요."

그녀가 시험을 잘 치지 못했을 때는 누구나 그 사실을 알 수 있었다. 그녀의 얼굴에 쓰여 있었기 때문이다. 뿌루퉁하게 굴리는 눈과 목소리, 그리고 성적표를 확 잡아채는 태도 등에서 드러났다.

그것을 처음 눈치챈 아이는 다른 아이들에게 말했다. "엄마가 오늘 시험에 통과하지 못했어. 오늘은 아무 말도 시키지 마."

휘티커는 전문직 가정에서 자라지 않았기 때문에 학교에서 종종 매우 순진하게 굴었다. 한번은 임상 수업 시간에 강사가 강의실을 돌아다니며 학생들에게 환자들이 어떤 상태인지 물었다고 한다. 강사가 곁에 왔을 때 휘티커는 환자 몸에 인공 항문 주머니가 달려 있는 것을 발견하고 울기 시작했다.

"이런 세상에. 환자가 죽기라도 했나요?" 강사가 말했다.

"아니요. 하지만 그녀의 배에 이런 구멍이 뚫려 있어요." 휘티커가 여전히 흐느끼며 말했다.

"자, 저기 들어가서 어서 세수하고 와요." 강사가 말했다.

그녀는 곧 해부용 시체를 어느 사무실 용품들처럼 다루며 작업하기 시작했다. 하지만 그녀에게는 현장에서 어떻게 해야 하고 어떤 일들을 예상해야 할지 조언해줄 사람이 없었다. "내 주변에서 물어볼 사람 중에 학위를 가진 사람은 빈스(빈센트 앨런)밖에 없었어요." 그녀가 말했다. 앨런은 그녀의 과제물을 읽어보고 평가해주었다. 평가는 때로는 너무 호의적이었다. 그리고 과제물의 어느 한 부분을 크게 소리 내어 읽으며 어떤 부분이 틀렸는지 그녀 스스로 알게 했다.

그녀가 좋은 성적을 받았을 때에는 축하를 해줬다. 시험에 낙제했을 때는 최선을 다해 위로했다.

그는 이렇게 말하곤 했다. "여보, 잘할 수 있을 거야."

"관둬요. 당신은 이해하지 못해." 그녀가 맞받았다.

2001년 5월 그녀는 마침내 시카고 시립대학 중 하나인 케네디킹의 간호학교 과정을 마쳤다. 졸업 사진 속에서 그녀는 기젯Gidget(폴 원드코스의 1959년 영화 〈기젯〉의 주인공으로 활발하고 귀여운 소녀의 대명사다. — 옮긴이)의 활발한 헤어 스타일에 흰 비둘기 날개처럼 생긴 간호사 모자를 쓰고 있다. 제리 컬jheri curls(마이클 잭슨이 유행시킨 헤어 스타일 — 옮긴이)을 하고 스키니진을 입은 십대 소녀에서 시작해 아주 멀리 돌아온 것이다.

이제 곧 그녀는 간호사 자격시험을 치를 것이다. 그녀는 몇 년 후 이렇게 말했다. "삶의 또 다른 단계로 도약하는 것 같았어요. 죽느냐 사느냐 하는 문제였죠. 시험 결과가 나오기를 기다리는 동안 정말 초조해 죽는 줄 알았어요."

계급 상승의 첫발을 딛다

2001년 연말의 어느 날 아침, 휘티커 혼자 아파트에 있었는데 주변이 이상하게 조용했다. 그때 우편물이 도착했는데, 그 안에는 주 정부에서 보낸 봉투가 들어 있었다. 그녀는 삶의 어떤 순간보다 아이비리그 대학들에서 합격 발표를 기다리는 중간계급 젊은이들의 모습에 가까이 다가갔다고 느꼈다. 그녀의 동료 간호사 지원생들 사이에는 얇은 봉투를 받으면 합격한 것이고, 두꺼운 봉투를 받으면 그 안에 자신이 무엇을 틀렸는지 상세히 적어놓은 서류가 있을 테니 불합격한 것이라는 얘기가 돌았다. 그녀는 얇은 봉투를 받았다.

"가슴이 철렁 내려앉았어요." 그녀는 봉투를 집 안으로 가져가서 침대 위에 던졌다. 열어보기가 두려웠다. 지금까지 그녀의 인생이 실망으로 가득 찼던 것을 떠올려보면, 소문이 잘못 전해져 웬일인지 얇은 봉투가 낙제를 뜻하는 건 아닐까 하는 생각이 들 정도였다.

그녀는 어머니에게 대신 열어봐달라고 부탁했다. 잠시 후 그녀가 복도 한복판으로 뛰쳐나오며 외쳤다. "내가 시험을 통과했어요!" 그녀는 문을 열고 집으로 들어가는 이웃 주민들을 향해 소리쳤다.

가족들은 축하해주기 위해 그녀를 밖으로 데리고 나갔다. 그들은 후터스에서 외식을 하고 케이크를 샀다. 잠시 후 그녀와 앨런은 이제야 결혼할 시점이 왔다는 데 공감했다.

"내 딸에게도 무엇이 옳은 일인지 말해줄 나이가 됐어요." 휘티커는 열일곱 살이 된 이슈타르를 두고 말했다. "나도 잘못 살면서 딸에게 바르게 살라고 말할 순 없잖아요."

그들은 2003년 6월 7일 교회에서 결혼식을 올렸다. 신부는 아이보리색 시프트드레스에 긴 흰색 면사포를 걸쳤고 흰색 카네이션 부케를 들고 있었다. 신랑은 검은색 턱시도를 입었다. 신랑에게는 첫 번째, 신부에게는 두 번째 결혼식이었다.

윌리를 빼고 모든 아이들이 결혼식에 참석했다. 윌리는 여전히 로버트 테일러 저소득층 주택단지에서 배운 경로를 밟고 있었는지, 그때 감옥에 있었다. 나머지 아이들은 어머니의 결혼식 자리에 맞게 차려입었는데, 래퍼가 되겠다고 선언한 니컬러스만은 헐렁한 바지와 야구모자를 거꾸로 쓰고 나타났다.

결혼식 가족사진을 촬영할 때 휘티커는 니컬러스가 뭘 입었는지 아무도 보지 못하게 맨 뒷자리에 세웠다. 그녀는 벌써 계급을 의식하고 외양과 예의에 신경 쓰고 있었다. 그리하여 이 가족의 가장 영광스러운 날의 기록에 니컬러스는 머리만 보일 뿐이다.

새로운 스트레스

간호학교의 학급 부대표를 맡았던 휘티커는 생물학과 약리학에서 우수상을 받고 졸업했다. 하지만 그녀의 노력과 잠재력에도 불구하고 현실적으로 2년제 학위 이상을 받기는 어려운 형편이었다. 수요가 많은 간호 직종에서조차 그녀의 전망이 어두운 이유다. 벌이가 좋고 좀 더 배울 수 있는 시카고의 대학병원에서 일자리를 구하는 데 도움이 되는 인맥도 없었다.

그녀는 사우스사이드 도심의 작은 병원에서 일을 시작했다. 병원은 수습 기회나 획기적인 기술로 유명하기는커녕 8명의 수습 간호사들이 1966년 리처드 스펙Richard Speck(선원이었던 리처드 스펙은 기숙사를 침입해 8명의 수습 간호사를 성폭행하고 잔혹하게 살해했다. ─ 옮긴이)에게 살해당한 적이 있는 곳이다. 그것은 그녀의 마음 한구석에서 지워지지 않는 병원의 무시무시한 역사이지만, 어쨌든 직업이 필요했다. 급여역시 식료품 할인권으로 연명해야 했던 과거에는 상상도 할 수 없을만큼 많았다.

그녀는 심장병 환자들을 모니터링하는 원격계측실과 중환자실에서 스트레스가 심한 일을 했다. 밤낮으로 야근을 한 덕에 2004년에는 8만 3000달러를 벌어 90퍼센트의 미국 노동자들보다 더 많은 소득을 올렸다. 일은 성가시고 고되며, 감사하다는 말을 듣기도 쉽지 않다. 그녀는 병원 내 위계 서열에서 자신의 위치를 알고는 놀라기도 하고 좌절하기도 한다. 의사들은 자신들이 내리는 명령에 따라 마술이라도 부리길 기대하고, 간호조무사들은 반대로 그녀가 무슨 특권이라도 누리는 것처럼 화를 낸다고 휘티커는 말했다.

몇 년 전이었다면 간호조무사들을 동정했을지도 모른다. 그들은 병자들의 몸을 돌보는 그리 유쾌하지 않은, 아무도 하고 싶어 하지 않는 일을 한다. 그런 일이라도 감지덕지했던 시절이 그녀에게도 있었다. 하지만 그들의 부러움과 질시를 받으면서 그녀는 오히려 더욱 거리감을 느꼈다. 지금 휘티커는 그들에게, 그녀 자신이 예전에 중간계급에게서 받았던 것과 똑같은 경멸을 보인다.

"나를 이상한 사람으로 보지 말아요. 나는 간호사예요. 내 직업을 원한다면 당신도 내가 했던 것만큼 고생하고 또 울어볼 필요가 있어요." 그녀가 말했다.

휘티커는 새로운 계급 속에서 열매를 찾으려고 했다. 그녀는 술집에서 밤늦도록 백포도주를 마시며 자신을 때려 돈을 빼앗아갔던 옛날 친구들에 대해 분노했다. 아직도 그녀의 과거는 예기치 못한 방식으로 찾아들었다. 한번은 휘티커가 볼일이 있어 밖에 나가다가 예전에 알던 한 남자를 우연히 마주친 적이 있는데, 그 남자가 그녀를 알아봤다.

"나는 널 알아. 네가 내 돈을 훔쳐갔었지." 그 남자가 말했다.

그녀는 모른 척하고 걸어 나가긴 했지만, 나중에 말하길 예전 마약을 하던 시절에 돈과 텔레비전을 훔친 적이 있다고 했다.

그녀는 일터에서 알게 된 간호사들과 어울려보려고 했다. 하지만 그중 몇몇은 부르주아적이고 거만했는데, 그들에게는 그녀가 갖지 못한 어떤 편안함과 자신감이 배어 있었다. 그녀가 참석한 한 파티에서 간호사들 몇 명이 마리화나를 피우기 시작했다. 그들에게 마리화나는 작은 일탈이었지만 그녀에게는 잊고 싶은 옛 기억을 떠올리게 했다.

"나는 지갑으로 손을 뻗었어요. 첫 월급을 받았는데, 그건 내게 너무 많은 액수였죠." 그녀가 말했다.

그녀의 삶은 그 자체로 복잡했다. 그녀는 이제 여섯 아이의 엄마였다(남편이 최근 데리고 들어온 열세 살 난 아들 자크까지 포함하면 아이는 일곱이다). 막내아들 크리스토퍼는 로버트 테일러 저소득층 주택단지 시절 직후 태어나 생부와의 양육권 분쟁 때문에 그녀와 지내기도 했고 떨어져 지내기도 했다.

양육권 분쟁 문제도 있었지만 크리스토퍼는 휘티커가 스물여덟 살에 낳아 다른 형제들보다 많이 어렸고, 그런 만큼 더 많은 돈을 투자했다.

그녀는 이제 허리띠로 때리지 않고도 아이들을 훈육할 수 있고, 기초 교육과 휴식의 가치를 알고 있다. 쉬는 시간에 첫 월급으로 새로 산 시보레 SUV를 타고 크리스토퍼를 등하교시켜주거나 리틀야구 리그에 데려다주기도 한다. 크리스토퍼가 과학 숙제를 받아 오면 마룻바닥에 앉아 함께 화산 모형을 만든다. 휘티커는 크리스토퍼를 곧잘 안아주고, 내려놓을 때면 볼에 뽀뽀를 해달라고도 한다. 그녀는 크리스토퍼를 그녀가 추구해온 새로운 출발을 상징하는 구현물로 생각하며 크리스토퍼에게 중간계급의 희망들을 접목시키고 있다고 말한다.

크리스토퍼는 여러모로 큰아들 니컬러스를 떠올리게 한다. 둥근 얼굴에 부드러운 피부, 비슷한 잠재의식까지. 그녀가 막 십대를 벗어났을 때 보았던 어린 니컬러스의 뻔뻔함이, 이제는 막내아들에게서 무한한 잠재력으로 바뀌어 나타났다고 여긴다. 니컬러스가 위험한 동네의 가난한 공립학교를 다녔다면 크리스토퍼는 휘티커가 직접 고른 중간계급 동네의 영재 프로그램에 다닌다. 니컬러스가 부서진 텔레비전에 물려받은 닌텐도로 게임을 했다면 크리스토퍼는 가정용 델 컴퓨터에서 3D 체스 게임을 한다.

크리스토퍼는 이제 열 살로 니컬러스가 『뉴욕타임스』에 보도됐을 때와 같은 나이이지만, 세상을 너무 일찍 알아버린 풍파에 찌든 아이가 아니라 시트콤에 나오는 사랑스럽고 똑똑한 아이들처럼 말한다.

영재 프로그램에 들어간 것이 무엇을 의미하느냐는 물음에 크리스토퍼는 준비된 답을 내놓았다. "그건 내가 다른 아이들보다 더 똑똑하다는 걸 의미해요." 그는 스스럼 없이 말했다. 그 나이 때 니컬러스는 어떻게 하면 총알을 피할 수 있는지를 이야기했다.

불안정한 토대 위의 안락함

처음에 간호사 일은 마치 복권에 당첨된 것과 같았다. 그녀는 가족들이 모두 침실이 넷 딸리고 미시간 호수가 내려다보이는 아파트에 들어갈 만큼 벌었다. 새 집은 크라운 몰딩Crown Molding(천장과 벽이 만나는 코너에 시공하는 몰딩으로 코너를 45도 각도로 시공하는 공법이다. ─ 옮긴이)이 되어 있으며 대리석으로 된 벽난로가 있고, 그들이 가진 가구보다 훨씬 큰 방들이 있었다. 그녀는 일꾼을 시켜 모든 방을 완두콩과 옥수수 색깔로 칠했다. 킹 사이즈 마호가니 침대를 사서 남편과 함께 쓸 높은 베개를 놓았고, 아이들 침대도 샀다.

하지만 그녀는 혼자뿐이라는 사실을 발견했다. 그녀는 자신이 아는 그 누구보다 돈을 많이 번다. 월급날이 다가오면 아이들뿐만 아니라 모두에게 뭔가 필요한 것이 생긴다. 친척들은 가스 요금을 낼 돈이 필요하고, 친구들은 집값을 내는 데 도움을 요청한다. 심지어 환자들조차 어려운 처지에 있는 사람들은 손을 벌린다.

"혹시 빌려줄 돈 좀 있으세요? 아직 월급 안 받았어요?" 집 전화가 끊긴 한 나이 든 여성 환자가 그녀에게 물었다.

갑자기 그녀는 자신의 세상에서 성공한 스타가 됐다. 가족 모임의 비용을 대고 조카들에게 직업에 대한 조언을 해주고, 그들의 농구 시합을 구경 가고, 또 돈이 필요한 사람들은 그녀에게 손을 벌렸다. 어쨌든 1년에 8만 3000달러를 버니까 말이다.

그녀는 경찰인 남편보다 더 많이 벌기 때문에 남편의 자존심과 기대 사이에서 조심스럽게 행동한다. 그들은 주거 비용을 분담하기 위해 다양한 방법을 써봤다. 어느 때는 집세 1475달러와 공과금을 서로 나눠서 내기도 했고, 또 어느 때는 한 사람이 집세를 내고 다른 사람이 공과금을 내기도 했다. 하지만 건강보험료와 사회보장 공제비와 그녀가 부담해야 할 가계 생활비, 7인 가구의 식료품비, 다달이 500달러에 이르는 자동차 유지비, 십대 자녀들에게 이것저것 들어가는 비용, 그녀가 돈을 많이 버는 줄 아는 친척들에게 빌려주는 돈, 아직 다 갚지 못한 대출금 등을 모두 내고 나면 계좌는 바닥을 보이며 거의 매달 적자가 난다.

휘티커는 서류상으로는 중간계급이지만 현실에서는 쪼들리는 어중간한 위치에 있다. 예컨대, 차를 보자. 문이 둘 달린 2002년형 블레이저로 2만 9000달러짜리다. 온 가족을 다 태우려면 문이 넷 달린 더 큰 차가 필요했다. 하지만 그러자면 5000달러를 더 써야 했기 때문에 모든 사람들이 끼어 앉아야 하는 차를 살 수밖에 없었다. 불편하기는 하지만 그래도 그 차 역시 가격이 만만찮기는 마찬가지다. 그녀는 음식을 사야 할지 전기료를 내야 할지 선택해야 했던 불행한 과거의 불량한 신용 이력 때문에 자동차 대출금에 17퍼센트의 이자를 내고 있는데, 아직도 1만 3000달러를 더 갚아야 한다.

아이들이 그녀에게 새 차를 살 거냐고 물은 적이 있다. 그때 그녀가 말했다. "아니. 의자를 젖히고 머리를 숙이고 들어가면 다른 사람들처럼 탈 수 있잖아."

하지만 그녀는 크리스토퍼와 자크가 짐칸에 식료품 봉지만 한 크기로 구부린 채 앉는 모습을 보면 마음이 짠하다. 링컨 내비게이터 같은 더 큰 차가 있으면 좋겠지만 그 차를 채울 연료비를 생각하면 어쨌든 새 차를 살 형편은 아니라고 고개를 가로젓는다.

소득은 높아졌지만 여전히 '삭스Saks'나 '메이시스Macy's' 같은 상점은 다른 사람들을 위한 곳으로 생각한다. 대신 예전에 다니곤 했던 상점들을 찾는다. 그녀는 아직도 오래전에 살았던 엥글우드의 '1달러숍'에서 물건을 산다. 최근 가족 모임을 위해 루이지애나에 다녀오는 길에는 모든 거스름돈을 다 챙겼고, 하루에도 몇 번이나 현금자동인출기에서 예금 잔액을 확인했다.

그녀는 자신이 향유하고 있는 중간계급의 안락함이 불안한 토대 위에 있다는 점을 너무나 잘 알고 있다. 우선, 그녀의 지위는 맞벌이를 통해 지탱되고 있다. 그녀가 느끼는 안정감과 든든한 지원은 결혼을 했기 때문에 얻을 수 있었다. 그 지위는 그녀가 높은 수당을 받는 12시간짜리 야근 당번을 해야만 지탱되는데, 야근을 하면 가족들과 함께할 수 있는 시간이 그만큼 줄어든다. 그리고 가족과 함께 있는 시간에도 자주 피곤해하고 짜증을 내게 된다.

그 지위를 유지하기 위해 남편은 초등학교 보안요원으로 초과근무를 해야 하고, 결과적으로 이들 부부가 끈끈한 결혼 생활을 유지할 시간은 너무 줄어들게 된다.

한푼 한푼 아껴서

그녀의 직업과 급여는 중간계급이라는 지위를 말해주지만, 그것이 대체 무엇을 의미하는가? 그녀가 중간계급 바깥에서 내부를 들여다

볼 때 중간계급이 된다는 것은 휴가도 없이 3년 반 동안이나 일만 하거나 텅 빈 식당에서 혼자 식사를 하게 되는 것을 의미할 줄은 꿈에도 몰랐다. 그녀는 이렇게 열심히 일하면서도 여전히 전화 요금과 딸 이슈타르의 졸업 기념 무도회 비용 중 무엇을 선택해야 할지 고민하게 될 줄은 몰랐다.

그녀는 자신이 번 돈으로 무엇을 할 수 있고 무엇을 할 수 없는지, 달러 한 장을 벌기 위해 얼마나 힘들게 일해야 하는지, 그리고 그 돈을 쓰는 데 얼마나 신중해야 하는지를 점점 더 많이 알게 되었다고, 속내를 드러낸다. 어떠한 손실도 그녀가 더욱 열심히 일해야 한다는 것을 의미하는 것이다.

그래서 그녀는 소파에 작은 점이라도 눈에 띄면 하던 일을 멈추고 그걸 들여다본다. 그 소파는 수천 달러짜리이며, 아직도 값을 다 지불한 게 아니기 때문이다. 그녀는 무엇을 사든 대량으로 사고, 친척들이 주방을 둘러보려고 하면 경계한다.

"이모가 창고에 비누를 몇 개 가지러 들어가는 것을 보고 말했죠. '그거 도브 비누야!'"

휘티커에게 중간계급으로 산다는 것은 너무 오랫동안 남들과 거꾸로 된 시간대에 일하는 것을 의미했다. 그래서 그녀는 이제 거리에서 만난 사람들에게 "즐거운 저녁 시간 보내요"라고 인사하기 시작했다. 그것은 또 가족들의 건강을 책임지는 사람으로 간주된다는 것을 의미한다. "만약 당신이 집안에서 유일한 간호사라면, 집안 사람들은 당신이 의사라도 되는 양 생각해요. 엄마가 전화를 걸고,

엄마 친구들이 전화를 걸어와요."

그녀가 퇴직 후 병원에서 주는 혜택을 받으려면 지금 같은 삶의 속도를 유지할 수밖에 없다. 퇴직 후에 혜택을 받으려면 아직도 18개월을 더 일해야 한다. 그녀는 비과세 개인연금을 들고 싶지만 저축할 여유는 없어 보인다. 학교로 돌아가 4년제 학사 학위를 받고 싶지만 시간도 돈도 없다. "내 몸의 구석구석을 죽 잡아 늘이고 싶은 심정이에요." 그녀가 말했다.

그리고 무엇보다 휘티커는 집을 한 채 사고 싶어 한다. 이따금 그녀는 채텀의 안락한 중간계급 동네 그린우드 가의 꿈에 그리던 주택 앞을 운전해서 지나가곤 한다. 나선형 계단에 노란색 벽돌로 지어졌고, 2층으로 된 로비에 버티컬 블라인드가 있는 집이다. 그러나 그녀는 그런 집뿐만 아니라 다른 어떤 것을 위해서도 저축을 하지 못하고 있다. 그녀가 살고 싶어 하는 곳들은 그녀가 구입할 형편이 못 된다. 구입할 형편이 되는 곳에서는 감히 살 엄두가 나지 않는다.

그녀가 말했다. "나는 근사한 동네에서 살아야 해요. 간호사 옷을 입은 채로 저소득층 주택단지 주변을 돌아다닐 수는 없잖아요. 그들은 아마도 내가 가진 모든 것을 빼앗아 갈 거예요. 그리고 내 남편은 엥글우드에 사는 사람들 절반쯤은 체포해봤어요. 우리는 위험에 처해 있어요."

중간계급의 삶에서 빠진 조각들

휘티커가 꿈에 그리는 완성된 중간계급의 모습, 즉 잘 교육받고 반

듯하게 자란 아이들이 커다랗고 멋진 만찬 테이블에 둘러 앉은 모습에는 빠진 조각이 두 개 있다. 바로 니컬러스와 윌리다. 그녀의 성공은 이 두 아들에게 혜택을 주기에는 너무 늦게 왔다. 그들은 이미 바깥세상으로 나갔고, 그녀로서는 더 이상 그들 삶의 방향을 바로잡아줄 수 없었다. 니컬러스는 11학년 때 학교를 중퇴한 뒤로 계속 거리를 방황했다. 윌리는 니컬러스를 우러러보면서 그 뒤를 따랐다.

스물두 살의 니컬러스는 너무 일찍 너무 많은 것을 보아버린 지친 영혼이다. 그의 앞니는 거리에서 윌리를 보호하려다가 휘말린 싸움에서 부러졌다. 그의 차에는 운전하면서 벌인 총격전 때문에 총알 구멍이 뚫려 있다. 그는 권총을 턱에 들이대는 것이 어떤 느낌인지 잘 안다. 열두 살 나이에 동네 마약 거래상으로 일하면서 50달러를 벌어들이는 것이 어떤 느낌인지, 그리고 소화전에 앉아서 '파이브 오Five-O'(십대들이 경찰을 부를 때 쓰는 속어 — 옮긴이)를 외치는 것이 어떤 느낌인지 잘 안다. 그리고 더 나쁜 것도 잘 알고 있다.

이목구비가 뚜렷했던 얼굴에 지친 기색이 역력한 니컬러스가 눈물을 떨구며 말했다. "나는 지금 당장 죽을 수도 있어요. 나는 죽을 거예요. 너무 많은 사람을 아프게 했고, 내 자신도 아프게 했어요."

한번은 양아버지인 앨런이 범죄를 저지르고 있던 니컬러스를 발견하고서는 소환장까지 작성했지만 풀어준 적이 있다. 그러나 그 후로도 니컬러스는 교외에 있는 백화점 마셜스에서 코트를 두 벌 훔치고 자신을 체포하려는 경찰과 싸워서 결국 2002년에 체포되었고, 6주 동안 감옥에서 지냈다. 휘티커는 이런 일이 그의 어린 시절 집안의 무질서에서 기인한 다스려지지 않는 '분노' 때문이라고 생각했다. 그 시절로 되돌아가 뭔가 다르게 해주고 싶을 정도였다. 그녀는 니컬러스가 분노를 다스릴 줄 알아야 하며, 학교로 돌아가 그의 영특한 머리를 좋은 곳에 써야 한다고 생각한다.

지금 니컬러스는 세 자녀와 아내(둘째 아이의 엄마)와 함께 교외의 도로변 아파트에서 산다. 그의 아내는 지역 YMCA에서 가정부로 일한다. 그는 시간제로 가게 점원 일을 하고 있지만 마음은 여전히 (그의 어머니도 매우 좋은 것이라고 인정하는) 랩 음악에 대한 희망을 품고 있다. 그는 눈을 감고 손을 흔들면서 그의 노래 중 하나를 시작한다. "내 삶의 길을 바꾸렵니다. 신이여 내게 자비를 베푸소서." 그는 속삭임에 가깝게 노래 부른다.

윌리는 영화배우의 미소와 정교하게 다듬은 콧수염을 지닌 매우 건장한 청년이 됐다. 직업이 있을 때에는 니컬러스처럼 저임금 서비스 노동자로 일했다. 두 아이의 아빠이고 학교 근처에서 마약을 팔거나 그 밖에 더욱 심각한 문제를 일으켜 전과도 몇 개 생겼다. "나는 하지 말았어야 할 일을 몇 번 했어요." 스물한 살에 여전히 미소년처럼 생긴 윌리가 말했다.

휘티커의 나이 많은 두 아들은 그녀의 감추고 싶은 과거를 떠올리게 하는 생생한 증거였다. 그녀는 언제나 그들에게 무슨 일이 생기지 않을까 하는 두려움 속에서 산다.

"나는 일을 하는 동안에도 '당신 아들이 죽었습니다' 또는 '당신 아들이 또 감옥에 갔습니다' 하는 전화를 받게 되지 않을까 내내 두

렵답니다."

간호사가 되자마자 그녀는 두려워하던 전화를 받았다. 전화기 앞으로 불려갔을 때 그녀는 중환자실에서 환자에게 붕대를 감아주고 있던 참이었다. 윌리가 총에 맞았다는 소식이었다. 어디에 총을 맞았는지, 상처가 얼마나 심각한지, 의식이 있는지 없는지 또는 살 수 있는지 없는지도 확실하지 않았다.

그녀는 모든 것을 떨어뜨렸다. 나중에 윌리가 다리에 총을 두 방 맞은 것으로 드러났다. 휘티커는 윌리가 사우스사이드의 마약상들이 창궐하는 골목에서 총에 맞은 것을 알고는 아들을 구하기 위해 바로 달려갔다.

"불안하고 초조해서 거의 숨이 멎을 지경이었죠. 환자에게 붕대를 감아주다가 아들이 총에 맞았다는 얘기를 들었으니까요. 윌리가 강도를 당했다고 했어요. 결국 내가 데리고 와서 입원을 시키고 상처를 치료했어요."

2004년 여름에 또 다른 전화를 받았다. 이번에는 안방 침대에 누워 있을 때였다.

"당신 아들 윌리가 총에 맞았습니다." 불분명하고 겁에 질린 목소리가 전화기에서 흘러나왔다.

그것은 윌리의 친구에게서 걸려온 전화였다. 윌리가 처음으로 총에 맞은 바로 그 골목에서였다.

"걔들은 빈민가 출신들이어서 자신들이 뭘 해야 할지 전화상에서 논쟁하고 있었어요." 휘티커가 분에 차서 회상했다.

그녀는 재빨리 생각했다. 간호사적 본능이 그녀를 재촉했다.

"어디에 총을 맞았죠?" 그녀가 물었다.

"다리예요." 전화기에서 대답이 들려왔다.

"숨을 쉬나요?"

"예."

그녀는 그제야 그가 살 수 있을 거라고 생각했다.

"그래서 나는 전화를 끊고 돌아누워 다시 잠이 들었어요. 가족들에게조차 말하지 않았답니다." 그녀는 나중에 그렇게 말했다.

윌리가 총에 맞은 지 얼마 지나지 않아 휘티커는 가족을 착실한 길로 안내하기 위해 엄마로서 내릴 수 있는 가장 고통스러운 결정을 내렸다. 그녀는 일종의 우선순위를 정해 건강한 부분을 살리기 위해 곪은 것을 제거했다.

그녀는 처음에 그랬던 것처럼 윌리가 있는 병원을 방문하지 않았고, 그를 집에 들여 간호해주지도 않았다. 니컬러스와 윌리가 모두 정신을 차리고 고등학교에 상응하는 졸업장을 받고 자신들의 아이들을 돌보기 전에는 환영받지 못할 것임을 분명히 했다. 그들보다 어린 아이들을 위해서는 졸업과 졸업 무도회, 대학, 직업 등 더 큰 계획들을 준비했다. 그녀는 그들이 윌리처럼 총에 맞기를 원하지 않는다.

"윌리에게 이곳까지 그 문제를 가져와선 안 된다고 말했어요. 형제들이 어떻게 느끼겠어요? 그 아이들은 바르게 살려고 하는데, 형이 다른 방에 총상을 입은 채 누워 있다면요. 윌리가 그 문제를 들고 집안에 들어와서 다른 사람들에게 퍼뜨리는 걸 원치 않아요. 다른 아이들은 올바른 길을 가고 있고, 계속 그런 길로 가길 원해요."
그녀가 말했다.

그녀의 계획은 적중하는 것처럼 보인다. 어린 자녀들은 거의 니컬러스나 윌리에 대해 말하는 법이 없다. 어느 날 오후 윌리가 집에 나타났을 때 이슈타르가 어머니의 휴대폰으로 연락해 이를 알렸다.

"윌리가 왔어요. 어떻게 할까요?"

비록 관계가 깨어진다고 해도 격려할 수밖에 없음을 모두가 잘 알고 있었다. 윌리의 이름이 등장하자 어색한 침묵이 흐르고 모두들 아무 일도 없었다는 듯 먼 곳을 바라보았다.

더 높은 목표를 향해 밀어붙이다

2005년 6월의 어느 목요일은 가족에게 중요한 날이었다. 그날은 앤절라 휘티커의 자녀들 중 처음으로 이슈타르가 무대 위에 올라가 고등학교 졸업장을 받은 날이었다. 자식들을 많이 낳았지만 졸업장을 받은 것은 가족의 역사에서 한바탕 돌풍을 일으키는 것과 같았다. 졸업식 후에 휘티커의 여동생 미셸은 이슈타르의 노란색 사각모를 들고는 기분 좋게 말했다. "나도 한번 써보자. 어느 쪽으로 써야 하지? 검정고시를 쳤으면 이런 건 써보지도 못했을 거란다."

윌리와 니컬러스만 빼고 모두가 그 자리에 참석했다. 윌리는 밀워키에서 일자리를 찾는 중이었고, 니컬러스는 음반 계약을 위해 공공도서관에서 계약법과 음악 로열티에 대해 공부하고 있었다. 그날 휘티커는 졸업식과 졸업 무도회 비용을 치르려면 전화를 미리 해야 한다는 사실을 몰라 곤경에 처하기도 했다.

결국 졸업 무도회에 참석하게 된 이슈타르를 자랑스러워하면서
도, 휘티커는 졸업에 굉장한 의미를 부여하는 것과 그것을 당연한
것으로 여기는 태도 사이에서 분열된 모습을 보였다. "다른 어머니
들처럼 '내 아이가 고등학교를 졸업했다!' 하면서 자랑하고 그러진
않을 거예요. 아이가 졸업한다고 마냥 좋다고만 말할 수는 없어요.
그건 그저 시작일 뿐이니까요. 나는 그 애가 대학에 가고 전문직을
갖길 원해요. 그 애가 내게 묻더군요. 몇 살에 첫 섹스를 하면 좋겠냐
고. 내가 말했죠. '난 서른 살 정도면 좋겠는데.'"

휘티커는 해군에 입대하기로 한 이슈타르의 결정에 불쾌한 마
음을 감추려 하지 않았다. 왜냐하면 딸이 중동에 배치될 수도 있을
뿐만 아니라 그것은 휘티커가 아이들에 대해 그려온 중간계급의 이
상에 들어맞지 않기 때문이다. 그녀는 이슈타르가 법조계로 나가길
원한다.

그리고 열네 살 난 아들 존에게는 의사가 되라고 부추긴다. 그
애는 늘 A학점만 받아 오고, 풋볼 팀에서는 라인배커linebacker(상대 팀
선수에게 태클을 걸며 방어하는 수비수 ─ 옮긴이)이고, 학군단the Reserve Officers
Training Corps 분대장이기도 하다. 간호사가 되기 전이었다면 군대를
아이들이 밟을 만한 신분 상승의 길로 보았을 것이다. 이제 그녀는
군인이라는 직업을 아이들이 진정으로 해야 할 일로 가는 우회로라
고 본다.

그녀는 이렇게 말했다. "아이들에게 전문직으로 나가라고 말하

곤 해요. 공인 자격증을 따면 아무도 그걸 너희들에게서 빼앗아갈 수 없단다, 하고요."

니컬러스와 윌리에게는 좀 다른 조언을 한다. "네 삶이 가라앉고 있단다. 너야말로 그것을 구해낼 수 있는 유일한 사람이란 걸 모르겠니?" 그녀는 어깨를 으쓱하는 두 아들에게 묻는다. "너희들은 빠른 출구를 원하지. 그런데 빠른 출구는 없단다. 내가 해봤잖니. 그건 통하지 않아."

그러나 그녀는 여전히 희망을 갖고 있다. "내 스스로가 늦게 핀 꽃이에요. 그리고 아직 그 아이들도 너무 늦지는 않았다고 생각해요."

가장 중요한 재산

휘티커를 지탱해준 것은 아무도 빼앗아갈 수 없는 어떤 것이 있다는 생각, 즉 특정한 증명서들이 정말 중요하다는 것이었다. 그래서 그녀는 간호사 시험에 합격했다는 내용을 담은 우편물 봉투를 뜯어보기를 두려워했다. 이제 그녀는 그것을 지갑 안에 고이 접어 남편 사진과 현금카드 아래에 넣어두었다. 8년이나 걸려 받은 대학 졸업장은 남편 침실 서랍장에 고이 보관하고 있다. 마치 그의 것이라는 듯이 말이다.

그러나 두 번째 결혼기념일이 다가오면서, 그들 삶에서 중요한 지침이 되었던 그 증명서의 존재 여부는 이제 좀 더 직접적인 질문으로 넘어갔다. 이번 주에는 졸업식 전화를 받을 수 있을까? 그러니까, 이슈타르가 졸업 무도회에 갈 수 있을까? 병원 근무시간을 줄이고 가족들과 좀 더 많은 시간을 보낼 수 있을까? 야간 근무 대신 주간 근무를 할 수 있을까? 매년 몇 만 달러에 이르는 집세를 내는 대신 집을 살 수 있을까?

최근 그녀는 주간에 사우스사이드에 사는 노인들을 방문해 검진해주는 방문간호사라는 부업을 시작했다. 그 덕분에 스케줄 관리를 좀 더 잘하게 됐고, 병원에서 야근을 덜할 수 있게 됐다. 얼마나 벌지는 불확실하다. 그녀는 이 새로운 부업으로 건강보험 혜택을 적용받지 못해 남편의 건강보험 혜택에 의존하고 있다. 하지만 현재로선 여러 가지 부담을 던 것은 사실이다.

그렇게 그녀는 늦은 봄 오후 SUV를 타고 오래된 동네에서 방문간호 일을 하고 있다. 그녀는 익숙한 것들에 안전함을 느낀다. 여동생 전남편의 여동생이 일하는 세탁소에 옷을 맡긴다. 이모가 일하는 '1달러숍'에 들러 더플백을 산다. 이제 막 제왕절개 수술로 아기를 낳은 조카딸 집에 들러 상태를 물어본다. "아기는 좀 어떠니? 내가 아기에게 설탕을 좀 줄게."

그녀의 휴대폰이 울린다.

"아이들이구나." 재빨리 전화를 받는다. 어떤 청구서가 우편함에서 기다리고 있다고 해도 한 가지 중요한 부분에서는 자신도 충분히 부자라고 자신하면서 말이다.

"인생에서 가장 중요한 건 가족이에요. 가족 없이는 내 삶에 어떤 의미도 없어요."

더 많은 앤절라 휘티커를 위하여

사회복지에 의존해 여섯 아이를 키우던 여성이 중간계급 대열에 들어선 이 사례는 무척 드문 것이라 계급과 빈곤 문제 전문가들은 이 한 가지 질문을 던지게 된다. 더 많은 앤절라 휘티커를 만들어내려면 어떻게 해야 할까?

가족과 빈곤 문제를 전공한 프린스턴대학교 사회학과 교수 세라 매클라나한Sara S. McLanahan은 이렇게 말했다. "이 사례는 직업과 결혼의 중요성을 보여줍니다. 그녀는 좋은 남자와 좋은 직업을 찾았어요. 그렇다면 빈곤에서 벗어나기 위해 그 두 가지가 모두 필요하다는 걸 알 수 있겠죠."

계층화와 불평등을 연구한 UCLA의 사회학과 교수 월터 앨런Walter Allen은 이렇게 말했다. "그녀는 자수성가형 아메리칸드림 스토리를 보여줍니다. 좋은 뉴스는 그녀의 노력과 결단력이 보상을 받았다는 사실입니다. 그녀는 자신을 스스로 자격 있게 만들었어요. 나쁜 뉴스는 그녀가 걸어온 삶의 경로를 다른 이들에게도 확장하는 일이 쉽지 않다는 겁니다."

그 이유는 사회적 신분 상승에는, 사회학자들의 표현에 따르면, 두 가지 성공 기둥 즉 인적 자본과 사회적 자본이 필요하기 때문이다. 인적 자본은 그 사람의 교육 정도, (직업 관련) 자격증, 그리고 고용 가능성이다. 사회적 자본은 대개 인생을 믿고 기댈 수 있는 배우자에게서 받는 감정적 지지와 격려를 의미한다. 이는 그 자체로 부의 한 형태인 결혼과 공통적으로 연관이 있는 자산이다.

보통의 경우 미혼모들은 휘티커의 사례에서 볼 수 있듯이 두 가지가 다 결여되어 있다. 사실 다섯 남편에게서 태어난 여섯 아이를 키우는 어머니로서 그녀는 다른 사람들보다 더 많은 난관에 부딪혔다.

매클라나한은 이렇게 말했다. "이 여성에게 일어난 일들은 경이로운 예외입니다. 다른 남자의 아이들을 키우는 여성들이 짝을 찾는다는 것은 거의 불가능에 가까워요."

현재의 정치 지형에서 보수주의자들은 결혼을 많은 사회적 병폐에 대한 해결책이라고 상찬하지만, 자유주의자들은 결혼만으로 위험에 처한 지역사회와 학교의 실패를 효과적으로 메울 수는 없다고 주장한다. 사실 한 연구 결과에 따르면, 결혼이 빈곤 탈출에 결정적 역할을 하기는 하지만 그것이 항상 충분조건인 것은 아니다.

2002년 도시연구소의 시뉴메리 매커넌Signe-Mary McKernan과 캐럴라인 래트클리프Caroline Ratcliffe가 실시한 연구에 따르면, 결혼을 한 지 얼마 되지 않은 가난한 미혼모들 중 56퍼센트가 빈곤에서 벗어났다. 직업을 구하는 경우가 더 흔했고, 일자리를 얻은 이들 중에서 39퍼센트가 가난에서 벗어났다. 그리고 최소 2년제 학위를 받은 사람들 중 35퍼센트가 가난에서 벗어났다.

흑인 남성들의 실직률과 투옥률이 높기 때문에 많은 가난한 미혼모들에게 결혼이 유효한 선택지가 되기는 어렵다. 도시연구소의 조사 결과에 따르면, 단지 1.4퍼센트의 미혼모들만 결혼을 한 것으로 드러났다.

하버드대학교의 사회학 및 사회정책학 교수 윌리엄 줄리어스

윌슨William Julius Wilson은 이렇게 반문했다. "결혼 가능한 남성들이 이렇게 적은데 왜 우리는 결혼 장려가 문제 해결에 도움이 될 거라고 믿을까요? 우리는 배우자에게 격려를 받는 것과 같은 효과를 낼 수 있는 지원 방법을 찾아내 확대해야 합니다."

윌슨은 정부가 대학에 가고 싶어 하는 저소득층 여성들을 위한 지원을 늘려야 한다고 말한다. "이 여성들이 더 많은 교육을 받을수록 더 많은 돈을 벌 겁니다. 그러면 그 여성들은 다른 사회적 환경에 놓이게 될 것이고, 결혼 가능한 남성들을 만날 기회도 좀 더 많아지겠죠."

매클라나한은 이렇게 말했다. "자유주의자들과 보수주의자들의 주장은 모두 어떤 면에서는 일리가 있습니다. 좋은 관계를 맺는다는 건 성공 스토리의 일부일 뿐입니다. 아무 관계나 맺는다고 되는 건 아닙니다. 아무 남자나 만난다고 되는 것도 아니죠. 이 사례는 그것이 건강한 관계여야 한다는 걸 강조합니다. 자유주의자들은 결혼의 가치를 너무 평가절하한다는 점에서 틀렸어요. 자기 자신들의 결혼은 중시하면서 말입니다. 모두들 강력한 도움의 손길을 필요로 합니다. 이 여성은 자유주의자들과 보수주의자들의 두 이상을 모두 대변합니다."

그럼에도 휘티커가 중간계급으로 가는 과정에서 겪은 실존적인 기복은 빈곤에서 탈출하는 것이 그리 쉬운 일이 아니라는 것을 보여준다. 월터 앨런은 이렇게 말했다. "그녀의 경제적 상황만큼이나 그녀의 성공은 위태롭습니다. 이는 누구나 중간계급이 될 수는 있지만 그 토대가 매우 불안정할 수밖에 없다는 사실을 다시 한 번 생각하게 하는 사례입니다."

미국의 오랜 역사에서 인종은 계급을 나누는 꽤 분명한 선이었다. 흑인은 대개 가난을 의미했고, 백인은 중간계급 또는 그 이상을 의미했다. 20세기 후반에 들어서야 기회에 대한 법적 장벽이 무너지고 그 선이 흐릿해지기 시작했다. 하지만 여전히 인종은 중간계급의 삶을 좌우하는 요인이라고 사회학자들은 말한다.

우선, 흑인들은 휘티커의 경우에서 볼 수 있듯이 그 자신이 1세대 중간계급이 되는 경향이 강하다. 그것은 그들이 중간계급 세계를 향해 항해할 때 끌어올 수 있는 자원이 매우 적다는 걸 의미한다.

둘째, 부의 문제가 있다. 앨런은 이렇게 말했다.

"평균적으로 흑인들은 백인들보다 소득이 낮을 뿐만 아니라 인종에 따른 부의 불균등도 큽니다. 그들의 지위는 현재의 벌이에 좌우되지 안전망을 제공하는 축적된 부에 영향을 받지는 않습니다. 그들은 저축을 하고 재산을 모을 수 있는, 또는 사회가 어떻게 돌아가고 규범이나 문화적 자본이란 것은 무엇인지를 가르쳐줄 수 있는 집안 출신이 아닙니다.

백인들과 달리 흑인들에게는 이러한 것들이 남의 나라 이야기입니다. 달리 말하면 집안에서 수십 년 전에 2만 3000달러짜리 집을 장만했는데, 그것이 이제 200만~300만 달러에 이른다는 건 흑인들의 이야기가 아니라는 것이죠. 흑인들은 그 2만 3000달러짜리 집을 구입할 여유가 없었습니다. 흑인들은 부라는 요인 하나만 놓고 봐도 동등한 백인들에 비해 한 단계 아래에 위치할 수밖에 없습니다."

또 다른 압력도 있다고 윌슨은 말했다. "똑같은 교육을 받는다고 해도 백인들이 학교 생활을 더 잘하고 더 좋은 직업을 얻을 수 있습니다. 흑인들은 가난하고 격리된 지역에서 살 가능성이 높습니다. 따라서 그들은 인종적 배제에서 비롯된 범죄와 사회적 혼란의 징후로부터 보호받지도 못합니다."

결국 앤절라 휘티커 같은 사람들이 성공하면 모든 사람들이 이득을 본다고 전문가들은 말한다. 앨런은 이렇게 말했다. "그녀는 객관적인 교훈입니다. 이런 류의 성공을 보기를 원한다면 과거의 잘못에서 회복하려는 강한 동기를 가진 여성에게 기회를 줘야 합니다. 궁극적으로는 사회가 거기서 혜택을 받습니다. 그녀의 어린아이들은 사회에 부담이 되지 않을 겁니다. 그리고 다음 세대는 그보다 훨씬 더 잘하겠죠."

—이사벨 윌커슨Isabel Wilkerson

인종차별적인 남부의 바닥 사람들 맨 위에서

나는 꽤 어린 시절에 사회 계급의 개념을 인식하게 됐다고 생각한다. 브라운 판결(브라운 대 토피카 교육위원회 재판. 캔자스 주 토피카에 살던 흑인 올리버 브라운이 여덟 살배기 딸이 가까이 있는 백인 학교를 두고 철도를 건너 다섯 구역이나 떨어진 흑인 학교를 다니는 것이 안쓰러워 재판을 청구해 미국 대법원이 1954년 브라운의 손을 들어준 사건이다. ─옮긴이)이 있었던 때보다도 20년 전, 내가 태어난 '인종차별적인' 남부는 흑백이 극명한 대조를 이루는 곳이었다. 우리 가족처럼 상대적으로 지위와 특권을 가진 '검둥이Negro' 가족들은 교육과 시민권의 가치, 그리고 악착같은 자식 교육열 등의 가치를 되풀이해 가르쳤다. 화법, 피부색, 복장, 꿈 등의 작은 차이에서 비롯한 자기애로 사춘기 이전의 (흑인) 남성들의 거칠고 분별없는 민주주의를 서서히 바꾸어갔다. 그것은 "신의 은혜만 있기를……"이라고 작은 목소리로 기도하는 사려 깊은 어머니들이 섬세하게 나눠준 것이기도 했다.

내 부모는 교육자였다. 아버지는 흑인들을 위한 우리 시의 제1공립고등학교 교장이었다. 우리는 흑인과 백인 양쪽 모두에게 시선을 받는 사람, 즉 이중의 규율 아래 사는 가족이었다. 즉 유색인종 공동체에서 사회적 신분 상승을 한 것에 대해 자각하고 스스로 엄격해야 했다. 좋게 말해 그것은 인종 간의 관계를 개선하는 사명을 띤 대리인이었고, 나쁘게 말하면 짐 크로 법질서(짐 크로는 1830년대의 미국 뮤지컬에 나오는 흑인 등장인물의 이름을 딴 것으로 1880년대부터 미국 남부에서 펼친 흑백 분리 정책들을 짐 크로 법이라 일컫는다. 흑인과 백인들이 사는 지역, 학교, 공중화장실을 구별했고, 버스에서도 따로 앉았다. ─옮긴이)에서 고용된 전문직이었다.

우리는 잘살았고, 크게 나쁜 일도 없었다. 나는 부모님이 자식들에게 물려준 이점들이 객관적으로 봤을 때 매우 모호하고 우연적인 것이라는 사실을 냉정하게 인식했던 것 같다. 우리는 대학에 갈 것이고(형들은 제2차 세계대전 중 흑백이 분리된 군대를 통해 다소 먼 길을 돌아서 갔지만), 그리고 나서 변호사, 의사, 교사, 목사가 되리라는 것을 알았다. 적당한 물질적 여건이라는 보호막 속에서 '올바른 부류right sort'에 속한 내 친구들과 나는 예외 없이 주류 사회에 동화되는 성숙한 미래를 꿈꾸었다. 하지만 하층의 맨 꼭대기에 있는 계급 생활이라는 것이 역설적일 수밖에 없었고, 타협하기 어려운 경우가 많았다. 그것은 내가 나이 들면서 자연스럽게 배운 전前연합ex-Confeder-acy('연합'은 남북전쟁 이전 미합중국을 탈퇴하려 했던 남부 11개 주의 연합을 말한다. ─옮긴이) 시기의 그 모든 계급 관련 교훈─내가 결코 유감스러워 할 큰 이유가 없었던 교훈─때문이었다. 내 아버지는 자신의 지위 때문에 어떤 쪽으로든 태도를 분명히 해야만 했다. 아버지는 중요한 시민권 재판에서 원칙적 태도를 취하기로 결심했다. 그는 전미유색인지위향상협회National Association for the Advancement of Colored People, NAACP를 대표하는 권위자로서 시의 공립학교 제도의 차별적 측면을 증언했다. 결국 NAACP가 이겼다.

내 기억으로는 그 일이 있고 1년도 지나지 않아 우리 가족은 사회적 상층부에서 지배 집단의 천민 신분으로 떨어졌고, 우리 인종 집단 중에서도 취업이 어려운 곤란한 존재가 되었다. 나는 이 심오하게 교육적인 트라우마로부터, 아무리 견고한 중간계급 기반을 가졌더라도 인종이 계급을 누를 수 있는 영원한 가능성을 체득했다. 하지만 내 생각에 진보한 것도 있었다. 그렇게 하는 것이 사회적·정치적으로 이로울 때에는 언제나 계급적 고려가 인종적 정체성에 우선한다는 광범위하고 전국민적인 합의가 이제는 존재한다. 그럼에도 인종은 미국인들의 계급 관념에 필수적인 요소다. 이같이 강력하고 지속적인 현실을 부정하는 것은 곧 지극히 단순화되고 결과적으로는 별 도움도 되지 않는 회피를 인정하는 것이다.

데이비드 레버링 루이스 David Levering Lewis
데이비드 레버링 루이스는 뉴욕대학교 역사학 교수이며, 20세기 초반 흑인 저항 운동의 선구자인 두 보이스W. E. B. Du Bois에 대한 전기를 썼다. 그는 이 책으로 퓰리처상을 받았다.

『뉴욕타임스』의 계급 여론조사

다음에 나오는 『뉴욕타임스』 여론조사는 2005년 3월 9~14일에 미국 전역의 성인 1764명을 상대로 이루어진 전화 인터뷰를 바탕으로 했다. 인터뷰는 영어 또는 스페인어로 진행됐다.

전화 인터뷰 대상으로 추출된 전화교환국 표본은 전국의 4만 2000여 주거지 전화번호부에서 컴퓨터로 무작위로 추출했다. 각 전화교환국 내에서 임의의 숫자들로 완전한 자릿수의 전화번호를 만들어 전화를 걸어 등록된 전화번호와 등록되지 않은 전화번호로 모두 전화가 걸리게 했다. 각 가구 내에서 어른 한 명이 무작위 절차를 거쳐 조사 응답자로 지정되었다.

분석을 위해 가구 소득이 낮거나 또는 가구 소득이 높은 사람들을 표본으로 많이 추출했고, 전체 표본에서 그들의 본래 비율로 가중치를 주었다. 그 결과에 가구 규모, 전화선의 수를 고려하고, 지리적 분포, 성별, 인종, 히스패닉 출신, 결혼 상태, 나이, 교육 수준 등과 관련한 그 표본의 변화를 조정하기 위해 가중치가 주어졌다.

이론적으로는 20개 중 19개 사례에서 전체 미국 성인을 대상으로 한 조사 결과와 어느 방향으로든 3퍼센트 이상 표본 오차가 나지 않을 것이다. 크기가 작은 하위 집단일수록 표본 오차는 더 크다. 이를테면, 저소득자들에 대해서는 ±4퍼센트라면, 고소득자들에 대해서는 ±7퍼센트다.

표본 오차 외에도 대중적 의견을 묻는 여론조사는 모두 현실적인 어려움 때문에 또 다른 오류가 생길 수 있다. 예를 들어, 문안의 변화와 질문 순서에 의해서도 결과는 어느 정도 달라질 수 있다. 이 조사에서 나타난 동향은 다른 언급이 없는 한 『뉴욕타임스』와 CBS의 전국 여론조사에 기초했다.

1 과거의 차별을 보상하기 위해 소수자들이 따라잡을 수 있도록 돕는 특별한 노력을 하는 프로그램에 찬성합니까, 반대합니까? (질문 1, 2의 순서를 교대로)

	찬성	반대	모름
1997. 12.6.~9.	55	39	7
2000. 2.6.~10.(CBS)	59	32	9
2000. 6.21.~27.	50	39	11
2000. 7.13.~17.	53	38	9
2003. 1.19.~22.	53	39	8
2003. 7.13.~27.	53	40	7
2005. 3.9.~14.	**59**	**30**	**11**

2 성별 또는 인종에 관계없이, 저소득층 출신인 사람들이 따라잡을 수 있도록 돕는 특별한 노력을 하는 프로그램에 찬성합니까, 반대합니까? (질문 1, 2의 순서를 교대로)

	찬성	반대	모름
2005. 3.9.~14.	**84**	**10**	**6**

3 현재 연방 정부는 누군가 죽을 때 남긴 자산(즉 부동산과 돈)에 대해, 그것이 일정 금액 이상이 되면 세금을 부과하고 있습니다. 누군가 죽을 때 부과하는 이 세금에 찬성합니까, 반대합니까?

	찬성	반대	모름
2005. 3.9.~14.	**17**	**76**	**7**

4 반대한다면, 150만 달러 이상의 유산에 대해서만 부과한다면 어떤가요? 그렇다면 누군가 죽을 때 유산에 세금을 부과하는 데 찬성합니까, 반대합니까?

	찬성	반대	모름
2005. 3.9.~14.	**27**	**46**	**3**

5 현행법하에서 유산에 대해 부과하는 연방세가 지금부터 2010년까지 단계적으로 폐지되어 2010년에는 어떠한 세금도 부과하지 않게 됩니다. 의회가 나서지 않는다면 감세가 만료될 것이고, 다시 세금은 100만 달러 이상의 유산에 대해 부과될 것입니다. 어느 편이 당신 의견에 가장 가깝습니까? 1) 연방 정부는 100만 달러 이상의 자산에 대해 세금을 부과해야 한다, 2) 350만 달러 이상의 유산에 대해 과세해야 한다, 3) 상속 재산에 매겨지는 모든 연방세는 영구적으로 폐지되어야 한다.

	100만 달러 이상	350만 달러 이상	모든 세금 폐지	모름
2005. 3.9.~14.	**23**	**20**	**50**	**7**

6 미국의 사법제도가 주로 부자에게 이롭다고 봅니까, 아니면 빈자에게 이롭다고 봅니까? 아니면 사법제도가 모든 미국인을 가능한 한 동등하게 대우한다고 봅니까?

	부자에게 이로움	빈자에게 이로움	모두에게 동등함	모름
2005. 3.9.~14.	65	2	27	6

7 미국에서 가난하게 시작해도 열심히 일하면 부자가 되는 것이 가능하다고 봅니까?

	가능함	가능하지 않음	모름
1983. 1.16.~19.	57	38	5
1996. 2.22.~24.	70	27	3
1996. 3.20.~21.(CBS)	78	18	4
1998. 4.15.~20.(NYT)	70	29	2
2000. 2.6.~10.(CBS)	84	13	3
2003. 7.13.~27.	70	27	3
2005. 3.9.~14.	80	19	2

8 미국에는 가난한 사람들과 부유한 사람들 사이에 얼마나 갈등이 있다고 보십니까?

	많다	조금 있다	많지 않다	전혀 없다	경우에 따라 다르다	모름
2005. 3.9.~14.	34	44	14	3	1	4

9 전반적으로 미국에서 노동조합의 권력이 너무 많다고 봅니까, 충분하지 않다고 봅니까, 아니면 적당하다고 봅니까?

	너무 많음	충분치 않음	적당함	모름
2005. 3.9.~14.	32	21	40	7

다른 조사 : 일반적으로 말해, 미국에서 노동조합이 너무 많은 권력을 갖고 있다고 봅니까, 아니면 권력을 많이 갖고 있지는 않다고 봅니까? 1985년 11월 5~7일 얀켈로비치, 스켈리, 화이어가 「타임」지와 조사한 결과: 50%: 너무 많은 권력을 갖고 있다, 38%: 너무 많은 권력을 갖고 있지는 않다, 12%: 확실치 않다.

10 전반적으로 미국에서 매우 부유한 미국인들의 권력이 너무 많다고 봅니까, 충분하지 않다고 봅니까, 아니면 적당하다고 봅니까?

	너무 많음	충분치 않음	적당함	모름
2005. 3.9.~14.	72	1	23	4

다른 조사 : 전반적으로 미국에서 부유한 사람들이 권력이 너무 많다고 봅니까, 그렇지 않다고 봅니까? 1985년 11월 5~7일 얀켈로비치, 스켈리, 화이어가 「타임」지와 조사한 결과: 68%: 너무 많은 권력을 갖고 있다, 23%: 너무 많은 권력을 갖고 있지는 않다, 8%: 확실치 않다.

11 당신의 일생 동안 당신이 생각하는 '아메리칸드림'을 이룰 수 있다고 생각합니까, 아니면 이미 그 꿈을 이루었다고 생각합니까?

	이미 이뤘다	이룰 것이다	이루지 못할 것이다	모름
1992. 8.13.~16.	37	43	17	4
1995. 12.1.~3.	45	35	16	5
2005. 3.9.~14.	**32**	**38**	**27**	**3**

12 '아메리칸드림'이란 말은 당신에게 무엇을 의미합니까?

	2005. 3.9.~14.
재정적 안정/안정된 직업	19
자유/기회	20
주택 소유	13
가족	7
행복/만족/마음의 평화	19
'미국에서의 삶'	1
좋은 직업	1
성공	7
건강	2
안락한 은퇴 생활	2
세금을 거의 안 내거나 아예 내지 않음	0
존재하지 않음/환상/없음	2
기타	2
모름	5

13 부모가 당신 나이였을 때와 비교했을 때 당신의 삶의 수준이 훨씬 나아졌다고 봅니까, 좀 나아졌다고 봅니까, 거의 비슷하다고 봅니까, 아니면 좀 나빠졌다고 봅니까, 훨씬 나빠졌다고 봅니까?

	훨씬 나아짐	좀 나아짐	거의 비슷	좀 나빠짐	훨씬 나빠짐	모름
1994. 1.27.~5.31.*	31	32	21	11	3	2
1996. 2.1.~5.25.*	32	29	21	12	4	2
1998. 2.1.~6.19.*	33	31	21	10	3	2
2000. 2.1.~6.25.*	34	31	21	9	3	2
2002. 2.6.~6.26.*	33	33	19	11	3	1
2005. 3.9.~14.	**39**	**27**	**20**	**9**	**4**	**1**

(*는 시카고대학교 전국여론조사센터가 직접 수행한 일반 사회조사다.)

14

자녀가 있습니까? 있다면, 18세 미만 자녀가 있습니까?

	있다, 18세 미만	있다, 18세 이상	없다	모름
2005. 3.9.~14.	39	24	37	0

15

자녀가 있다면, 당신의 자녀가 당신의 지금 나이가 되었을 때, 그들의 삶의 수준이 지금 당신의 삶의 수준보다 훨씬 나아질까요, 좀 나아질까요, 거의 비슷할까요, 아니면 좀 나빠질까요, 훨씬 나빠질까요?

	훨씬 나아짐	좀 나아짐	거의 비슷	좀 나빠짐	훨씬 나빠짐	모름
1994. 1.27.~5.31.*	18	32	23	17	5	5
1996. 2.1.~5.25.*	22	30	21	18	5	4
1998. 2.1.~6.19.*	24	36	22	10	4	5
2000. 2.1.~6.25.*	32	34	18	8	3	4
2002. 2.6.~6.26.*	29	38	20	9	2	2
2005. 3.9.~14.	25	31	18	15	7	5

(*는 시카고대학교 전국여론조사센터가 직접 수행한 일반 사회조사다.)

16

앞날을 내다볼 때, 당신이 재정적으로 부유해질 가능성이 매우 높다고 봅니까, 좀 높다고 봅니까, 별로 높지 않다고 봅니까, 아니면 전혀 없다고 봅니까?

	매우 높다	조금 높다	별로 높지 않다	거의 없다	이미 부유하다	경우에 따라	모름
2005. 3.9.~14.	11	34	30	22	1	1	1

17 우리는 사람들이 어떤 사회 계급에 속해 있는지에 대해 많은 얘기를 합니다. 중간계급이냐, 노동계급이냐, 아니면 상층계급이냐. 우리는 이 용어들이 요즘 사람들에게 어떤 의미를 갖는지 알고자 합니다. 당신은 어떤 사람이 어떤 사회 계급에 속하는지 결정하는 것은 무엇이라고 봅니까?

	2005. 3.9.~14.
소득	24
교육	7
직업	6
가치/행동	4
소유물	1
사회적 위치	2
환경	1
배경/종교	2
부/돈/순자산	38
없음	0
기타	2
모름	14

18 인생에서 성공할 기회에 대한 몇 가지 질문을 하겠습니다. 당신은 부유한 집안에서 태어나는 것이 앞서나가는 데 얼마나 중요하다고 봅니까?

	필수적이다	매우 중요하다	어느 정도 중요하다	그리 중요하지 않다	전혀 중요하지 않다	모름
1987*	4	19	28	30	17	3
2000*	3	16	27	33	14	8
2005. 3.9.~14.	11	33	40	10	6	1

(*는 시카고대학교 전국여론조사센터가 직접 수행한 일반 사회조사다.)

19 좋은 교육을 받는 것이 인생에서 성공하는 데 얼마나 중요합니까?

	필수적이다	매우 중요하다	어느 정도 중요하다	그리 중요하지 않다	전혀 중요하지 않다	모름
1987*	35	49	13	1	0	1
2005. 3.9.~14.	39	46	12	2	0	0

(*는 시카고대학교 전국여론조사센터가 직접 수행한 일반 사회조사다.)

20 천부적 재능이 인생에서 성공하는 데 얼마나 중요합니까?

	필수적이다	매우 중요하다	어느 정도 중요하다	그리 중요 하지 않다	전혀 중요 하지 않다	모름
1987*	13	47	33	3	0	2
2005. 3.9.~14.	22	49	26	1	0	2

(*는 시카고대학교 전국여론조사센터가 직접 수행한 일반 사회조사다.)

21 열심히 일하는 것이 인생에서 성공하는 데 얼마나 중요합니까?

	필수적이다	매우 중요하다	어느 정도 중요하다	그리 중요 하지 않다	전혀 중요 하지 않다	모름
1987*	36	52	9	1	0	1
2005. 3.9.~14.	46	41	11	2	0	0

(*는 시카고대학교 전국여론조사센터가 직접 수행한 일반 사회조사다.)

22 중요한 사람을 아는 것이 인생에서 성공하는 데 얼마나 중요합니까?

	필수적이다	매우 중요하다	어느 정도 중요하다	그리 중요 하지 않다	전혀 중요 하지 않다	모름
1987*	9	35	42	11	2	2
2005. 3.9.~14.	16	33	42	6	2	0

(*는 시카고대학교 전국여론조사센터가 직접 수행한 일반 사회조사다.)

23 당신의 현재 재정 상황을 생각했을 때 무엇이 가장 걱정됩니까?

	1995. 3.9.~12.	2005. 3.9.~14.
돈을 충분히 갖고 있지 못하다	19	21
실직/직업 안정성	17	11
의료 서비스	7	11
퇴직	6	8
경기 악화	6	6
미래에 대한 일반적인 두려움	5	3
사회보장	4	4
자녀의 학비 부담	4	6
신용카드/대출 상환	4	4
납세	3	3
이자율	2	0
국가 채무/적자	2	1
없음	12	12
기타	2	3
모름	7	6

24 한 사람의 사회 계급은 교육, 소득, 직업, 부 등 많은 것들에 의해 결정됩니다. 다음 다섯 가지 중에서 어디에 속하느냐고 질문을 받는다면 뭐라고 대답하겠습니까?

	상층계급	상층중간계급	중간계급	노동계급	하층계급	모름
2005. 3.9.~14.	1	15	42	35	7	1

25 당신이 자랄 때 당신의 가족은 어떤 사회 계급에 속했습니까?

	상층계급	상층중간계급	중간계급	노동계급	하층계급	모름
2005. 3.9.~14.	1	8	28	44	18	0

26 당신은 지금 결혼 상태입니까, 배우자와 사별한 상태입니까, 이혼한 상태입니까, 별거 상태입니까, 미혼입니까?

	결혼	사별	이혼	별거	미혼	모름
2005. 3.9.~14.	57	7	10	2	24	0

27 결혼 상태라면, 배우자의 가족은 어떤 사회 계급에 속해 있습니까?

	상층계급	상층중간계급	중간계급	노동계급	하층계급	모름
2005. 3.9.~14.	1	8	31	43	15	2

28 당신은 당신의 확대가족 성원들, 즉 당신과 함께 살고 있지 않은 가족 성원들 대부분이 당신과 똑같은 사회 계급에 속해 있다고 봅니까?

	예	아니오	모름
2005. 3.9.~14.	66	32	2

29 만약 아니오라고 대답했다면, 당신의 확대가족들 대부분은 당신보다 높은 사회 계급에 속해 있습니까, 낮은 사회 계급에 속해 있습니까?

	높은 계층	낮은 계층	모름
2005. 3.9.~14.	16	14	2

30 당신이 결혼한 상태라면, 결혼할 당시 당신의 최종 학력은 무엇이었습니까?

	고졸 미만	고졸(2년제 대학 포함)	얼마간의 대학 교육	대졸	대학원 학위	답변 거부
2005. 3.9.~14.	11	33	28	22	6	0

31 당신이 결혼한 상태라면, 결혼할 당시 배우자의 최종 학력은 무엇이었습니까?

	고졸 미만	고졸(2년제 대학 포함)	얼마간의 대학 교육	대졸	대학원 학위	답변 거부
2005. 3.9.~14.	9	37	22	22	8	2

32 미국에서 부와 지위의 상징을 하나 꼽는다면 무엇을 꼽겠습니까?

	2005. 3.9.~14.
돈/은행 계좌	22
자유/기회	2
주택 소유	26
가족	1
행복/만족/마음의 평화	1
'미국에서의 삶'	1
고소득 직업/성공적 직업 경력	5
성공	1
건강	1
안락한 은퇴 생활	0
권력	3
두 번째 집/별장	1
자가용	4
명성	1
특정 품목(롤렉스, 슈퍼볼 티켓)	1
소비재 일반	1
자신의 사업	1
교육	2
사는 곳	2
자선/관대함/남들을 위해 뭔가 하는 것	0
기타	5
모름	21

33 30년 전과 비교할 때, 오늘날 한 사회 계급에서 위로 이동할 가능성이 더 커졌다고 봅니까, 더 작아졌다고 봅니까, 아니면 거의 비슷하다고 봅니까?

	커졌다	작아졌다	비슷하다	모름
2005. 3.9.~14.	40	23	35	2

34 30년 전과 비교할 때, 오늘날 한 사회 계급에서 아래로 이동할 가능성이 더 커졌다고 봅니까, 더 작아졌다고 봅니까, 아니면 거의 비슷하다고 봅니까?

	커졌다	작아졌다	비슷하다	모름
2005. 3.9.~14.	39	17	41	3

35 유럽 국가들과 비교할 때, 미국에서 한 사회 계급에서 위로 이동하는 것이 더 쉽다고
봅니까, 더 어렵다고 봅니까, 아니면 거의 비슷하다고 봅니까?

	더 쉽다	더 어렵다	비슷하다	모름
2005. 3.9.~14.	46	13	26	16

36 당신은 직업 때문에 이사한 적이 있습니까? 만약 있다면 직업 때문에 얼마나 자주 이
사했습니까?

	없다	한 번	두 번	세 번	네 번 이상	모름
2005. 3.9.~14.	65	14	9	4	8	0

37 만약 결혼했다면, 당신은 배우자의 직업 때문에 이사한 적이 있습니까? 만약 있다면
배우자의 직업 때문에 얼마나 자주 이사했습니까?

	없다	한 번	두 번	세 번	네 번 이상	모름
2005. 3.9.~14.	77	12	4	2	4	0

38 당신의 공동체 안에 소속되는 것이 당신에게 얼마나 중요합니까?

	매우 중요	조금 중요	그리 중요하지 않음	전혀 중요하지 않음	모름
1999. 7.17.~19.(NYT)	35	51	14	1	
2005. 3.9.~14.	44	45	8	3	0

39 당신의 신체적 매력이 당신에게 얼마나 중요합니까?

	매우 중요	조금 중요	그리 중요하지 않음	전혀 중요하지 않음	모름
1999. 7.17.~19.(NYT)	18	55	21	6	0
2005. 3.9.~14.	16	54	19	9	1

40 신앙이 당신에게 얼마나 중요합니까?

	매우 중요	조금 중요	그리 중요하지 않음	전혀 중요하지 않음	모름
1999. 7.17.~19.(NYT)	75	17	8	4	1
2005. 3.9.~14.	74	16	5	4	1

41 당신은 자신만을 위해 충분한 시간을 갖고 있다고 느낍니까?

	예	아니오	모름
1989. 6.20.~25.	62	38	1
2005. 3.9.~14.	**58**	**41**	**1**

42 당신은 가족과 함께 너무 많은 시간을 보낸다고 느낍니까, 함께하는 시간이 충분치 않다고 느낍니까, 적당한 시간을 보낸다고 느낍니까?

	너무 많은 시간을 보낸다	충분치 않다	적당한 시간을 보낸다	모름
1989. 6.20.~27.*	5	47	46	3
1991. 9.*	6	36	56	2
2005. 3.9.~14.	**3**	**40**	**56**	**1**

(*는 멜먼과 라자루스의 '매스 뮤추얼' 여론조사다.)

43 전형적인 미국 4인 가구가 부유하다고 여겨지기 위해서는 연간 얼마나 많은 돈을 벌 필요가 있을까요?

	10만 달러 미만	10만~ 20만 달러 미만	20만~ 30만 달러 미만	30만~ 40만 달러 미만	40만~ 50만 달러 미만
2005. 3.9.~14.	**16**	**29**	**19**	**5**	**3**

	50만~ 75만 달러 미만	75만~ 100만 달러 미만	100만 달러 미만	100만 달러 이상	모름
2005. 3.9.~14.	**6**	**2**	**5**	**3**	**14**

44 당신은 자녀가 삶을 잘 꾸려가도록 돕는 데 신체적 활동과 스포츠가 얼마나 중요하다고 봅니까?

	필수적이다	매우 중요하다	어느 정도 중요하다	그리 중요하지 않다	전혀 중요하지 않다	경우에 따라	모름
2005. 3.9.~14.	**25**	**42**	**28**	**4**	**1**	**0**	**1**

45 당신은 자녀가 삶을 잘 꾸려가도록 돕는 데 대학 진학 특별 과외가 얼마나 중요하다고 봅니까?

	필수적이다	매우 중요하다	어느 정도 중요하다	그리 중요하지 않다	전혀 중요하지 않다	경우에 따라	모름
2005. 3.9.~14.	**15**	**36**	**35**	**8**	**3**	**3**	**1**

46 당신은 미국인들이 다른 사람들에게 뒤처지지 않기 위해 더 큰 집과 더 비싼 차 같은
사치재를 사도록 하는 사회적 압력을 느끼고 있다고 봅니까, 그렇지 않다고 봅니까?

	느끼고 있다	느끼지 않는다	모름
2005. 3.9.~14.	81	16	3

47 당신은 미국에서 평균적인 4인 가구의 연간 소득이 얼마라고 생각합니까?

	3만 달러 미만	3만~ 4만 달러 미만	4만~ 5만 달러 미만	5만~ 6만 달러 미만
2005. 3.9.~14.	6	15	20	17

	6만~ 7만 달러 미만	7만~ 8만 달러 미만	8만 달러 이상	모름
2005. 3.9.~14.	12	7	8	14

48 어떤 사람이 인생에서 성공하기 위해 얼마나 많은 교육이 필요하다고 봅니까?

	고교 졸업	얼마간의 대학 교육	대학 졸업	대학원 학위	고교 졸업도 불필요	모름
2005. 3.9.~14.	7	20	51	17	2	3

49 당신은 군대에 지원하는 사람들 대부분이 저소득 가정 출신이라고 봅니까, 중간 소득
가정 출신이라고 봅니까, 아니면 고소득 가정 출신이라고 봅니까?

	저소득	중간 소득	고소득	저소득과 중간 소득	모름
2005. 3.9.~14.	51	37	1	8	4

50 당신은 군대에 있는 사람들의 사회경제적 배경이 미국 전체의 사회 구성을 정확하게
반영한다고 봅니까, 반영하지 않는다고 봅니까?

	반영한다	반영하지 않는다	모름
2005. 3.9.~14.	39	52	9

51 최근에 더 큰 집이나 더 비싼 차 또는 그 밖의 다른 사치품을 사기 위해 당신이 져야 할 빚보다 더 많은 빚을 진 적이 있습니까? 만약 예라고 대답했다면 무엇을 샀습니까?

2005. 3.9.~14.

더 큰 빚을 지지 않았다	76
집	6
두 번째 집	0
자동차	11
특정 품목	1
소비재 일반	2
휴가	1
특별 행사(결혼, 졸업)	0
자녀 교육	0
기타	1
모름	1

52 당신은 개인적으로 지금 살고 있는 동네와 이웃 사람들에게 강한 유대 관계를 갖고 있다고 느낍니까?

	강한 유대	조금 강한 유대	전혀 유대 없음	모름
2005. 3.9.~14.	31	51	18	0

53 당신은 공동체에 뿌리를 내릴 수 있었습니까, 아니면 지금 살고 있는 공동체의 일원이 되는 것이 어려웠습니까?

	뿌리 내림	일원이 되기 어려움	모름
1991. 4.6.~9.*	83	16	1
2005. 3.9.~14.	75	21	4

(*는 『로스앤젤레스타임스』 여론조사다.)

54 당신은 지금의 사회 계급에서 떨어져나갈 것 같은 위험에 처해 있다고 느낍니까?

	예	아니오	모름
2005. 3.9.~14.	18	81	1

55
당신은 향후 12개월 동안 당신 또는 당신 가족들 중 누군가가 실직 상태가 되어 일자리를 찾아나설 것에 대해 얼마나 우려합니까?

	매우 우려	조금 우려	전혀 우려하지 않음	모름
1996. 3.31.~4.2.	37	25	37	2
1996. 9.2.~4.	21	26	51	2
2002. 10.3.~5.	31	20	48	1
2004. 4.23.~27.	33	25	41	1
2004. 6.23.~27.	28	27	45	0
2004. 9.12.~16.	30	26	44	0
2004. 10.14.~17.	22	24	53	1
2005. 3.9.~14.	**22**	**25**	**53**	**0**

56
당신은 퇴직 후 돈이 충분하지 않을 것을 얼마나 우려합니까?(미퇴직자들에 한해)

	매우 우려	조금 우려	전혀 우려하지 않음	모름
1995. 12.3.~6.(NYT)	35	42	22	0
2005. 3.5.~14.(NYT)	34	41	25	0
2005. 3.9.~14.	**34**	**48**	**18**	**1**

57
지금 사는 집을 임대했습니까, 담보대출을 받아 샀습니까, 아니면 자신의 돈으로 모두 지불하고 샀습니까?

	임대	담보대출	매입	모름
2005. 3.9.~14.	**28**	**45**	**25**	**2**

58
극도로 가난한 사람을 1이라고 하고, 극도로 부유한 사람을 10이라고 해서 단계를 설정할 때 당신은 당신 가족의 재정적 상황을 어디에 위치시키겠습니까?

	1	2	3	4	5	6	7	8	9	10	모름	평균
2005. 3.9.~14.	**2**	**2**	**9**	**16**	**33**	**17**	**14**	**4**	**1**	**0**	**2**	**5.2**

59
극도로 가난한 사람을 1이라고 하고, 극도로 부유한 사람을 10이라고 해서 단계를 설정할 때 당신은 당신 가족의 재정적 상황이 향후 10년 안에 어디까지 갈 것이라고 예상합니까?

	1	2	3	4	5	6	7	8	9	10	모름	평균
2005. 3.9.~14.	**1**	**1**	**4**	**7**	**21**	**17**	**22**	**16**	**3**	**2**	**6**	**6.2**

60 당신 어머니의 최종 학력은 무엇입니까?

	고졸 미만	고졸	얼마간의 대학 교육	대졸	대학원	모름
2005. 3.9.~14.	26	37	12	12	3	10

61 당신 아버지의 최종 학력은 무엇입니까?

	고졸 미만	고졸	얼마간의 대학 교육	대졸	대학원	모름
2005. 3.9.~14.	29	32	10	11	7	12

62 당신은 지금 고용된 상태입니까, 일시적으로 실직 상태입니까, 아니면 아예 고용 시장에 나가 있지 않은 상태입니까? 만약 고용 시장에 나가 있지 않다면 당신은 퇴직했습니까, 아닙니까?

	고용 상태	실직 상태	고용 시장에 나가 있지 않음	퇴직	모름
2005. 3.9.~14.	59	9	11	20	0

63 고용된 상태라면, 당신의 직업에 대해 얼마나 만족합니까?

	매우 만족	조금 만족	조금 불만족	매우 불만족	모름
1995. 12.3.~6.(NYT)	43	42	11	4	
1996. 12.8.~11.(NYT)	45	40	9	6	0
1999. 7.17.~19.(NYT)	47	41	8	4	
2005. 3.9.~14.	47	41	9	4	0

64 당신의 직업은 무엇입니까? 또는 당신은 무엇으로 생계를 꾸립니까? 당신의 직함은 무엇입니까? 퇴직했다면, 당신의 직업은 무엇이었습니까?

	2005. 3.9.~14.
기업 임원/고위 관리직	2
전문직/기타 관리자/예술가	19
기술직/행정직	19
사무원	7
숙련 노동자	15
미숙련 노동자	5
서비스직/보호 서비스	26
가사	1
학생	1
기타	1
모름	3

65 결혼했다면, 배우자가 고용된 상태입니까, 일시적으로 실직 상태입니까, 아니면 아예 고용 시장에 나가 있지 않은 상태입니까? 만약 고용 시장에 나가 있지 않다면 당신의 배우자는 퇴직했습니까, 아닙니까?

	고용 상태	실직 상태	고용 시장에 나가 있지 않음	퇴직	모름
2005. 3.9.~14.	65	6	9	20	0

66 배우자가 고용되어 있다면 그/그녀의 직업은 무엇입니까? 그/그녀는 정확히 무엇으로 생계를 꾸립니까? 그/그녀의 직함은 무엇입니까? 퇴직했다면, 그/그녀의 직업은 무엇이었습니까?

	2005. 3.9.~14.
기업 임원/고위 관리직	2
전문직/기타 관리자/예술가	20
기술직/행정직	21
사무원	9
숙련 노동자	14
미숙련 노동자	6
서비스직/보호 서비스	20
가사	2
기타	1
모름	3

이후의 질문들은 단지 배경을 알기 위해 질문한 것이다. 어떤 사람들은 투표인 명부에 등재되어 있고, 어떤 사람들은 등재되어 있지 않다.

67 당신은 지금 살고 있는 선거구 내에 투표자로 등록되어 있습니까, 등록되어 있지 않습니까?

	등록되어 있다	등록되어 있지 않다	모름
2005. 3.9.~14.	80	20	0

68 등록되어 있다면, 2004년 대통령 선거에 투표했습니까, 어떤 일로 인해 투표하지 못했습니까, 아니면 투표하지 않는 쪽을 택했습니까? 만약 투표했다면 존 케리, 조지 W. 부시, 랠프 네이더 중에서 누굴 찍었습니까?

	케리	부시	네이더	투표했으나 공개하지 않음	투표하지 않음	모름
2005. 3.9.~14.	42	42	0	5	10	2

69

대체로 당신은 자신을 공화당 지지자로 여깁니까, 민주당 지지자로 여깁니까, 무당파로 여깁니까?

	공화당	민주당	무당파	모름
2005. 3.9.~14.	31	35	29	6

70

정치적 사안에 대한 당신의 견해를 어떻게 표현하겠습니까? 대체로 당신은 스스로 진보적이라고 생각합니까, 온건하다고 생각합니까, 아니면 보수적이라고 생각합니까?

	진보적	온건	보수적	모름
2005. 3.9.~14.	22	36	37	5

71

당신의 건강 상태를 '매우 좋다'고 표현하겠습니까, '좋다'고 표현하겠습니까, '그럭저럭하다'고 표현하겠습니까, 아니면 '나쁘다'고 표현하겠습니까?

	매우 좋음	좋음	그럭저럭	나쁨	모름
2005. 3.9.~14.	30	51	15	4	0

72

아파트에 삽니까, 주택에 삽니까?

	아파트	주택	모름
2005. 3.9.~14.	19	80	0

73

복권을 사곤 합니까?

	산다	안 산다	모름
2005. 3.9.~14.	29	69	2

74

어떤 사람들은 자신들을 복음주의자라고 하거나 거듭난 기독교인이라고 말합니다. 당신 자신이 이들 중 하나라고 생각합니까?

	예	아니오	모름
2005. 3.9.~14..	29	69	2

75

당신은 매주 예배에 참석합니까, 거의 매주 참석합니까, 한 달에 1~2회 갑니까, 1년에 몇 차례 가는 정도입니까, 아니면 전혀 가지 않습니까?

	매주	거의 매주	월 1~2회	1년에 몇 회	전혀 안 감	모름
2005. 3.9.~14.	29	10	13	28	19	1

76
당신의 일상적 삶에서 종교는 얼마나 중요합니까? 극단적으로 중요합니까, 매우 중요합니까, 조금 중요합니까, 전혀 중요하지 않습니까?

	극단적으로 중요	매우 중요	조금 중요	전혀 중요하지 않음	모름
2005. 3.9.~14.	28	33	25	12	1

77
군대나 예비군에서 복무해본 적이 있습니까?

	복무했다	복무하지 않았다	모름
2005. 3.9.~14.	15	85	0

78
당신이나 당신의 직계가족 중에서 군대나 예비군에서 복무 중인 사람이 있습니까?

	아니오	예, 자신	예, 가족	예, 자신과 가족	모름
2005. 3.9.~14.	83	2	15	0	0

79
당신이 선호하는 종교는 무엇입니까?

	개신교	가톨릭	유대교	무슬림	기타	없음	모름
2005. 3.9.~14.	53	24	2	1	7	11	3

80
당신은 몇 살입니까?

	18~29세	30~44세	45~64세	64세 이상	공개하지 않음
2005. 3.9.~14.	22	29	32	16	1

81
당신의 최종 학력은 무엇입니까?

	고졸 미만	고졸	얼마간의 대학 교육	대졸	대학원	비공개
2005. 3.9.~14.	11	32	29	18	10	1

82
결혼했다면, 배우자의 최종 학력은 무엇입니까?

	고졸 미만	고졸	얼마간의 대학 교육	대졸	대학원	비공개
2005. 3.9.~14.	8	33	22	21	14	2

83 당신은 히스패닉 출신 또는 자손입니까, 아닙니까?

	히스패닉	히스패닉 아님	스페인어로 인터뷰	모름
2005. 3.9.~14.	8	87	4	1

84 당신은 백인입니까, 흑인입니까, 아시아인입니까, 아니면 다른 인종입니까?

	백인	흑인	아시아인	기타	비공개
2005. 3.9.~14.	78	12	1	8	1

85 당신 가족의 2004년 소득이 5만 달러 이상이었습니까, 미만이었습니까? 5만 달러 미만이었다면, 1만 5000달러 미만이었습니까, 1만 5000~3만 달러였습니까, 3만~5만 달러였습니까? 5만 달러 이상이었다면 5만~7만 5000달러였습니까, 7만 5000~10만 달러였습니까, 10만 달러 이상이었습니까? 10만 달러 이상이었다면 15만 달러 이상이었습니까, 미만이었습니까?

	1만 5000달러 미만	1만 5000~ 3만 달러 미만	3만~ 5만 달러 미만	5만~ 7만 5000달러 미만
2005. 3.9.~14.	10	19	20	21

	7만 5000~ 10만 달러 미만	10만~ 15만 달러 미만	15만 달러 이상	공개하지 않음
2005. 3.9.~14.	12	7	4	6

86 당신의 가구에서 몇 명이 연간 소득에 기여하고 있습니까?

	한 명	두 명	세 명	네 명 이상	모름
2005. 3.9.~14.	41	50	3	2	3

87 당신의 성별은 무엇입니까?

	남성	여성
2005. 3.9.~14.	48	52

보론

불평등을 이해하는 방법

신광영(중앙대학교 사회학과 교수)

2005년 봄 미국의 대표적인 신문사인 『뉴욕타임스』가 열한 차례에 걸쳐서 '문제는 계급이다Class Matters'라는 제목으로 다룬 특집 기사를 단행본으로 묶어 출간했다. 미국의 계급 불평등을 충격적으로 파헤친 이 책이 '당신의 계급 사다리는 안전합니까?'라는 제목으로 경향신문사 김종목, 김재중, 손제민 기자의 손을 거쳐 한국에서 번역 출간되었다.

　이 책은 '기회의 땅' 혹은 '아메리칸드림'의 나라 등으로 묘사되는 미국이 실제로는 심각한 계급 불평등 문제를 안고 있다는 것을 다룬 근래 보기 드문 책이다. '보기 드물다'는 말을 하는 것은 미국 사회의 불평등 문제를 신문기자들이 계급이라는 관점을 가지고 분석했다는 점 때문이다. 미국의 대중매체는 지금까지 계급 불평등 문제를 거의 다루지 않았다. 미국은 계급 이동이 활발하여 계급 불평등을 중심으로 미국 사회를 이해하는 것이 별로 현실적이지 않다는 것이 미국 대중매체가 보여준 일반적인 인식이었다. 산업화가 진행되어 계급이 구조화된 19세기와 20세기에 미국에서는 계급 갈등이 유럽에서처럼 격렬하게 나타나지 않았고 또 좌파 정당과 우파 정당을 주축으로 하는 계급정당 체제도 자리를 잡지 못했다. 그러므로 누구나 노력하면 성공할 수 있다는 상승 이동에 대한 믿음을 가지고 이민자들이 몰려드는 미국은 계급과는 거리가 먼 사회로 대중들에게 각인되어 있었다. 『당신의 계급 사다리는 안전합니까?』는 이러한 미국인들의 인식이 환상에 불과하며, 미국의 현실은 계급 불평등이 갈수록 심화하고 있는 계급사회라는 것을 대중매체 기자들이 밝히고 있다는 점에서 예외적인 책이라고 볼 수 있다.

계급 불평등은 한국에서도 대중매체가 잘 다루지 않는 주제였다. 그러던 것이 2000년대 들어 사회 양극화와 빈부 격차 확대에 관한 보도가 언론 매체에 매우 자주 등장하게 되면서, 사회 양극화가 보통 사람들이 사용하는 일상 언어가 되었다. 그렇지만 사회 양극화와 빈부 격차 확대가 계급 불평등과 관련된 것으로 인식되지는 못했다. 대신에 '서민의 고통', '위기의 중산층' 같은 사회계층을 지칭하는 용어가 사용되면서, 애매모호한 사회계층에 대한 언급만이 넘쳐흘렀다. 예를 들어, 경제적으로 어려운 시기에 '과도한 명품 소비'와 '해외여행을 하는 부자들로 북적대는 인천공항'의 모습이 계층 간 위화감을 조성한다는 보도에서처럼, 불평등 현상을 보도하는 기사에서 계급이라는 용어 대신에 계층이라는 용어가 흔하게 사용되었다.

계급 대신에 언론 매체에서 자주 접할 수 있는 용어는 서민, 중산층, 상(류)층과 같은 계층이다. 더욱이 1990년대 이후 '강남 8학군'이 대중적인 언어가 되면서, 이러한 용어들은 이제 더 이상 낯선 용어가 아니다. 지역 발전이 특정 지역을 중심으로 이루어지고 보통 사람들이 접근하기 어려운 부유층 거주 지역이 만들어지면서, 부자와 가난한 서민이 사는 지역이 확연하게 달라지기 시작했다. 서울에서도 부촌 강남과 빈촌 강북이라는 이미지가 만들어지면서, 강남 지역 거주자들과 강북 지역 거주자들은 다른 경제적 환경 속에 살고 있다는 인식이 대중적으로 확산되었다.

사회 불평등에 대한 체계적인 인식은 계층이나 계급을 중심으로 이루어졌다. 현대 사회에서 불평등은 왜 발생하는가? 왜 사회에 따라서 불평등의 정도가 다를까? 불평등이 어떻게 세대 간에 전승되는가? 불평등 구조 내에서 개인은 어떻게 상승 이동이나 하강 이동을 하는가? 이러한 질문에 대한 답을 찾기 위한 연구가 사회학에서는 계층이나 계급 연구라는 이름으로 이루어졌다. 이러한 연구들은 불평등이 개인적인 요소(학력, 나이, 지능 등)에 의해서 설명될 수 없는 사회구조적 속성을 지니고 있다고 보고, 이론적·경험적으로 구조적 속성을 분석하고 불평등을 완화할 대안을 모색해왔다.

관계적 접근으로 해석하는 계급

오늘날 많이 쓰이는 학술 용어 가운데 '계급 혹은 사회 계급'처럼 오래전부터 그리고 다양한 방식으로 다양한 학문 분야에서 널리 사용된 용어도 드물다. 19세기에 근대 학문이 등장한 이래 계급은 사회 불평등과 관련하여 문학, 철학, 미학, 사회학, 경제학, 정치학, 인류학 등 인문학과 사회과학의 다양한 분야에서 사용되었다. 19세기 이전에 계급이라는 용어는 재산에 따라서 사람들을 구분하는 인구조사에서 사용되었지만, 19세기에 들어서는 위계적인 사회구조의 조직 원리라는 의미로 사용되기 시작했다. 특히, 계급에 관한 논의가 칼 마르크스Karl Marx나 막스 베버Max Weber에 의해 더욱 체계적으로 이루어지면서, 오늘날의 계급 이론으로 발전할 수 있는 이론적인 논의가 이루어졌다.

오늘날 계급은 산업자본주의 사회를 만들어내는 기본 틀을 구성하고 있다. 개인이나 가족의 삶이 계급에 따라 달라질 뿐만 아니라, 사회 전체 수준에서 계급을 단위로 하는 조직과 정당이 만들어졌다. 오늘날 서구에서 사회의 기본 틀을 이루고 있는 노사 관계와 정당 체제는 계급을 토대로 만들어진 것이다. 서구의 정당 체제는 좌파 정당과 우파 정당 간의 선거 경쟁과 정책 경쟁을 중심으로 하고 있다. 유럽의 정당 체제는 20세기에 들어서 국민들의 참정권이 확대되고, 대의제에 기초한 민주주의가 발달하면서 오늘날의 모습을 갖추게 되었다. 그러므로 계급이라는 용어는 대부분의 유럽 사회에서 학술 용어로서뿐만 아니라 대중적인 정치적 용어로서 미디어에서도 흔하게 사용되고 있다.

한국의 경우, 계급이란 용어는 1980년대에 들어서 학문적 시민권을 회복했다. 1980년대에 계급을 둘러싼 학계의 논의는 권위주의 체제에 대한 학문적 저항의 형태로 등장했다. 권위주의 체제하에서 계급이란 용어의 사용 자체가 금지되었기 때문에, 그 용어를 사용하고 계급에 대해 논의하는 것 자체가 권위주의 체제에 대한 저항이었다. 권위주의 체제에서 계급은 사회주의 이념과 관련된 용어로 규정되어 정치적으로 금지된 용어였기 때문에, 학술적으로도 사용되지 못했다. 계급이 구조적인 사회 불평등을 분석하기 위한 사회과학적 개념이며, 서구 사회과학에서 가장 많이 사용되고 있는 용어라는 인식이 전혀 없었다(신광영 2004, 제1장).

오늘날 계급론에는 마르크스주의 계급 이론뿐만 아니라 다양한 형태의 비마르크스주의 계급 이론도 있다. 사회과학 이론으로서의 계급 이론도 과거처럼 특정한 이념과 사상만을 내세우는 것이 아니라 경험과학으로서 구체적인 현실 분석을 토대로 하고 있다. 고전적인 마르크스 이론을 그대로 받아들이는 연구자는 거의 전무하다고 볼 수 있다. 네오마르크스주의 계급 이론들도 19세기 마르크스의 계급론과는 크게 달라졌다. 변화된 자본주의 사회를 분석할 수 있는 변화된 계급론이 네오마르크스주의 계급론으로 제시되었다(대표적으로 Wright 2000). 이러한 사실은 사회과학 이론이 사회 현실에 바탕을 두고 있고, 사회 현실이 변하면 이론도 변할 수밖에 없다는 점을 잘 보여준다. 이러한 점은 비마르크스주의 계급론의 경우도 마찬가지다. 특히 유럽에서 막스 베버나 에밀 뒤르켐Emil Durkheim의 사회 이론에 기초하여 계급에 관한 새로운 이론들이 많이 등장했다(대표적으로 Goldthorpe, 2000).

불평등에 관한 관계적 접근relational approach은 사회적 관계를 중심으로 가시적으로 나타나는 불평등을 설명하고자 하는 것이 특징이다. 생산의 사회적 관계를 중심으로 불평등을 이해하려는 마르크스주의적 접근과 '계급 상황은 시장 상황'이라는 명제하에 경제적 불평등을 시장 관계를 중심으로 이해하려는 베버주의적 접근은 모두 관계를 중심으로 불평등을 이해하고자 하는 관계적 접근에 속한다. 즉 두 가지 접근은 관계의 성격을 어떻게 규정하느냐에 따라서 커다란 차이를 보이기는 하지만, 모두 관계를 통해서 불평등을 설명하려는 시도라고 볼 수 있다.

불평등에 대한 관계적 접근에는 계급론만 있는 것이 아니다. 젠더 불평등을 다루는 많은 페미니즘 이론도 남성과 여성 간의 관계를 중심으로 남녀 불평등을 다루고 있고, 인종 불평등을 다루는 인종 이론도 인종 간의 관계를 중심으로 희소한 자원의 배분과 인종 불평등을 다루고 있다. 그리고 계급 불평등, 젠더 불평등, 인종 불평등 등은 독립적인 불평등의 차원이지만, 사회마다 다른 특정한 방식으로 이들 세 가지가 결합되어 있어서 각 사회에서 경험적으로 관찰할 수 있는 사회 불평등을 만들어내고 있다.

양적 차이로 나뉘는 계층

계급은 학술적인 용어일 뿐만 아니라 대중적으로도 많이 사용되는 용어다. 한국에서 계급을 말할 때 많은 성인 남성들은 가장 먼저 계급사회의 전형적인 형태인 군대를 떠올리게 된다. 의무적으로 입대하여 경험하는 병영 생활, 일반 사병에서부터 부대장에 이르기까지 촘촘하게 엮인 위계 서열, 그리고 명령과 복종을 특징으로 하는 상급자와 하급자 사이의 관계를 떠올리게 되는 것이다. 군대에서는 계급에 따라 월급에 차이가 있지만, 일반 사병들에게 월급 차이는 그다지 의미가 없다. 일반 사병의 경우, 상급자와 하급자는 군대에 들어온 시기의 차이만으로 결정된다. 그리고 상급자와 하급자의 관계는 아무리 노력을 해도 그 관계가 뒤바뀌지도 않는다. 선택의 여지가 없는 것이다.

사회 불평등을 논할 때 우리가 다루는 계급은 군대에서 볼 수 있는 그러한 계급사회의 특징을 지니고 있지는 않다. 개인이나 가족의 선택에 기초하여 자녀들의 학업 성취와 직업 획득이 이루어지고, 그에 따라서 임금이나 소득의 격차가 발생한다. 그러므로 계급사회로서 한국 사회를 이야기할 때의 계급은 군대의 계급과는 전혀 다른 의미를 지닌다. 기본적으로 개인과 가족은 강제나 통제가 아니라 본인의 선택으로 교육을 받고, 졸업 후 직업을 갖게 된다. 그리고 그것은 개인의 노력이나 성향에 큰 영향을 받는다. 과거에 가난한 집에서 태어났지만 공부를 열심히 해서 성공한 '개천에서 용 난' 경우나, 부모에게서 물려받은 것은 없지만 열심히 노력해서 사업을 일궈 '자수성가'한 경우도 계층이나 계급의 상승 이동을 한 경우다.

그러나 한국 사회에서 보통 사람들은 '개천에서 용 났다'는 것을 계급 상승 이동으로 인식하기보다는 그냥 성공 혹은 출세로 인식한다. 보통 성공이라는 표현은 단순하게 돈을 많이 벌어서 부자가 된 것을 의미하는 경우가 많다.

요즘 보통 사람들은 계급을 부자와 가난한 사람들을 구분할 때처럼 집단을 구분하는 사회적 범주로 사용한다. 집단을 구분하는 근거는 소득 혹은 재산과 같은 가시적인 재화의 양이 되는 경우가 많다. 또한 '노동계급'이라는 표현에서처럼 노동을 하는 사람들 전체라는 의미로 사용되기도 하고, '자본가계급'이라는 표현에서처럼 자본(기업)을 소유하고 있는 기업주들을 통칭하는 의미로 사용되기도 한다. 단적으로 집단적 차이, 독점적 지위 여부, 집단적 정체성 혹은 동질성 등을 의미하는 용어로 계급이 사용되고 있다. 그리고 여러 가지에서 계급 구분의 핵심적인 요소는 소득과 재산이다.

대중적 용어로서 사용되는 계급의 의미는 소득이나 재산 같은 양적인 차이를 중심으로 많고 적음에 따라서 집단을 구분한다는 점에서 차등적 접근gradational approach이라고 볼 수 있다. 소득이나 재산의 규모에 따라서 상류층, 중류층, 하류층으로 구분하는 것은 이러한 차등적 접근의 전형적인 예라고 볼 수 있다. 이러한 양적 구분은 더 세분화된 형태로 상의 상에서부터 하의 하까지 아홉 계층 구분이나 혹은 소득 10분위 분포와 같은 방식으로 이루어질 수도 있다.

차등적 접근은 전문적인 연구에서도 발견할 수 있다. 예를 들면, 사회학의 계층 연구에서처럼 사회 구성원들이 각각의 직업에 부여하는 직업 지위의 평균 점수를 조사하여 그 점수로 직업을 분류하고 불평등 연구에 활용하는 경우도 있다. 소득이 높더라도 사회적 평판이 낮으면 직업 지위 점수가 낮아지기 때문에, 직업 지위 점수가 직업의 종합적인 사회적 평가를 반영하고 있다고 보고 그것을 근거로 직업의 위계를 구분한다. 직업 지위는 경제적 요소뿐만 아니라 사회적 평판이나 명예 같은 사회적·문화적 요인에도 영향을 받기 때문이다. 그렇지만 이러한 접근도 양적으로 측정할 수 있는 지표를 가지고 직업의 위계 서열을 만든다는 점에서 차등적 접근에 속한다고 볼 수 있다.

일반적으로 불평등에 대한 차등적 접근은 대부분 계층론에서 이루어졌다. 계급이라는 용어를 사용하고 있는 경우도 있지만, 내용상으로는 양적 차이를 바탕으로 하여 불평등을 논하고 있기 때문이다. 대중적인 방식으로 이루어지는 상층·중층·하층 구분이나, 전문적인 방식으로 이루어지는 직업 지위 점수를 통한 직업의 위계 서열 구분은 모두 양적인 차이를 바탕으로 하여 불평등을 이해하고 있다는 점에서 계층론적 접근에 속한다고 볼 수 있다.

관계적 접근과 차등적 접근의 절충

양적 차이를 기반으로 하는 차등적 접근은 대부분 경험적으로 쉽게 이해될 수 있다는 장점을 지닌다. 소득이나 부는 구체적으로 측정하기 힘들지만, 부자와 빈자의 구분은 소유 주택, 소비 행태, 생활양식 등으로 쉽게 이루어질 수 있다. 반면 관계적 접근은 눈에 보이지 않는 사회구조적 요소의 결과물로 눈에 보이는 불평등 현상이 나타난다는 점을 전제로 하기 때문에, 사회구조에 대한 좀 더 이론적인 논의를 필요로 한다. 즉 외형적으로 나타난 소득, 재산 혹은 직업 지위의 불평 등은 대체로 계급 관계의 결과물이라고 본다. 이러한 접근은 소득이 나 재산은 계급을 구분하는 기준이 아니라 계급 관계의 결과물이기 때문에 계급 관계의 규명이 선행되어야 한다는 점을 강조한다.

그러므로 핵심적인 쟁점은 이론적인 수준에서 논의되는 계급 관 계에 관한 논의와 경험적으로 나타나는 소득이나 재산의 불평등이 어느 정도 연관되어 있는가 하는 점이다. 이것은 경험적인 문제다. 만약 그 연관 관계가 약하다면 이론적인 수준의 논의는 설명력이 떨 어지게 될 것이고, 또 다른 이론적인 논의가 필요해진다. 그러므로 관계적 접근을 취하는 경우 이론과 경험적 현실 간의 정합성 문제가 중요한 쟁점이 되고, 자본주의 체제가 진화함에 따라서 과거의 이론 들이 지녔던 정합성이 점차 떨어지게 되면서 새로운 이론들이 등장 했던 것이다.

『당신의 계급 사다리는 안전합니까?』에서 제시한 계급 개념은 관계적 접근과 차등적 접근의 절충이라는 특징을 지니고 있다. 『당 신의 계급 사다리는 안전합니까?』는 미국의 경험적 현실에서 출발 하여 계급에 따라 건강, 결혼, 종교, 교육 등이 어떻게 다른지를 보여 주고 있다. 계급 불평등의 실상을 각종 경험적 지표를 통해 밝히고 있고 또 그러한 경험의 세계에 살고 있는 사람들을 심층적으로 조사 하여 더욱 현장감 있는 심층 취재 형식으로 기사화하였다.

『당신의 계급 사다리는 안전합니까?』에서 제시한 계급은 개인 이 사회 내에서 차지하는 위치를 의미한다. 계급은 단순한 양적 차이가 아니라 오를 수 없는 장벽들이 중간중간에 있는 사다리와 같다는 점에서 계급 장벽이 존재한다는 것을 인정하고 있다. 즉 넘기 어려운 장벽이 계급 사이에 있기 때문에, 단순한 양적인 차이인 계층적 차이가 아니라 질적인 차이인 계급적 차이가 존재한다는 것이다. 이것은 관계적 접근과 차등적 접근을 절충한 접근이라고 볼 수 있다.

그렇지만 어떤 관계에 기초하여 계급이 구분되는가를 구체적으로 논의하고 있지는 않다는 점에서 관계적 접근을 적극적으로 취하고 있다고 보기도 힘들다. 이 책의 주된 목적은 미국인들이 가지고 있는 사회상이 실제와는 매우 다르다는 사실을 드러내는 것이다. 그러므로 이 책은 계급에 관한 이론적인 논의에서 출발하는 것이 아니라 구체적인 경험과 상식적인 믿음의 허구를 보여주는 계급의 실상을 피부에 와닿게 보여주고자 한다.

이 책은 구체적으로 교육, 소득, 직업, 재산이라는 카드 4장의 차원에 의해서, 또 네 차원의 결합을 통해서 계급이 어떻게 나타나고 있는지를 경험적으로 보여주는 방식을 택하고 있다. 각 차원에서 개인의 위치를 논의하는 것은 차등적 접근에 가까운 것이라고 볼 수 있다. 사회 내 개인의 위치는 일차적으로 부모의 계급에 의해 영향을 받으며, 이후 본인이 보유한 4장의 카드에 의해서 계급 위치가 결정된다고 보았다. 교육은 무학에서 박사까지, 소득은 1만 달러 이하에서 20만 달러 이상까지, 직업은 청소부에서 법률가까지, 재산은 5000달러 이하에서 5000만 달러 이상까지로 구분하고, 이들 네 차원을 결합하여 계급을 구분하고 있다. 『뉴욕타임스』는 독자들이 자신의 계급 위치를 인터넷에 접속하여 스스로 확인할 수 있도록 홈페이지를 개설해놓고 있다(관심 있는 독자들은 이용하기 바란다. http://www.nytimes.com/packages/html/national/20050515_CLASS_GRAPHIC/index_01.html).

『당신의 계급 사다리는 안전합니까?』에서 사용한 계급 구분은 계급 범주와 계급의 규모를 추정하기 위하여 이론으로 제시된 것이 아니라 미국에서 여러 가지 다른 계급 불평등을 낳는 근본적인 요인이라는 근거로 제시되었다. 다시 말해 학력·소득·직업과 재산에 따라서 건강 상태, 수명, 배우자 선택, 종교 집단, 교육 기회(중퇴와 대학 진학), 인종적 배경, 여행이나 레저를 포함한 생활양식과 소비생활 등에서 현저하게 달라진다는 것이다. 이러한 사실을 미국 전역에서 취재한 사례를 통해서 잘 보여주고 있다. 해상도가 높은 파노라마 사진처럼 펼쳐지고 있는 불평등 현실이 불평등한 현실의 작은 일부만을 경험한 대부분의 독자들에게 너무도 적나라하게 제시되었다. 그리고 모자이크 조각처럼 각기 다른 부문에서 다루어진 적나라한 불평등 현실의 부분 부분들이 모여서 거대한 미국 사회의 불평등 구조를 드러낸다. 이 책은 21세기 미국 사회의 박물지라 할 정도로 다양한 계급 불평등 사례를 담고 있다.

『당신의 계급 사다리는 안전합니까?』가 한국 사회에 주는 함의

개인들이 경험하는 불평등 세계는 부분적이기 때문에 대부분의 사람들은 불평등한 현실의 전체 모습을 잘 모른다. 자신의 경험으로 확인하고 알게 된 내용만을 가지고 전체를 이야기하게 된다. 그러므로 개인들의 경험을 넘어서는 다른 지역이나 다른 사람들의 경험 세계는 전국적인 조사나 심층 연구를 통해서만 알 수 있다.

『당신의 계급 사다리는 안전합니까?』는 정교한 이론적인 논의에서 출발하기보다는 일상적인 경험에서 출발하고 있다. 이것은 기자들이 중심이 되어 계급 문제를 다루었기 때문에 당연히 기대되는 접근 방식이다. 그리고 이 책이 지니는 강점은 바로 이러한 일상적 경험을 토대로 지속적으로 작동하고 있는 계급 불평등 구조를 다루고 있기 때문에 누구나 쉽게 불평등 문제를 인식하게 해준다는 점이다. 그리하여, 무감한 대중들이 현실이 어떠한지를 이해하게 하는 데 커다란 기여를 하고 있다.

이 책이 한국 사회에 주는 함의는 대단히 크다. 그것은 크게 세 가지로 정리할 수 있을 것이다. 첫째, 이 책은 미국의 계급 불평등을 다루고 있지만 한국의 계급 불평등 자체에 대해서 직시할 수 있게 한다. 불평등이 어떻게 일상생활 속에서 관철되고 있는지를 알게 함으로써 계급 불평등에 대한 우리의 민감도를 높이고 있다. 현실에 대해 무감각하고 무덤덤한 많은 사람들로 하여금 현실의 계급 불평등에 대한 감수성을 높일 수 있게 한다. 젠더 불평등에 대한 인식과 문제 제기는 많이 이루어지고 있는 반면, 현대 자본주의 사회의 불평등의 핵심을 구성하고 있는 계급 불평등에 대한 인식과 문제 제기는 상대적으로 적었다. 이 책은 계급 불평등 문제를 새롭게 인식하는 데 기여한다.

둘째, 미국 사회에 대한 막연한 환상에서 벗어나는 계기를 제공하고 있다. 미국을 대표하는 『뉴욕타임스』라는 신문사가 2005년 특집으로 다룬 미국의 계급 불평등 기사를 묶은 이 책은 미국이 유럽에 비해 불평등도 훨씬 심하고 계급 이동도 어려운 사회라는 사실을 적나라하게 보여주고 있다. 미국 사회의 멍든 실핏줄을 드러낸 이 책은 미국인들이 경험하고 있는 불평등 현실을 섬뜩할 정도로 구체적으로 묘사하고 있기 때문이다.

셋째, 불평등의 정도나 빈곤율에서 미국과 크게 다르지 않은 한국의 계급 불평등을 새롭게 인식하게 한다. 2009년 미국과 한국에서 상위 10퍼센트의 임금과 하위 10퍼센트의 임금 비율은 각각 4.86퍼센트와 4.74퍼센트로, OECD 국가 가운데 가장 불평등이 심한 1위와 2위 국가였다(OECD, OECD Employment Outlook 2009). 저임금 근로자 비중도 한국의 경우 2006년 25.6퍼센트로 OECD 최고 수준을 보였고, 미국도 2008년 24.5퍼센트로 한국을 바짝 뒤쫓고 있다(정후식 2010: 13). 우리는 이러한 수치를 통해서 한국의 사회 양극화를 파악할 수 있지만, 『당신의 계급 사다리는 안전합니까?』는 한 걸음 더 나아가 숫자에 가려진 생생한 계급 불평등 현실을 적나라하게 보여주고 있다. 한국의 현실도 미국과 크게 다르지 않다는 점에서, 우리는 이 책을 통해 한국의 계급 불평등 현실을 되돌아볼 수 있을 것이다. 구체적으로, 인종적으로 동질적인 한국의 불평등이 인종적으로 다양한 미국과 크게 다르지 않다는 점은 한국의 불평등이 심각한 수준에 이르렀음을 함의하고 있다.

참고 자료

신광영, 2004, 『한국의 계급과 불평등』, 을유문화사.

정후식, 2010, 「일본의 소득격차 현황과 시사점」, 한국은행, 한은조사연구 2010-1.

Goldthorpe, John H. 2000, *On sociology: numbers, narratives, and the integration of research and theory.* Oxford: Oxford University Press.

OECD, 2009, *OECD Employment Outlook 2009*, Paris: OECD.

The New York Times, 2005, *Class Matters*, New York: Holt, Henry & Company Inc.

Wright, E. O. 2000, *Class Counts*, Cambridge: Cambridge University Press.

옮긴이의 글

『뉴욕타임스』 탐사 보도물을 엮은 『당신의 계급 사다리는 안전합니까?』(원제 『문제는 계급이다 Class Matters』)라는 단행본의 존재를 알게 된 건 2007년 3월이다. 『경향신문』이 그해 4~6월 연재한 '지식인의 죽음' 기획 시리즈를 준비하던 무렵, 취재차 만난 중앙대 신광영 교수에게서 『뉴욕타임스』의 기획 기사인 '문제는 계급이다 Class Matters'가 책으로 묶여 나왔다는 소식을 전해 들었다. 계급 문제를 연구하던 신 교수는 한국판 '문제는 계급이다' 기획을 모색하던 중이었다. 신 교수는 어느 언론사와 기획을 논의했지만, 끝내 뜻을 이루진 못했다. '지식인의 죽음' 시리즈 팀도 『당신의 계급 사다리는 안전합니까?』를 차용해 한국의 계급 문제를 내러티브와 데이터 분석으로 풀어내고 싶은 욕심이 생겼지만, 부서로 복귀하면서 발제도 못 한 채

시간을 흘려보냈다.

　2009년 『경향신문』이 내보낸 '기로에 선 신자유주의' 시리즈 기획에 참여한 연세대 김호기 교수가 다시 이 책을 언급했다. '지식인의 죽음' 기획을 맡았던 김종목·손제민, 그리고 '기로에 선 신자유의' 팀에 들어갔던 김재중 기자 셋이 번역을 해보자고 뜻을 모았다. 마침 이들은 문화부에서 학술과 출판을 담당하던 차였다.

　번역을 마음먹은 이유는 여럿이다. 신광영, 김호기 교수의 언급도 있었지만, 한국의 계급 문제를 우회적으로나마 환기하고 싶었다. 내러티브 기사의 본고장이랄 수 있는 미국 언론의 글쓰기 기법도 익혀볼 요량이었다.

　번역을 시작할 때 걸렸던 문제는 보도 시점이다. 『뉴욕타임스』는 2005년 '문제는 계급이다' 시리즈를 보도했다. 언론사 생리로 보면 '구문'이었다. 뒤늦은 번역이 아닐까 고민했다. 아마존에서 책을 구해 다시 훑어보면서 미국 상황을 예견한 앞선 보도라고 판단했다. 이 책이 다룬 양극화, 중간계급 붕괴, 초부유층의 독식 같은 문제는 진행형이거나 더 악화됐기 때문이다. 이런 계급 문제는 현재 미국의 문제일 뿐 아니라 '지금-여기'의 한국에도 시사하는 점이 많았다. 한국은 글로벌 스탠더드, 세계화란 허울 좋은 미국발 전략을 무비판적으로 받아들여 폐해가 심해진 터다.

　『당신의 계급 사다리는 안전합니까?』는 미국의 주류 저널리즘이 계급 문제를 정면으로 내걸고 다루었다는 점에서 의미가 크다. 계급은 미국에서도 터부시되는 말이다. 노엄 촘스키Noam Chomsky는 계급을 두고 비아냥조로 "절대 언급해서는 안 될 다섯 문자의 단어"라고 말한 적이 있다. 그는 1994년 데이비드 버사미언^{David Barsamian}과의 인터뷰(『촘스키, 세상의 권력을 말하다』, 시대의창, 2004)에서 "기업계와 정부 고위층은 계급을 의식하고 거론하지만, 그들을 제외한 모든 국민에게 계급의 차이 같은 것은 없다고 믿게 만들어야 한다"고 했다.

『뉴욕타임스』의 『당신의 계급 사다리는 안전합니까?』는 시사적이다. 1990년대에 촘스키가 권력과 금력의 파워 엘리트들의 이익을 지지하지 않으면 생존할 수 없는 신문이라고 비판한 것이 『뉴욕타임스』였기 때문이다. 『당신의 계급 사다리는 안전합니까?』가 미국의 지배 계급을 '적'으로 정면으로 규정한 것은 아니다. 하지만 지배계급에 해당하는 초부유층의 뻔뻔한 행태와 중간계급과 노동계급의 고통을 탐사 저널리즘의 언어로 드러내며 계급 문제를 환기한다.

번역을 한창 진행하던 지난해 하반기에 월스트리트 시위가 터졌다. 관련 외신 기사를 읽을 때면 『당신의 계급 사다리는 안전합니까?』에 나온 '99퍼센트'의 인물들이 센트럴파크 어딘가에서 손팻말을 들고 구호를 외치고 있을 것 같다는 생각이 들었다. 심장마비로 고생하던 이와 고라, 대학 중퇴를 후회하던 앤디 블레빈스, 공장 폐쇄로 이전 직장 월급의 절반도 못 받게 된 마크 매클렐런 같은 인물들이 떠올랐다.

미국인들이 거리로 뛰쳐나온 이유를 두고는 여러 분석이 나와 있다. 미국 안팎의 학자나 언론들이 주로 지적하는 문제는 '아메리칸 드림의 붕괴'와 '중간계급의 몰락', '승자 독식 사회의 고착화'다. 모두 『당신의 계급 사다리는 안전합니까?』를 관통하는 쟁점들이다. 미국이 오랜 기간 '계급 없는 사회'처럼 보였던 이유는 '계급 상승 기회'가 존재한다는 믿음과 현실적으로 존재했던 두터운 중간계급 덕분이었다. 『당신의 계급 사다리는 안전합니까?』는 이런 믿음에 대한 회의와 균열이 일고 중간계급이 무너져가는 현실을 보여준다. 『당신의 계급 사다리는 안전합니까?』가 나온 2005년 이후의 미국 사회도 마찬가지다. 사회이동은 더 줄어들고, 양극화는 심화·고착화한다는 보도가 잇달았다. '최악', '최대'라는 수식어를 달고서 말이다.

『뉴욕타임스』는 계급 문제에 관한 후속 보도를 이어갔다. 2007년 3월에 『뉴욕타임스』가 2005년 전국 납세 자료를 분석한 자료를 보면, 미국 개인 소득 상위 10퍼센트가 전체 소득에서 차지하는 비율은 48.5퍼센트로 전년보다 2퍼센트 늘어났다. 상위 1퍼센트의 소득은 전체의 21.8퍼센트다. 30만 달러가 기준인 상위 1퍼센트의 평균 소득은 2004년에 비해 14퍼센트 정도 늘었지만 하위 90퍼센트의 소득은 2004년보다 0.6퍼센트 줄었다. 미국인구통계국이 2011년 9월 13일 발표한 자료에 따르면 2010년 빈곤율(최저생계비에 못 미치는 소득을 벌어들인 가구로 세전 현금 소득이 4인 가구 기준 2만 2314달러)은 15.1퍼센트다. 인구통계국은 1959년부터 빈곤율 조사를 시작했는데, 1959년 22.4퍼센트를 기록했다가 줄곧 감소하며 13퍼센트대까지 떨어졌다. 2010년의 빈곤율은 17년만의 최대 수치로 1993년의 15.1퍼센트와 같다.

부자들은 경제성장의 과실을 거의 다 가져갔지만 나머지 미국인들은 이익을 나눠 갖지 못한 채 바닥으로 떨어졌다. 소득 불평등을 보여주는 지표들은 전 세계적으로 경제 위기였던 대공황과 제2차 세계대전, 1970년대 이후 가장 최악인 것으로 나타났다. 미국의 몇몇 진보적 경제학자들은 이런 양극화 심화가 서구 봉건시대의 착취하는 군주·귀족과 수탈당하는 농노들의 간극만큼 크다고 지적한다.

이런 간극을 보여주는 단적인 예가 극빈층 숫자다. 미국의 뉴스 신디케이트 『매클래치』는 2007년 2월 24일 2005년 인구조사 자료를 분석한 결과를 발표했는데, 4인 가족 기준으로 1년에 1만 달러 미만을 버는 극빈층 인구가 1600여 만 명이다. 전체 인구의 5.3퍼센트에 해당하는 이 수치 또한 1975년 이후 사상 최대치다.

이러한 숫자 이면의 삶은 어떤가. '풍요의 나라'는 온데간데없다. 삶의 기본 조건인 식량 문제는 특히 심각하다. 『워싱턴포스트』는 2008년 11월 빈민 구호용 식료품 쿠폰 신청자가 최초로 3000만 명을 넘어섰다고 보도했다. 이는 미국노동통계국, 이코노미스트 인텔리전스 유니트, 갤럽, 유니세프의 각종 지표를 모은 『월드 팩트북』이 낸 통계와도 이어진다. "지난 12개월(2010년 기준) 동안 본인이나 가족이 필요한 음식을 사려고 할 때 돈이 부족했던 적이 있는가?"라는 물음에 미국인 중 16퍼센트가 "그렇다"고 답했다. 이른바 '선진 경제' 국가 중 20개국을 대상으로 실시한 이 '식량 불안' 설문에서 미국은 한국(16퍼센트)과 함께 가장 높은 비율을 보였다.

경기 침체 장기화와 실업률 증가로 미국은 말 그대로 먹고살기 힘든 세상이 됐다. '미국에 이런 일이!' 같은 일들도 벌어졌다. 『뉴욕타임스』는 2009년 8월 살림살이가 빠듯해지자 닭을 기르는 집이 늘면서 병아리 부화 회사가 성업 중이라고 보도한 적이 있다. 교육 컨설팅 회사를 운영하는 루비 페인Ruby Payne 박사는 2007년 6월 『뉴욕타임스』와의 인터뷰에서 계급이 식습관, 언어 패턴, 가족 관계를 모두 결정한다고 말했다. 한 사례로 저녁 식사가 어땠는지 묻는 방식에 따라서도 계급이 드러난다. 중간계급은 "맛있게 먹었니?", 상층계급은 "음식이 보기 좋게 나왔니?"라고 묻는데, 빈곤 계급은 "배불리 먹었니?"라고 묻는다는 것이다.

아메리칸드림을 떠받치던 것이 두터운 중간계급이었고, 이 계급을 떠받드는 주축은 노동자들이었다. 미국 노동자들은 한때 충분히 먹고살 만큼 벌었다. 이 책 7장에 등장하는 마크 매클렐런은 제조업 공장에서 연봉 6만 달러에 수당까지 받았다. 하지만 회사가 문을 닫은 뒤 해충 방제 일을 하면서 버는 돈은 그 절반도 안 된다. 그는 중간계급 밑으로 떨어질까봐 전전긍긍한다. 『뉴욕타임스』는 2008년 4월 시급 20달러가 노동계급이 중간계급으로 진입할 수 있느냐를 가르는 기준이라며, 중소도시에 사는 미국인의 초상을 통해 20달러의 의미를 분석한 보도를 내보냈다. 시급 20달러는 연봉 4만 1600달러에 해당한다. 이는 '미국적인 삶' 즉 자동차와 집을 갖고 대학 교육을 시킬 수 있는 최소 연봉이다. 『뉴욕타임스』는 이 보도에서 1970년대 이후 20달러의 커트라인에서 탈락하는 노동자들이 늘고 있다고 했다. 20달러 이상을 받는 노동자 비율은 1979년의 23퍼센트에서 2007년에는 18퍼센트로 떨어졌다.

양극화 문제에서 심각한 점은 빈곤에서 탈출할 길마저 봉쇄되어간다는 점이다. 『당신의 계급 사다리는 안전합니까?』는 '개천에서 용 나던' 시절은 끝났고, 성공 사다리를 타기는 더 힘들어졌다고 분석했다. 최근의 통계를 보면, 다른 계급으로의 이동을 가로막는 장벽들이 점점 높아져 점점 불가능의 영역으로 들어가고 있다.

『뉴욕타임스』는 2012년 1월 4일 스웨덴 경제학자 마커스 잔티 교수의 연구 결과를 인용하며 미국인들의 사회이동이 낮은 것으로 확인됐다고 보도했다. 소득수준 하위 20퍼센트 가정에서 자란 미국 성인 남자 42퍼센트는 성인이 되어도 하위 20퍼센트였다. 반면 덴마크는 25퍼센트, 영국은 30퍼센트로 미국보다 사회이동이 활발했다. 소득수준 하위 가정에서 자란 미국 성인 남자의 8퍼센트만이 상위 20퍼센트에 들어갔으나. 영국은 12퍼센트, 덴마크는 14퍼센트가 상위 20퍼센트로 이동했다.

『당신의 계급 사다리는 안전합니까?』는 미국의 사회이동이 영국이나 프랑스보다 높지 않다는 점을 두고 '놀라운 발견'이라고 했다. 미국에는 영국이나 프랑스 같은 세습 군주나 귀족 전통이 없는데도 사회이동이 낮은 것을 두고 한 말이다. 잔티 교수의 분석은 미국의 '신념'이 허구 위에 들어서 있다는 것을 반증한다. 능력보다는 부모의 소득에 따라 자녀의 미래가 결정되고, 개인의 능력보다 집안 배경이 더 중요한 역할을 하는 사회로 바뀐 것이다.

『당신의 계급 사다리는 안전합니까?』는 대학 중퇴를 후회하는 앤디 블레빈스와 고교 졸업 학력의 제프 마르티넬리, 마크 매클렐런의 이야기를 실었다. 이들은 어린 시절에 대학 졸업장 없이도 안락한 삶을 살 수 있다고 판단했다. 아버지 세대가 그랬기 때문이다. 하지만 그 시대는 끝이 났다. 이들은 블루칼라 중간계급 주변부로 내몰렸다. 매클렐런이 한 말은 이렇다. "자수성가는 더 이상 없습니다." 그리고 학력을 대물림하는 현상은 더 뚜렷해졌다. 『뉴욕타임스』는 2008년 2월 미국의 싱크탱크 브루킹스연구소의 분석 결과를 보도했다. 이 연구소는 부모의 소득수준에 따라 다섯 집단으로 나눠 집단별 자녀의 대학 학위 취득 비율을 분석했다. 최하위층 자녀들이 대학을 졸업하면 중간층 편입 확률은 81퍼센트였다. 대학 졸업장이 그나마 이동성을 높이는 수단으로 작용할 수 있다는 것이다. 하지만 최하위층 자녀들의 대학 학위 취득 비율은 11퍼센트에 불과했다. 반면 최상위층 자녀들의 취득률은 53퍼센트였다.

반면 승자 독식은 강화됐다. 『당신의 계급 사다리는 안전합니까?』에도 나오는 초부유층이라는 새로운 계급은 부가 능력이나 성취와 연결되어 있지 않다는 점을 보여준다. 이것은 미국인이 신봉한 능력주의에 반하기 때문에 의사나 변호사 같은 상층계급마저 이에 반발했다. 『뉴욕타임스』는 2006년 11월 가진 자들과 더 가진 자들의 갈등을 '신계급전쟁'이라고 표현했다. 『뉴욕타임스』는 이 보도에서 2004년 자료를 인용했는데, 상위 0.1퍼센트 초부유층의 연간 평균 소득은 450만 6291달러였다. 이들 슈퍼 부자는 또 1990~2004년에 소득이 85퍼센트나 증가했다.

2008년에 금융위기가 터졌어도 월스트리트 금융인들은 환상적인 나날을 보냈다. 월스트리트는 '미친 듯이 날뛰는 자유시장 자본주의의 모습'을 그대로 드러냈다. 그해 납세자의 돈으로 아홉 개 거대 은행에 1750억 달러에 가까운 구제금융을 제공했는데, 은행들은 이 중 326억 달러를 보너스로 지급했다.

『당신의 계급 사다리는 안전합니까?』에 나오는 조지 H. W. 부시 행정부 관료이자 감세론자인 브루스 R. 바틀릿은 "사람들이 상위로 올라갈 기회가 있다고 생각하는 이상 그들은 부자들이 얼마나 부유해지든 크게 상관하지 않는다"고 했다.

'여전한 기회'를 강조하는 바틀릿의 말에서 다시 촘스키의 말을 되새길 필요가 있다. 촘스키는 미국의 지배계급이 "세상은 원래 그런 것이다. 갈등은 불필요한 것이다. 인간을 그 이상으로 구분할 필요도 없다. 현재의 체제보다 나은 구조는 없다. 물론 계급 차별 같은 것은 있을 수 없다"고 믿게끔 세뇌한다고 했다.

『당신의 계급 사다리는 안전합니까?』는 전복의 상상력을 발휘하진 않았지만, 양극화를 심화하고 아메리칸드림을 깨뜨린 미국 사회구조, 체제의 문제를 구체적으로 지적했다. 수년 뒤 월스트리트 시위대 일각에서 등장한 계급과 불평등이란 말은 부당한 부의 축적이 단지 도덕적 해이에 그칠 문제가 아니라는 걸 보여준다.

미국인들은 지금의 미국을 근본적으로 바꿀 수 있을까? 역사 변화의 계기를 만들 수 있을까.

촘스키의 말에서 『당신의 계급 사다리는 안전합니까?』의 문제 의식을 확장할 수 있다. 결국 체제의 문제다. 슬라보예 지젝^{Slavoj Žižek}은 2011년 10월 11일 월스트리트 시위의 발원지인 뉴욕 맨해튼 주코티 공원 연설에서 이렇게 말했다. "기억하십시오. 문제는 부패나 탐욕이 아닙니다. 문제는 체제 자체입니다."

아울러 한국의 '불평등 구조와 체제' 문제도 들여다봐야 할 것 같다. 이 글을 정리하던 4월 23일 조세연구원은 한국의 소득 상위 1퍼센트의 소득이 전체 소득의 16.6퍼센트를 차지한다고 밝혔다. 부의 독점 현상을 나타내는 이 숫자는 OECD 국가 중 미국(17.7퍼센트) 다음으로 크다. 독자들이 신자유주의 동맹국인 한국과 미국의 탐욕 너머의 구조와 체제 문제를 사유하면 좋겠다는 바람이다.

끝으로 오랜 번역의 시간을 견뎌내고 번역의 빈틈을 꼼꼼하게 지적하고 수정해준 편집자 여러분께 고맙다는 인사의 말을 전한다.

2012년 5월

김종목, 김재중, 손제민